共にあることの哲学

共にあることの哲学

フランス現代思想が問う〈共同体の危険と希望〉1　理論編

岩野卓司編

岩野卓司
合田正人
坂本尚志
澤田　直
藤田尚志
増田一夫
湯浅博雄

書肆心水

共にあることの哲学　**目次**

序　共同体を考えるために

［…］共同体は営みや作品（œuvre）の領域に属すものではない。それは産み出されるのではなく、有限性の経験として経験されるのだ。（あるいはその経験が有限性の経験としてわれわれを作るのだ。）

ジャン＝リュック・ナンシー

各人において共同でありうることをやめる最初で最後の出来事（誕生、死）が共同でなければ、共同体なんて存在しえないであろう。

モーリス・ブランショ

今日、共同体を考える意義はどこにあるのだろうか。どうして、共同体について考えてみる必要があるのだろうか。

それはこれまで当たり前のものと見なしてきた価値が揺らぎ始めているからではないのだろうか。

資本主義と国家の動揺

ソ連や東欧が崩壊したあと勝ち誇り続けた資本主義も今日では危機にさらされている。リーマン・ショック以後の不景気、ギリシア問題に端を発するヨーロッパの金融危機、プレカリアートという非正規雇用の労働者の数の夥しい増加。世界経済はいつ破綻してもおかしくない状況である。また、ピケティが立証したように、資本主義が歴史の推移に従って次第に富の平等な分配に移行するのではなく、逆に貧富の差を広げる事態になっている。ニューヨークでは、一パーセントの富裕層が合衆国の総資産の三五パーセント以上を持っている状況に反対して、極端な格差の是正を求めるデモまで生じた。こういった事態を考えると、資本主義はわれわれに必ずしも幸福を約束するものではないし、今後の状況いかんでは終焉の危機を迎えるかもしれない。共産主義政権の崩壊の頃、フランシス・フクヤマは資本主義の勝利によって「歴史の終焉」が訪れることを予見したが、実際は逆で、歴史は資本主義の終焉のほうに向かっているのではないのだろうか。だから今日、利益の追求と競争を旨とし承認願望の充足を求める資本主義の人間像とは異なる人間像が求められているのではないのだろうか。資本主義が強いる人と人とのつながりとは別のつながりを考えなければならないと思われる。

例えば、マルクスのテクストの読み直しも進んでおり、ソ連や中国の革命に直結する解釈ではなく、アソシエーションを前面に出す解釈も現われている。田畑稔の『マルクスとアソシエーション』は精緻なやり方でマルクスのテクストを読みかえし、アソシエーションの可能性を探っているし、柄谷行人はマルクスを読みながら「資本＝ネーション＝ステート」に対抗する組織としてアソシエーションをとらえていく。ふつう「協会」とか「組合」あるいは「結社」と訳されるこの言葉に力点をおいてマルクスを読むことには異論もあるが、彼らの試みには従来とは異なる新しい共同体の可能性が志向されているのではないのだろうか。またフランスでも、社会学者カイエや経済学者ラトゥーシュのような、人類学者マルセル・モースのコンセプトを引き継ぐグループは、MAUSS（社会科学における反功利主義の運動）の運動を展開し、利潤と市場を絶対視する資本主義を批判し、贈与、利他主義、エコロジーに価値を見出し、反功利主義的な社会のあり方や経済成長なき社会発展を模索している。

そのうえ、国家の価値も相対的に低下している。アンダーソンが『想像の共同体』で国民国家がある種の想像のもとで成立している共同体であることをつきとめ、ナショナリズムを相対化する視点を与えてくれたが、今日ではこの国家それ自体の価値も揺らいでいる。インターネットの普及とグローバリゼーションの流れは、国家と国民を絶対的な単位とみなす考え方を徐々に変えつつある。ハートとネグリによる『〈帝国〉』が指摘しているように、もはや国家に権力が集中しているのではなく、国家を超えたところに権力はあるのだ。〈帝国〉とは個々の国民国家

――例えばアメリカ合衆国――の権力のあり方ではなく、国家を超えた脱領土的で脱中心的な権力のあり方なのだ。グローバル資本主義は国民国家の主権を超えて展開しているのである。それから、近年、イスラム原理主義者のグループが過激なテロ活動を行い、アメリカを中心にする国々と〈戦争〉をしているが、彼らが意識しているのは、国民国家ではなく、イスラムの共同体なのだ。こういった立場からも、従来の国家の価値がもはや絶対視できないものということが理解できるであろう。

これらの例からも分かるように、今日は共同体のあり方を再び問い直されなければならない時期なのではないのだろうか。

共同体の問い――バタイユ、ブランショ、ナンシー

少し時代は遡るが、二〇世紀後半の最大の事件と言えば、ソ連と東欧の共産主義政権の崩壊であろう。これによって東西冷戦は終結したのである。その崩壊の足音が徐々に聞こえ出した頃、共同体についての新しいコンセプトを提示しようという試みがあった。それは、モーリス・ブランショの『明かしえぬ共同体』とジャン＝リュック・ナンシーの『無為の共同体』である。一九八三年に出版された両方の著書とも、ジョルジュ・バタイユの共同体の思想をそれぞれのやり方で読み直すものであった。君主制やファシズムに象徴されるワントップを置く政治体制を批判して、バタイユはアセファルという「無頭の」を意味する言葉を使いながら首長（頭）なき共同体を構想したり、神秘的経験に深く傾倒してそこからあらゆる宗教組織に先立つ人間の根本的な共同性を考えたりした。もちろんブランショやナンシーの試みは、バタイユの共同体思想をアカデミックな仕方でそのまま再現するものではない。むしろバタイユのテクストを読み直すことで、共同体とコミュニズムを根本から問い直すことに彼らの狙いはあるのだ。そもそもマルクスの予想に反して、コミュニズムは全体主義国家を産み出し、強制収容所を設け、個人の自由を弾圧するようになってしまった。経済も行き詰まり、ソ連や東欧などの共産圏でのマルクス主義の失敗は誰の眼にも明らかになった。それでは、コミュニズムは完全に失敗だったのであろうか。それは忘却すべき過去の

遺物なのだろうか。ブランショたちはそうは考えなかった。むしろ問い直すべきものと考えたのだ。彼らは共同体(communauté)を「共同の」(commun)や「コミュニケーション」あるいは「交流」(communication)との語源的な連関を踏まえながら問い直していくのである。そして、コミュニズム(communisme)もこの「共同の」(commun)と深い関係を持った言葉である。多くの人が指摘するように、コミュニズムの語源は、「共同の」や「共有の」を意味するラテン語のコムニス(communis)に由来している。だから、コミュニズムが指し示す対象が共産主義であっても、「共有財産」よりも「共同性」に力点をおいて解釈すれば、そこから導き出されるのは「共同主義」なのではないのだろうか。これが、バタイユ、ブランショ、ナンシーの問いの方向性なのだ。

ここから三つのことを指摘したい。

(一)コミュニズムは、「共産主義」という訳語が充てられることからも分かるように、財産の共有の主張である。マルクスに倣って言えば、私有財産は共有財産へと止揚される訳である。コミュニズムによって実現される共同体は「共に持つこと」がベースになっている。私有財産は廃止されるとはいえ、財産そのものが否定されるのではなく、共有されていれば、財産という概念に対しては疑問が差し挟まれることはない。だからコミュニズムは、労働によって財産をつくることを肯定する。そこにある人間像は、労働し生産する人間のそれに他ならない。ブランショとナンシーは、これを営み及び作品(œuvre)を産み出すこととしてとらえている。それに対し、バタイユの共同体の思想では、消費、しかも生産や再生産に寄与しない消費、彼が「非生産的消費」と呼ぶものが重視されている。通常、われわれは労働や生産活動の合間にリフレッシュしたり気力を養うために一服したりして「消費」をするが、バタイユの考える消費は生産/消費の枠をはみ出た消費に他ならない。エロティシズムのような生殖目的と結びつかない性行為、ポトラッチのようなプライドから競争相手により多くの財産を贈与する儀礼、宗教的な目的のために人命までふくむ多くの命を犠牲にする気違いじみた供犠の儀式などが、そこでは挙げられている。ブランショやナンシーもこれを「無為」(désœuvrement)としてとらえ、いかにバタイユの思考が営み及び作品を産み出す作業とは異なるかについて述べている。彼らはバタイユのテクストから生産目的から切り離された「愛」や「友愛」に注目し、贈与や供犠の意義も認めている。ここでは、従来のコミュニズムの思想の根本にある「財産の共有」ではない、共同体のあり方が模索されているのではないのだろうか。だから、財産の放棄や贈与、あるいは財産の濫費を通しての人間関係、人間の共同性が重視されるのだ。そして、こういった共同体のあり方を通して、コミュニズムという概念の内実の変更が要求されているのではないのだろうか。

（二）財産と所有を疑問に付したことで、ブランショとナンシーが考える共同体とコミュニズムはそのベースを「共に持つこと」から「共にあること」に転換した、とさしあたり言えるであろう。これに関しては、彼らはハイデッガーの『存在と時間』の「共存在」の考えの影響を受けている。それによれば、現存在（人間）は他の現存在と世界のなかで共に存在しているのだが、ハイデッガーはこれを「共存在」と呼ぶ。しかし、彼は「共存在」を現存在の本来のあり方ではないと考える。孤独のなかで死と向き合うありかたこそが、現存在の本来のあり方だからである。死と向き合うあり方と「共存在」とを、彼は分けて考えているのだ。しかし、ブランショとナンシーは他者との関係と死との関係を結びつけて考える。「共にあること」は、「他人の死」や「死につつある他人」からはじめて成立するものだからである。バタイユの神秘的経験は脱我経験であるが、この脱我は「死につつある他者」に揺さぶられて生じるものであり、ここに他者との何らかのコミュニケーションが生起する。（エロティシズムも死とのアナロジーで語られている。）この他者との関係を共同性ないしは共同体（communauté）と呼ぶことに抵抗を覚える者もいるだろう。しかし、死という共有不可能なものから初めて成立する他者との関係から共同体について考えることが重要なのではないのだろうか。そこで求められているものは、共有可能なものという他者とのあらゆる安易な関係を捨て去ったところにもなおも残る、絶対に共有不可能である死を介しての他者との関係なのだ。言い換えれば、共有できないところにのみ成立する共同性ないしは共同体なのである。ブランショが引くバタイユの言葉、「共同体を持たない人々の共同体」は、この共同体の真実を簡潔に表現したものと言えるであろう。だからこの共同体は「共に持つこと」を疑問に付すばかりでなく、「共にあること」をも問い直していくようにわれわれに強いるのだ。

（三）ブランショやナンシーの提起する共同体は、「失われた起源」という発想を徹底的に避けている。西欧の思想史の伝統には、歴史、文明、社会以前に理想郷としての共同体を考える傾向があった。マルクスが『資本主義的生産に先行する諸形態』で示唆し、エンゲルスが『家族、私有財産、国家の起源』で展開した原始共産制のテーゼも、その側面があると言えるであろう。古くはキリスト教のエデンの園と楽園喪失の発想であり、ルソーの自然状態の仮説、ロマン主義者たちの自然への憧憬にもそれは受け継がれている。バタイユ、ブランショ、ナンシーの語る共同体は「失われた起源」に回帰することを未来に目指す共同体でもなければ、この起源を前提とすることでその正当性が保証されたり存在の根拠を持ったりするものでもない。それはいっさいの前提を持たない共同体なのだ。また、多くの共同体論が共同体を理想化しないまでも、共同体／歴史・文明・社会という二項対立に依拠している。「共同体」（Gemainshaft）は地縁や血縁と結びついており、「利益」を追求する社会との対比のもとで語られている。マルクスはもとより、テンニエスの古典的な定義もそれを表現している。それに対し、バタイユたちの共同体はこういった二項対立の手前にある人間の共同性を考えていこうとしているのだ。

このようにブランショとナンシーがバタイユのテクストの読解を通して提起したものは、「共同の」（commun）、「コミュニケーション」（communication）との関係から「共同体」（communauté）を深く問い直し、コミュニズム（communisme）の概念を刷新しその新しい可能性を探っていくことである。彼らの問いかけは一九八〇年代になされたものであるが、今日のわれわれもそれを引き継いで展開しなければならない根本的な問いではないのだろうか。

問いの効果

実際、ブランショやナンシーのこういった模索は、その後も影響力を持ち続けている。九〇年代以降イタリアではジョルジョ・アガンベンやロベルト・エスポジトが彼らの問いを引き継いでいる。この二人の政治哲学者は、ともにミシェル・フーコーの生政治の思想の影響のもとで共同体について考えている。アガンベンは、「ビオス（社会的な生）」を「ゾーエ（むきだしの生）」に変えてしまい人間から権利を奪ってしまう「例外状態」としての国家のあり方を批判する。彼の理想は、人々にアイデンティティを強要しないし、帰属の条件も前提とせずにただ共に属している共同体なのだ。これが「到来すべき共同体」なのである。またエスポジトは、コムニタス（共同体）とイムニタス（免疫）という用語を使いながら、共同体の免疫的暴力性をあばいている。「人格」の概念がこの暴力を支えてきたことから、「非人称」や「動物性」をはらんだ新しい人間像を彼は探求している。

こういったかたちでブランショやナンシーの問いはさらなる展開をみせていると言えるであろう。

コミュニズムに関しては、二〇〇九年にロンドンで「コミュニズムの理念」というシンポジウムが開催された。ジジェク、バディウ、ランシエール、ネグリ、ハート、エスポジトなどの錚々たるメンバーに加えて、ナンシーもそこに参加している。その企画は、「共同の」（commun）に立ち返ってコミュニズムの理念を再興しようというものであった。なお、コミュニズム再考のシンポジウムは、二〇一〇年にベルリンで、二〇一一年にはニューヨークでも行われた。バタイユ、ブランショ、ナンシーの残した「共同体」とコミュニズムの問い直しの方向性は、ここでもきちんと継承されていると言えるだろう。

問いの効果（再び）

以上のような理由から、われわれはバタイユ、ブランショ、ナンシーの提起した問題を再び考えてみたいと思った。そこで、二〇一四年五月にお茶の水女子大学で開催された日本フランス語フランス文学会の春季大会でのワークショップ「共にあるということはどういうことなのか？　共同体論再考」で、岩野卓司がバタイユについて、澤田直がナンシーとサルトルについて、湯浅博雄がブランショについて発表した。岩野はバタイユのアセファル（無頭の）共同体の成功と失敗について論じ、この失敗が共同体や共同性一般が必然的に孕まざるをえない危険を暴いていることについて話した。澤田はナンシーの共同体論の問題提起を整理しながら、サルトルのテクストを読み直しそこに「共同体」としての可能性を発見し、それがバルトをはじめとする作家たちに受け継がれていることを示した。湯浅は従来の共同体が共約可能性と同質化を強いる傾向を指摘し、ブランショがこの傾向に抵抗し他者の絶対的な異質性を尊重しながら共同性や共同体を思索していることを論じた。これらの発表はそれぞれ、本書の寄稿論文の前身である。このワークショップは多数の観客と多くの質問に支えられてそれなりに成功したのであるが、よく考えてみれば、はからずも澤田が示してくれたように、バタイユ、ブランショ、ナンシーの共同体論はなにもそれだけで成立しているものではない。他の思想家の議論と意識的にあるいは無意識のうちに共鳴しあっているのである。だから、フランス現代思想の幾人かの思想家を加えていったほうが、バタイユたちの共同体論もより生きてくるのではないのか。そこで本論集では新たにレヴィナス、フーコー、ドゥルーズ、デリダについてそれぞれ識者に共同体論の視点から論じてもらうことにした。これらの思想家のうちデリダを除けば、ブランショやナンシーの共同体論と直接接点を持つことはないのだが、彼らのテクストにこの共同体の問いを接合してみることは可能だろうし、それによって肯定的な結果をえられるかもしれない。あるいはブランショたちの試みの問題点や限界を暴きだせるかもしれない。いずれにせよ、問いの深化に何らかの貢献ができるであろう。

新たに取り上げる思想家について簡単に触れておこう。

レヴィナスの倫理学は、現象学やユダヤ思想の枠組みを超えて、他人についてどう考えるべきかの指針を与えてくれるものであり、友人ブランショにも大きな影響を与えている。彼の『全体性と無限』は、共同体について考えるための必読文献であろう。「対面」の考えを徹底することでヘーゲルやハイデッガー流の「共同体・共同性」を批判したレヴィナスも、この「共同体・共同性」の不在の上に新たな「共同体・共同性」を考えるのだが、この論文集では、合田正人はローゼンツヴァイクなどと比較しながら、「血」、「言語」、「貨幣」のテーマに沿ってレヴィナスの「共同体・共同性」を深い次元でとらえようとしている。

フーコーの生政治の思想は、アガンベンやエスポジトによって共同体の問いへと接合されていったが、『狂気の歴史』以来の彼の権力論そのものが共同体を模索するうえで重要な鍵を提示しているのではないのだろうか。担当の坂本尚志は、フーコーのテクストに潜在する共同体の問題系を他者論との連関でとらえ、非理性、統治、抵抗について論究しながら、「声なき主体」と「主体なき声」の問題を発見している。

エディプス・コンプレックスによる家族関係に還元されない多種多様な人間のつながりを考えたドゥルーズは、資本主義や国家によるコード化を逃れるリゾーム的結合を提案する。ここに広い意味での共同体や共同性の問題を読み取ることは可能であろう。この問題において従来は「接合」や「連続性」の面が強調されていたが、ここでは藤田尚志は「孤独」、「分離」、「切断」の観点から論じ、「共同体を持たない人々の共同体」との近さを探っている。

脱構築の哲学者デリダは、ブランショやナンシーの友人でもあるが、彼らの共同体論については一定の留保を示している。バタイユやブランショの「友愛」という言葉が前提にしているものも『友愛のポリティックス』では鋭く問い質されている。デリダは「民主主義」や「メシアニスム」という言葉には新しい意味を与えているのに、「共同体」についてはどうしてこういった作業を行わないのだろうか。増田一夫はデリダによる共同体の忌避の理由を「友愛」、「兄弟愛」、「主権」、「決断」に関して問い続けている。特に、カール・シュミットのテクストの影響について犀利な分析を行っている。

以下これらの思想家の共同体論を考察していくのであるが、時代性を考慮してⅠ部とⅡ部に分けることにした。Ⅰ部が、サルトル（1905-1980）とナンシー（1940-）、バタイユ（1897-1962）、ブランショ（1907-2003）、レヴィナス（1906-1995）を扱い、Ⅱ部がデリダ（1930-2004）、フーコー（1926-1984）、ドゥルーズ（1925-1995）を論じている。


このような論文集をわれわれは上梓するが、今回を理論編としたのは、その後に実践・状況編が続くからである。というのも、フランス現代思想と呼ばれるものも、もう三〇年以上も前に書かれたテクストも多いからである。歴史的な文脈を踏まえたアカデミックな研究も多数なされているが、その反面、すでに時代遅れの思想であると断言する論客もいる。そこで次の実践・状況編では、この理論編を承け、政治、経済、宗教、歴史が織りなすさまざまな現代の状況や世界や日本の現実を論じるにあたって、現代思想の共同体論が有効な武器になるかどうかを試してみたい。もちろん、これは共同体論を金科玉条に現実にあてはめることではない。フランスで提起された共同体の問いを踏まえながら、諸々の理論がいかに現実の状況と交わりをもてるかを探る試みである。

最後になるが、企画に賛同し出版を引き受けてくれた書肆心水の清藤洋氏に謝意を表したい。

岩野　卓司

I

澤田直

共同体、そしてアイデンティティのことなど

サルトルとナンシーを出発点として

あらかじめ用意されている共同体にはロクなものがない。暮らすということは、その場で、自分たちで、言葉の力を借りて、新しい共同体を作るということなのだと思いたい。

多和田葉子『エクソフォニー』

はじめに　共同体という言葉の寄る辺のなさ

共同体とは何か、と大上段に構えて問うと、ふっと逃げ去ってしまうようなところが、この言葉にはある。共同体を個人の側の心情的側面から捉えるとアイデンティティという問題構成となるだろうが、この言葉もまた捉えがたいことは、適切な日本語に移せないところにも現れている……などと泣き言を言っていては進まない。フランス現代思想と文学の領域で現れる共同体の問題について検討することにしたい。二十世紀後半のフランス思想における共同体への関心を考察するとき、なによりも思い起こされるのは、モーリス・ブランショであり、ジョルジュ・バタイユであろう。だが、彼らについては、別の論者たちが語るだろうから、私としては、少し違う観点から、ジャン＝ポール・サルトルを取り上げ、ジャン＝リュック・ナンシーの思想を参照しつつ、共同体の問題を考察することにしたい。

まず予備作業として、共同体、communautéという言葉を確認しておこう。というか、この言葉がもつ、ある種の寄る辺のなさから始めてみたいのだ。日本語の「共同体」[1]も、その原語であるフランス語のcommunautéもきわめて厄介な言葉、伸縮自在で、取り扱いに入念な注意を要する言葉であり、特定の何かを指示するというよりは、対立する概念や連携する言葉との関係で、意味が定まるような、きわめて文脈依存性の強い言葉だと言える。

この言葉はドイツの社会学者、フェルディナント・テンニースの提唱したゲマインシャフト、すなわち血縁・地縁など自然の所与の絆に基づく前近代的ないしは伝統的な社会形態を指す場合もあれば、英語のコミュニティ、つまり市町村などの地域社会を指すこともある。それだけでなく、ときには国家内の言語集団、民族集団、宗教集団などを指す。そして、これらの場合、国家ないしは社会の下位集団という意味合いを持つ。その一方で、欧州共同体や国際社会(communauté internationale)の場合には、むしろ国家を束ねはしないまでも、それらを包摂する上位集団として用いられる。いずれの場合にせよ、共同体という言葉は、集団(groupe)、集合体(collectivité)、社会(société)、国民(nation)、国家(Etat)とは異なるくくりの集まりを示す言葉でありながら、それらとの関係によって(のみ)意味内容が決まるのだ。[2] 一方、日本語の共同体の場合はどちらかといえば、公と私のあいだの中間体のように捉えられることが多いのではないか。

この言葉はまた、連関する様々な言葉のネットワークのうちで、微妙に意味あいを変える。個人(individu)、成員(membre)、自由、主権、他者、友愛(fraternité)、民主主義といった、共同体の要素や性質とされる概念を無視しては捉えがたいし、その派生語や、同系列の言葉である共通の(commun)[3]、共同体主義(communautarisme)、コミュニケーション(communication)、融合=キリスト教の聖体拝領(communion)、共産主義(communisme)などを意識することなしには、思わぬ取りこぼしをすることになろう。語源を確認しておけば、communautéという語は、ラテン語のcommunitasに由来するが、その語の中核にあるcommunisは、仕事、義務、責任、贈与、供物、葬礼を意味するmunusの前にcum(一緒に、avec)がついたものであり、そのために、immunitasとも同族の言葉であることに着目する論者もいる。immunitéの第一義は、法律用語で租税や義務などの免除特権、議員や外交官などの免責特権のことであり、そこから第二の意味である「免疫」が派生してきたわけだが、そこに、共同体の発生と機能に関する重要な示唆を読み取ることができるというのである。

☆

共同体に関する考察は、空間軸と時間軸の二つの点からアプローチすることが可能であろう。共同体が空間的に把握される場合、それは、数学モデルで言えば、ひとつの集合（ensemble）のように考えられ、それは具体的な外延（extention）と内包（compréhension）を備えたものとして思い描かれる。[4] たとえば、ユダヤ共同体であれば、ユダヤ人集団という外延と、ユダヤ性という内包だ。つまり、何らかの本質が想定され、それは当然のことながら、共同体の成員に共通な何かであろうと考えられる。この共通な要素によって、共同体は他の集団から自らを区別することになるとされる。それはまた、共同体のアイデンティティと呼ばれたりするが、個々の成員は自らのうちに内面化したこのアイデンティティを拠り所にして共同体への帰属を確認するのではなかろうか。しかし、この考えがしばしば指導者たちによって、利用されることも事実だ。共同体が前景に迫り出してくるのは、多くの場合、他の共同体との葛藤状況においてであるから、戦争や闘争が特権的なトポスとなることは言うまでもない。しかし、それはまた、国家の中での複数の共同体の抗争や、国家とそれが内部に抱える下位集団との間の相剋という形を取ることもある。

他方、共同体と目される集合は、時間軸のうちで、生まれかつ消え去るものと捉えることもできる。イスラエル建国以前のパレスチナ民族とは何だったのか、といったことを考える場合がそれにあたるだろう。時間軸のうちにおいて考察される場合、共同体は歴史上の発展や変遷という持続的な切り口で捉えられるよりも、むしろ断絶の面が強調されることが多いように思われる。歴史上のある時点に置かれる場合、それはしばしば過去に措定され、郷愁を伴った形で、喪失された、今はなき理想体として思い描かれる。逆に未来に置かれることもあって、その場合は達成されるべきユートピアとして希求されることになる。いずれにせよ、このような理想体としての共同体はしばしば不在のものと考えられ、既存のなんらかの共同体とは隔絶した形で語られる、と断言しては誇張になるだろうか。

観点を変えてみると、我々は共同体に関して、水平的にと同時に、垂直的に接近することができることになるが、思想史の流れで、共同体とは何であるのかが必ずしもつねに措定的に問われてきたわけではない。紆余曲折に満ちた仕方で、この問題構成は次第に前景化してきたわけだが、近代以降の膨大で多岐にわたる共同体論の大筋を確認する紙幅の余裕はない。以上で予備作業は終え、本題に入ることにしたい。

従来のサルトル研究においては、自由、主体、アンガジュマンといったテーマが主流を占め、共同体という問題構成は主題的にはほとんど注目されてこなかったと言ってよかろう。共同体よりも、個人のほうに重点が置かれて、解釈されてきたからである。そうはいっても、『弁証法的理性批判』においては「集団」という問題構成が重要な核となっていることは、これまでも指摘されてきた。ただ、その場合であっても、力点はむしろ歴史のほうに置かれてきたのであり、共同体、共同性は背景に隠れてきた。しかし、共同体というモチーフは、他の問題構成のうちに沈潜しているだけであり、じつは、サルトルの思想のみならず、文学作品や文学論を正確に理解するためには、隠れた共同性の問題に留意する必要があるだろう、というのが私の仮説である。というのも、自由、主体、アンガジュマンといったいかにもサルトル的なテーマを浮かび上がらせるための「地」ともいうべきものが共同体＝共同性に他ならないからだ。サルトルのテクストを子細に検討すれば、共同体という語はけっして頻出するわけではないものの、きわめて重要な稜線をなしているように思われる。まずは、『存在と無』を中核とする前期の哲学思想での共同性の位置を確認しておこう。

1 『存在と無』における共同性

共同性の問題が主題的に現れるのは、『存在と無』の第三部「対他存在」第三章「他者との具体的な諸関係」第三節「《共にある存在》とわれわれ」においてである。[5] 直前の二節で、サルトルは、自己と他者との関係をサド＝マゾ的な関係という枠組みで捉え、基本的に対他関係は相剋的なものなのだと断じているわけであるが、そのような主張に対する、あり得べき反論としての共同存在、「われわれ」が論じられるのがこの節である。対自は相互に他者を対象化し、自らの優位を確立しようと対立するという自らの主張に対して、そのような相剋的な対他関係に先立つ、「共同性」としての「われわれ」もありうるのではないか、という反論をサルトルは即座に否定する。つまり、サルトルはここで、共存在に対する、個々の対自の優先性を強調しているのだ（と考えられてきた）。サルトルの論点を要約すれば、「われわれ（nous）」には「主体＝われわれ（Nous-sujet）」と「客体＝われわれ（Nous-objet）」という二つの側面があるが、そのどちらも、その時々の状況によって現れるものであって、固定的なものではありえず、まずは、対他存在でもある個々の対自存在によって可能になる。その意味で、対自が他の対自なしで存在しないことは確かだとしても、個（人）性こそが出発点なのである。

ここで、サルトルの批判の矛先が向けられているのは、いうまでもなくハイデガーの共存在であり、明示的に批判が展開される（じつは、この批判はすでに同じ第三部第一章で頭出しをされていた。EN 304-307）。よく知られているように、ハイデガーは『存在と時間』第一部第四章「共同存在と自己存在としての世界＝内＝存在、世間」において、現存在がおのずから共同存在であることを強調する。それは、たんに複数の主体が集合的に存在しているということではなく、孤独や不在でさえも、共同存在という本質的構造なしにはありえないという意味で、現存在を本質的に性格づけているということである。[6]

それに対して、サルトルは「意識相互間の関係の本質は、共同存在ではなく、相剋である」（EN 502）と明言する。この立ち位置の違いは何に由来するのだろうか。ひとつはハイデガーの言う共同運命（Geschick）への反発だと考えられる。ハイデガーは、『存在と時間』において、次のように述べていた。

運命的な現存在は、世界＝内＝存在たるかぎり、本質上、ほかの人びととの共同存在において実存しているのであるから、その現存在の経歴は共同経歴であり、共同運命という性格をおびるのである。それはすなわち、共同体の運命的経歴、民族の経歴のことである。共同運命は、さまざまな個別的運命から合成されるものではない。このことは、相互存在が、いくつかの主観の集合的出現という意味のものではないのと同様である。[7]

このような発想ほど、サルトルにとって疎遠なものはない。じっさい、戦争中も含め、サルトルは個人を国家なり運命共同体に帰属させようという発想から、つねに距離を保ったのであり、フランスについて語るときであれ、神聖な祖国という立場にはまったくない。『戦中日記』[8]にも、戦中や終戦後のエッセーのうちにも、サルトルがフランスという国家から距離をとり続けている姿勢が見てとれる。それだけではない。通常の意味でのあらゆる共同体から距離を取るのだ[9]。サルトルのコーパスを見渡してみても、既存の共同体の一員であることを積極的に述べる個所は、ほとんど見られない。むしろ、反国家、反祖国的色調を帯びた言説が目に付く[10]。

だからといって、サルトルが共同性の問題を顧みなかったと結論づけるのは早計だろう。サルトルはむしろ、共同性や共同体という問題構成が、対自が客体となるという体験を通して、なんらかの状況への所属に関する自覚の契機として現れるという点に着目する。

このような事態において特権的に用いられるのが、「第三者 tiers」という概念装置である。「封建領主と農民」や「資本家と労働者」といった関係は、通常は、権力構造で捉えられるわけだが、サルトルはこれらを例にして共同体を構成する他者として、領主や資本家を召喚するのである。

> 「主人」「封建領主」「ブルジョア」「資本家」は、単に命令を下す権力としてではなく、なによりもまず、「第三者」として現れる。つまり、弾圧される共同体の外に存在する者であり、彼に対してこの共同体が存在する者としてである。(*EN* 461)

サルトルがここで強調するのは、共同体が共同体として成員にとって意識されるためには、その共同体が外部にいる第三者によって対象化される必要があるということである。つまり、あらかじめ存在する共同体が、別の共同体なり、他者に出会うのではなく、外部こそ、共同体を生み出すというのである。より正確に言えば、第三者の出現と共同体の出現は同時的かつ共軛的であるという、きわめて現象的な発想がそこにはある。

それゆえ、共同体そのものは幻想ではないとしても、第一義的存在ではないとされる。言いかえれば、共同体の根拠は内在的な本質にあるのではない。共同体は、この第三者、すなわち「対象＝われわれ」を客体化する主体としての誰かがあってはじめて顕在化する。言いかえれば、「共同体そのものは、はじめから主体的なものとしてはありえないし、何らかの所与なものでもない」(EN 463)。つまり、サルトルによれば、「われわれ」は、他人の目に対してしか「われわれ」ではないということになる。したがって、絶対的な主体としての「われわれ」など幻想にすぎず、むしろ、つねに「対象」化の脅威にさらされたときに生じる、個々の意志を超えた「われわれ」こそがサルトルの考察の主題なのである。「主体＝われわれ (Nous-sujet)」が時に現れるとしても、存在論的には、「客体＝われわれ (Nous-objet)」がそれに先立っていると言い換えてもよい(11)。

いずれにせよ、ここで重要なことは、サルトルが予め存在するような共同性といったものをまったく想定しないことであり、それは、彼が予め存在するような「人間性＝人類 (humanité)」を想定しないことに通底している。じっさい、各自が、自己の所属する共同体の円環を次第に拡大していくことによって、人類的な「われわれ」に到達できるという錯覚を、人がしばしば持っている (EN 463) のだとしても、それが可能なためには、その人類に属することのない、実在不可能な第三者が必要なのであり、この他者性の極限概念こそが神と呼ばれるものだ、とサルトルは断定する。

この「第三者」というトポスは、後に『弁証法的理性批判』において重要な概念として再登場することになるのであり、それについては後ほど検討することにするが、少なくとも、『存在と無』の時点で、サルトルが、共同体というものをどこまでもひとつの空虚な概念と捉え、「客体＝われわれ (Nous-objet)」はあっても、「主体＝われわれ」はひとつの幻影にすぎないと考えていることは重要である。むろん「主体＝われわれ」がまったくないわけではない、とサルトルは留保をつけるのを忘れはしないし、続く第二節はその考察にあてられている。

「我々がひとつの「主体＝共同体 sujet-communauté」に所属していることを我々に告げるのは、世界である」(EN 495) とサルトルは分析を始める。しかし、そこで考察の対象とされているのはけっきょくのところ、都市生活における大衆《マッス》の現象である。[12] 共同性が確認されるのは、あくまで道具的連関のなかであって、誰でもよい誰かとして取る画一的な行動を通してである。そのため、そのような共同性は存在論の基本構造ではなく、主観的な心理にすぎないとされ、「われわれ」というのは、副次的な体験であり、原初的な体験ではありえない（EN 497参照）、と結論づけられることになる。

このような複数の対自間の相剋に根ざしたサルトルの存在論が、倫理的な地平では袋小路に陥る原因であると、従来から説明されてきたし、だからこそ、以降のサルトルは相互性を中心とした対他関係へと力点を変えていくのだとも説明されてきた。私自身もそのような視点のもとにしばしば論を展開してきた。じっさい、このような相剋状態からの脱出の道が示されないのであれば、対他関係における展望は政治思想においてであれ、倫理思想においてであれ、破綻してしまうからである。それゆえ、このような共同性を無視ないしは軽視する姿勢から、サルトル自身大きな方向転換を迫られることは必至であった。しかし、その一方で、戦後のサルトルがアンガジュマンや相互性を語るようになるのは、それだけの理由かと言えば、必ずしもそうではないだろう。じっさい、共同体への関心はそれ以前からあったように思われるからだ。

2　共同体をめぐる小説としての『嘔吐』

サルトルにおける共同体の問題をより深く掘り下げるためには、いったん時代を遡って、一九三八年発表の第一小説『嘔吐』に戻ってみることが有益だろう。この長篇小説《ロマン》は、公園でマロニエの木の根を見ているロカンタンに存在の偶然性という哲学的な意味がとつぜん開示されることが主要テーマとして紹介されることが多い。ところで、この小説が成立するための伏線として、沈黙の共同体というモチーフがあるのではないか、ということをかつて私は指摘した。[13] 再説になってしまうが、その議論を再びここで取り上げたい。この小説では、架空の港湾都市ブーヴィルを舞台に、市民の共同体から完全に排除された単独者ロカンタンと、自らの属するブーヴィルという共同体を素朴に信じるブルジョワたちの対立が縦軸となって話が展開する。ロカンタンは、全篇にわたり、孤独な存在としての自分を確認するのだが、それはしばしば共同体からの疎外という形で表明される。日曜の美術館で、公園で、図書館で、行きつけのカフェで、ロカンタンは自分が市民たちにとって他者であるとひしひしと感ずる。それを端的に表すのが、「余計者être de trop」という表現である。

——おれの場所などというものは何処にもありはしない。おれは余計者なのだ。[14]（OR 144/200）

何度か繰り返されるこの言葉は、まさに共同体からの排除を示している。ブーヴィル市民の共同体とは、共通の記憶を保持する者たちの集まりである（美術館の場面、祖先たちの肖像の確認）。それはまた、共通のヘクシス（ハビトゥス）を持ち、それらを確認する者たちからなる（日曜日のお決まりの散歩コース、紳士たちが帽子をあげて挨拶を交わす[15]）。市のお歴々は何代にもわたってお互いを知っており、新参者たちは、好奇の視線に曝される。その意味で、『嘔吐』という小説において孤独という言葉が表すのは、この共同体に対する他者としての自覚、さらに言えば、共同体からの破門（ex-communication）であり、それゆえ、ロカンタンはブーヴィル市民たちと交わることはけっしてない。

余計な存在としてのロカンタンは、こちらもまた何らの共通性も持たない、独学者をはじめとするマージナルな者たち（そこにはかつての恋人アニーも含まれるだろう）と、ゆるやかなつながりを持つのみだ。そこには、共同体vs余計者という、近代の文学作品によく見られる構造が読み取れる。

そこに賭けられているのは、真理ないしは世界観の問題である。ブーヴィルの市民たちは自らの存在を共同体に委ねることによって共通の「真理」をもち、お互いに了解しあっている（と思っている）。それが彼らブルジョワジーの平穏の根拠だ。一方、そのような拠り所を持たないがゆえに、ロカンタンにとっては、世界の意味の喪失という問題が迫ってくる。共通性に与らぬことが、ロカンタンの不安の一因である。このような自己充足的な共同体を前にして、ロカンタンは「おれは違う種に属しているのだろう」(OR 186/259) と呟かざるをえない。だが、まさにこの非帰属性によってロカンタンには、日常的なコミュニケーションの道が閉ざされているだけでなく、希有な啓示が訪れるのだとも言える。

しかし、『嘔吐』において、共同体は、そのようなネガティヴな役割に留まらない。ロカンタンは、想像上のこととはいえ、彼が愛するジャズの曲の作者や歌手たちとも交流する。読む者から書く者への転身の書であるこの小説において、ポジティヴな共同体とは、広義での文学者たちからなる共同体である。ロカンタンは書物の世界に参入することによって孤独から逃れる。しかし、それだけでは十分ではない。彼が真にその共同体の一員となり、他の作者との、そして自分自身との真の合一が可能となるためには自らもまた作者にならねばならない。ロカンタンが歴史の博士論文を完成させることを放棄して、小説を書く決意をするという結末は意味はその辺りにあろう。すなわち、歴史論文の放棄は、大学という制度、あるいはエスタブリシュメントの共同体(いまだ彼が参入していないとはいえ) からの離脱を意味している。彼が向かうのは別の共同体、来るべき共同体、読者の共同体である。自分も小説を書こうと決めたロカンタンが夢想するのは、彼の読者たちからなる未来の共同体である。

一冊の本。一冊の小説。そしてその小説を読んでこんな風に言う人々がいるだろう。「これはアントワーヌ・ロカンタンが書いたのだ。それはカフェにたむろしていた奴だった」。そして彼らは、おれがあの黒人女のことを思うように、おれの人生のことを考えるだろう。(OR 210/290-291)

このように、『嘔吐』という小説のうちに、既存の共同体ではなく、何ものも共有しない者たちの共同体という問題構成が素描されている。サルトルのアンガジュマン文学を共同体という観点から再検討するとすれば、それは以上のような切り口からなされるべきではあるまいか。戦後、『文学とは何か』のなかで、サルトルが展開したのは、まさにこのような作者や読者の共同体に根ざしたアンガジュマンではなかったろうか。だが、この点を十全に考察する前に、サルトルが共同体について最も顕在的に語った後期の著作を俎上に載せることにしたい。

3　うたかたの共同体――『弁証法的理性批判』

後期の主著と目される『弁証法的理性批判』（一九六〇年）では、共同性という問題構成が全面的に展開されている。実存主義とマルクス主義が補完的なありかたで両立することを主張し、科学的を標榜する弁証法的唯物論に対して、主体的な史的唯物論を提唱する意図で執筆されたのであるから、それも当然のことだと言えよう。サルトルは、ここに至って、個人的実践のみならず、共同的実践について、さらには両者の関係について集中的に考察することになった。[16]この大部の著作の全貌を示すことはもとより本稿の枠組みでは望むべくもないが、共同体に関わる部分だけを瞥見することにしたい。該当箇所は、第二部「集団から歴史へ」である。[17]

サルトルは、共同的なあり方を〈集合態（collectif）〉と〈集団（groupe）〉の二つのタイプに分けることから論を始める。集合態とは、社会的構造を基本としたあり方を意味し、その典型が、「集列（série）」というあり方だとされる。「集列」とは外部に由来する目的や機能だけでたまたま結びつけられた雑多な人々の集まりであり、物理的には一緒にいても、孤立し、お互いに無関心な他者である。その最もわかりやすい例は、都会のバス停でバスを待つ人々の一団だ。この例は、先に紹介した『存在と無』において否定された都市生活などにおける「主体＝われわれ」に関する分析の延長線上にある。[18]それに対して、このような集合態の対立物として、共通の目的、目標、投企をもった共同的実践として形成されるものが、「集団」である。「集団」はある出来事を契機に集合態が変化して生まれるが、その生成発展過程をサルトルは、溶融集団（groupe en fusion）、制約集団（groupe assermenté）、組織集団（groupe organisé）、制度集団（groupe institutionnalisé）と段階的に記述、分析する。これが第二部の基本的な枠組みである。

このように、『弁証法的理性批判』においては、共通存在（être commun）、共同性にある存在（être-en-commun）

が、重要な問題構成として前景に現れている。とはいえ、この主題が重要性を増したのは、『存在と無』のなかで厳しく斥けられたハイデガー的な「共存在」を、サルトルがけっきょく認めるようになったといった安易な変化ではないことは言うまでもない。もちろん、〈共〉というテーマが重要になったとすれば、『存在と無』の路線に対する大幅な修正が必要になったからという側面は否めない。サルトルがあらためて問い直そうとするのは、実践がつねに複数存在し、複数の実践の共存というありかた以外に実践がありえないということを、歴史という大きな流れのうちでどのように捉えることができるのかという問いかけであった。「私」の実践以外にも、「他者」の実践があり、他者（複数）の実践との協働を無視した純粋な私の実践などというものは無意味であることが実感されたためであろう。

「集団」の発生、そして、その変遷過程を分析する際に、サルトルが具体的な舞台として召喚するのは、フランス革命が勃発する一七八九年七月である（とはいえ、これは歴史的事実の記述ではない）。反乱状態にあるパリの群集は、ひとつの集合態である。つまり、お互いに交わり通い合うことのない単なるマッスにすぎない。ところが、彼らは、国王側から等しく「暴徒」として対象化されることによって、自分たちを共通の規定に当てはめようとする〈他者〉の存在を認識し、その認識を通して〈他者〉の行為のうちに自分自身の行為を発見し、それまでの「集列性」を乗り越え、具体的でかつ特異な形、すなわちある集団を形成するにいたる。こうして、彼らは共通の実践をもつ集団となる（注目すべきは、ここでも、あらかじめ何らかの本質を共有した成員が集団を形成するのではないということである）。

さて、単なる「集合態」ではなくなった、この具体的な「集団」の端緒を、サルトルは「溶融集団」と呼ぶ。それはまだ構造化されていない「無定形（amorphe）」なものであり、いわば自発性そのものである（*CRD* 391/II-23）。話を簡単にするために、別の例を用いて言えば、これは緊急事態において、誰もが行動したり、経験したりする類いのものだ。たとえば、火事が起こったとしよう。その場にいる誰もが、自分の身をも危険にさらすこの出来事を前にして、自発的に反応するだろう。火事という事件によって、それまで単に併存していたに過ぎなかった人々が、同じ状況のうちにある一員として、ある種の共同体のうちに自らの存在を自覚するのだ。このような状況においては、誰かが「一一九番しろ」と叫んだり、「消化器を持ってきて」とか、「子どもたちを避難させて」などと言ったりしても、それは上からの命令と取られることはない。ひとつの目的のために、各人がイニシアチブをとりながら、事に対処するのである。サルトルはバスチーユへと進んでいく群衆をこのような自発性の集団と見なし、ほとんど叙事詩的とでも形容できる筆致で、その出来事を記述し、分析する。このような状態においては、いままで「他者」でしかなかった他人が、別の「私」になる。「他者」はいなくなり、ただ、複数の「私」だけが存在するとサルトルは言う。

さて、そこで用いられるのが、すでに見たのと同じ「第三者」という言葉である。[19] ただし、その内実は少々異なる。個人の実践が個人的にとどまらず、同時に共同実践となり、集団が形成される際に、第三者は調整的役割を担い、「調整的第三者（*tiers régulateur*）[20]」として機能するとサルトルは説明する。

「第三者の協同的実践が調整的なものとして現れるとき私は共通の行為へと統合される」（CRD 408/II-46）

このような「*tiers régulateur* 調整的第三者」は、自分の意志で、他の人々に命令することもあれば、他の誰かによる命令にも従うことも可能な存在であり、ひとりの「主権者（souverain）」である。つまり、「溶融集団」では、誰もが「主権」を掌中にするが、役割は常に変更され固定化することがないし、権力は一時的なものである。すなわち、誰もが「主権者」でもあり、従属者でもあるのだ。なぜ、そのような事態が可能となるのだろうか。それは非常事態のもとで、それまでの枠組みがいったんご破算になるからである。

それは、別の観点から捉えれば、溶融集団においては、それまで疎外された人間が失っていた「自由」が突然復活すると捉えることもできる。なぜ「自由が突然復活」するかといえば、それは、共通の危険に対して、自由が疎外から身を引き離し、共通の有効性を認めるからである。ここに私たちは、ある種の共同体の理想型を見出すことができる。だが、残念ながら、それは束の間のものでしかない。というのも、このような自発性の集団は、そのままでは存続することができないからである。集団が解体し、孤立してしまうのを恐れた各自は、「集団」を存続させるために、「誓約」(共通の目的に向かって、一致団結して共闘する)という形で、新たな「惰性」を自ら作り出し、真の意味で実践の共同体なる。これが「誓約集団」と呼ばれるものである。ここにいたって、自発的に行われていた他者と他者の自由の承認が、きわめて意識的に行われ、それが共同性の承認ともなる。「それは人間性〔=人類humanité〕の始まりである」とサルトル言う。この開始状況は、誓約というものによって、変更不可能な本性(nautre)を成員に与えるために、二つの共同的性格が相互に確認されることになるとサルトルは説明する。ひとつは、「同じ日に泥土[21]から出てきたのであるから、われわれは『同等者les mêmes』である」ということ。もうひとつは、「われわれは、あるとき突然変異によって現われた単一の種類(espèce singulière)である。ただし、われわれの特殊的本性は、この本性が自由であるかぎりにおいてわれわれを結合する」ということである。サルトルがここで強調するのは、共同存在が、各人の内で、同一の本性nature identiqueをなしているのではなく、この本性が、条件によって媒介された相互性であるという点である。(CRD 453/II-114)

この「同一者(identique)」とは異なる「同等者(même)」によって、私の自由は、自らのうちだけでなく、他者のうちにも見て取れることになる。この意味で、「われわれは兄弟〔同胞〕(nous sommes frères)である」とサルトルは断言する。しかし、それは私たちが、同じ性質を持つという意味で、相似たる存在だからではなく、同一状況のうちで、お互いを兄弟だとする「誓約」という共同の創造行為を行うことで、自分たちを創造し、自分たちを「自らの息子(nos propres fils)」としたからだという。[22]ここで重要なのは、私とともに行動する他者のうちに、私の自由は、同等のものとしての自由を認める、と言う点であろう。このことから、前期のサルトルでは、展望できなかった「相互性」の可能性が現れてくる。「相互性は、他者の了解を、私の了解が他者の了解と同じ(même)ものであるかぎりにおいて、私の了解と同じものとして、指し示す。」とサルトルが、さらに先で言うのはそのためである。(CRD 529/II-222)

このように集団のうちで、新たな共同性、新たな人間性が素描されるのだが、それはあくまでも束の間のものでしかない。その後、集団は、「組織集団」「制度集団」と発展をとげた後、結局は再び集列性へと堕するとサルトルは断言する。「第三者」同士として誰もが対等な関係を結んでいた「溶融集団」から、次の「誓約集団」に移行する際にすでに分業が現れたが、それはさらに進み、最終段階の「制度集団」になると「職分（fonction）」は完全に固定化され、「専任者（titulaire）」が現れると分析は進んでいくのである。

4　状況の共同体

以上、図式的に見てきたことからも見て取れるように、『弁証法的理性批判』においては、共同性の可能性は、きわめて悲観的だと言わざるをえない。それは泡のように浮かび、すぐ消えてしまうはかないものなのだ。このように、サルトルにおいては、共同体という問題構成は必ずしも具体的でポジティヴな形で明示化されてはいない。それでも、可能性に乏しいわけでもないことは、たとえば、真木悠介が、『弁証法的理性批判』と『資本論』を用いて、「共同態／集合態」という問題構成を立てたことからも見て取れよう[23]。さらに、サルトルの集団論を、たとえばバタイユ的なアセファル（無頭の）共同体と対比させることも興味深い試みになるだろう。じっさい、溶融集団においては、頭になるような人物はいないのであり、この無頭の体においては、きわめて有機的な仕方で、状況に即して、いかなる指揮系統もなく、それでも十全に機能するとされるのである。しかし、サルトルはこのような、いわば完璧に平等な集団がそのままでは存続不可能だと考える点で、バタイユ以上に悲観的、あるいは、現実的だと言うこともできるだろう。じっさい、どのような小集団でも、それが継続していく過程で、かならず役割分担が起こり、一人ないしは複数の中心的人物ができ、権力が集中し、磁場のような関係を形成するのは、私たちが日常しばしば経験することだからである。

この結論から読みとれることは、共同体が必ずしも均一ではないこと、等質ではないことである。老若・男女といった差異や、家族・独身といった差異はけっして無視できるものではない。また、集団というものは、機能するために、しばしば役割分担を行うことになるが、当初は単なる分担でしかなかったことが、後に権力の掌握につながり、中心と周縁をもつことになる。こうして、共同体にはしばしば階層構造が生じる。西洋思想において、集団や共同体が「身体」のメタファーによってイメージされたことは示唆的である。(24) 共同体（corps）を構成する成員は四肢（membres）と呼ばれる。このような既成の考えに対して、バタイユはアセファル（頭無し）ということを考えたのだが、サルトルはと言えば、器官の無分化な原始的な生命体、ポリープへの称賛とも憧憬ともつかぬコメントをしばしば表明していることは心に留めておくべきだろう。

さて、以上の考察を踏まえて、サルトルの共同体の特徴を再確認しておけば、それは、なによりも、共同体に何らかの予めある本質を想定していない点にあるように思われる。このことは、一九四六年発表の『ユダヤ人問題に関する考察』における共同体という言葉の具体的な用いられ方に顕著に見てとれるだろう。この論考の第三部で、サルトルはユダヤ人という集団について、次のように述べている。

> 具体的な歴史的共同体とは第一に「国民的《ナショナル》」で宗教的なものだが、かつてその両者であったユダヤ共同体は少しずつこれらの具体的な性格を失っていった。それゆえ、我々はユダヤ共同体を抽象的歴史的共同体と呼ぶことにしよう。そして、この共同体の分散は、共同体的分裂をも意味している。(25)

ここでの共同体という語の用い方は、一見ほぼ通常のもののように見える。だが、ユダヤ人が歴史過程において民族性と宗教性を失うことによって抽象的な共同体になったと指摘するとき、サルトルが示すのは、本質性を欠いた共同体という形象にほかならない。

> ひとつの統一体として、ユダヤ共同体に保持されてきたのは、何であろうか。この問いに答えるためには、状況という観念に立ち戻る必要がある。イスラエルの子らを統一するのは、彼らの過去でも、宗教でも、土地でもない。それでも彼らは共通の絆を持っているのであり、彼らがみなユダヤ人の名にふさわしいとすれ

ば、それは彼らがユダヤ人という共通の状況を持っているからである、すなわち、彼らは、彼らのことをユダヤ人だと捉える共同体のうちで生きているのである。要するに、ユダヤ人とは、近代国家によって完璧に同化されているが、それでも、諸国家が同化を望まない者として定義されるのだ。(RQJ 80/79-80)

敷衍すれば、過去も宗教も土地も共有しないユダヤ人がそれでもひとつの共同体であるとすれば、それはなんらかの本質を共有しているからではなく、共通の条件の下に、すなわち、共通の状況のうちにあるからである。さらに言葉を換えて言えば、ユダヤ人というものに内包はなく、ただユダヤ人という外延だけがある、ということである。そこから、サルトルは「ユダヤ人とは他の人々がユダヤ人と見なす者のことだ」というよく知られた結論を引き出すことになる。[26] だとすれば、共同体という言葉は、一見きわめて常識的に用いられているように見えて、すでにナンシーが後に指摘することになる、共通性の欠如という問題を先取りしているように見える。ところで、本質の欠如はユダヤ共同体に固有な事態ではない。サルトルが人間について語る時も、まったく同じ構造があったことを、ここであらためて思い起こす必要があるだろう。人間にはなんらかの予め決まった本質があるわけではない。人間に共通の状況があるだけなのだ。

その意味で、私たちは、他者と本質を共有しているのではなく、あくまでも状況を共有しているというのが、サルトルの共同体に関する考えの骨子である。そして、このような共同性というテーマは、哲学以外のテクスト、たとえば文学論にも読み取ることが可能なように思われる。だが、その検討をするために、ジャン＝リュック・ナンシーの共同体論を補助線として呼び出すことにしたい。

5　ナンシーの共同体論から

ナンシーは、多様な領域で思考を展開する哲学者だが、日本に紹介された際、まずは新しい共同体論の語り手として注目された。彼もまた、通常の意味とは異なる地平で共同体について語っているように思われる。[27]『無為の共同体』[28]で、ナンシーは、それまでの共同体についての議論を整理したうえで、共同体という問題構成に見られるある種の内在主義と歴史的神話を批判することから議論をはじめる。共同体が問題になるとき、そこには常になんらかの本質があらかじめ想定されているが、その本質とはまず人間性の本質であり、これこそが共同体を考える際に障害になっていると考えるのだ。

人間の人間に対する内在、あるいは、さらに、絶対的に、すぐれて内在的存在であるとみなされた人間こそが、共同体の思考にとって躓きの石となっている。(*CD* 15/7-8)

つまり、共同体を語る際に、「人間」が自明なものとして暗々裡に仮定されているというわけである。そして、その人間は、理性的な存在、「主体」として規定されているというのである。ところで、このような内在主義(主体の形而上学)は、歴史的錯視と連動しているために、共同体を巡る言説はしばしば歴史的神話の虚妄のうちにある。近代社会は共同体の解体という試練を経て生まれてきたと一般には説明されることが多い。ナンシーは「社会は共同体の廃墟の上に作られたのではない」(*CD* 34/22)と断言して、それを言下に否定する。ナンシーによれば、「社会」は、いわゆる「社会」や、「共同体」とは関係をもたない何ものか、おそらくは部族なり帝国の消滅ないしは維持のうちに形成されたのである。だとすれば、共同体は、社会の出現によって破壊されたり、喪失されたりしたものであるどころか、むしろ、社会から発し、出来する何か、つまり、新たな問い、期待、出来事、命令と捉えるべきである。つまり、共同体の問題とは、すぐれて近代的なものであり、主体と結びついている。さらに言えば、じつは、共同体と主体はともに近代による発明なのだというのが、ナンシーの発想の出発点である。

さて、近代的政治思想として共同性の問題を考えるときに、まずナンシーが思い浮かべるのは、ジャン＝ジャック・ルソーである。それは、『社会契約論』のルソーだけではない、小説や自伝的作品においても、共同体の問題が、孤独という主題と対になりながら、重要な問いとなっている。近代的自伝の祖としてのルソーが同時に共同体への憧憬をしばしば語ることは、きわめて象徴的だと言える。ルソーの問題設定は、その後に引き継がれる祖型と言えるが、そこでは、独立し、自由で、自己充足した個人、すなわち主体が一方で措定され、その独立、自由を担保するものとしての共同体が問題になる。個人が持つ弱さ、欠如、個人の有限性と、それゆえに、共同体が必要であるという構造は、さらに意識的な形でカントに引き継がれる。だが、カントは、共同体の必要性だけでなく、その不可能性をも強調する。カントの道徳論や、『永遠平和のために』における世界市民の考えなどは、このようなコンテクストで捉えられる必要がある。ナンシーは、「断ち切られた」共同体という意識は、その後、ドイツ・ロマン派やヘーゲルに受け継がれると明言すると同時に、共同体喪失の意識は、じつはキリスト教的なものだとも述べる。だが、ここでは、ナンシーが行っている精緻な思想史的サーベイを追うことは諦め、二十世紀の西欧社会は、コミュニズムとファシズムという正反対のベクトルのうちで、共同体の問題をきわめて失望的な形で経験した、というナンシーの指摘を思い起こすだけにしておこう。

このように共同体論の負の側面を素描したのち、ナンシーは共同体の積極的な側面の評価へと転じる。「共同体は、私たちのいっさいの企てや意志や企図のはるか手前に、存在と共に、存在と同様、私たちに与えられている。じっさい、私たちがそれを失うことは不可能なのである」(*CD* 87/64) と述べ、どれほど共同性を欠いている様に見えている場合であっても、微少ながらも、共同性がある点に着目する。その意味で、共同体を破壊する意志の極限的な形態であるファシズムや強制収容所においても、そのような意志に対しての抵抗の可能性はある。なぜなら、共同体とは抵抗そのもの、内在性への抵抗だからだ。このような展望のもと、共同体を単に否定するのはなく、新たな、来るべき共同体こそが探られなければならない。「共同体の要請はわれわれにとって未だ現れていないものであり、発見すべきものとして、思考すべきものとして残されている」(*CD* 59/41) というわけだ。ただ、「失われた共同体」とは異なる「来るべき共同体」に関しては、ナンシー自身も明瞭な構想を提示するにはいたっていない。バタイユを援用しつつ、「共同性(体)なき者の共同体」が示唆され、いかなる内在性(つまり共通性)もないこの共同体は、死との関係で開示されると言うのみだ。「死は共同体と切り離しえない。というのも、死をとおしてはじめて共同体は開示されるし、またその逆に共同体をとおして死が開示されるからだ」(*CD* 39/26)。

ナンシーの共同体論は、ヘーゲルからハイデガーにいたるまで構想されてきたような、企てとしての集団でも、集団的な企てとしての「民族の精神」とも根本的に異なる。共同体の機能は、その「成員」に、死すべきものだという真実を呈示すること以外の何ものでもないのであり、その意味で、すべては死の共同体だとされる。そこで、ナンシーが用いるのが、「分有」と「同類〔似た者〕」semblable という二つの概念装置だ。分有によってお互いは他なるものとなりながら、それでもお互いは「同類〔似た者〕」semblables である(*CD* 82/60)というのである。

先に、『弁証法的理性批判』を考察する際に、共同性の発生において、サルトルが「同一 identiques」ではなく、「同等 même」に着目したことを見たが、ナンシーの「同類〔似た者〕」semblable とサルトルの「同等 même」は通底しているように思われる。ここで、問題になっているのは、どちらの場合も、均質性ではないし、等質性でもない。むしろ、同じ状況下にあることによって、性質を異にする者のうちに、共通の何かを見出すことなのである。このことを文学論へと領域を移しながら、検討してみよう。

6 文学と共同体

『無為の共同体』でナンシーは、共同体に関する社会学的なものとは異なるアプローチが文学によって可能であるだけでなく、必要でもあるとして、次のように述べる。

「文学」が存在するのは、われわれの共同での存在を分有するこの無為があるからだ。つまり、限界に触れ、限界を指示し、限界を書き込むが、それを越え出ることはなく、ある共同体の身体という虚構のうちに限界を廃棄してしまうこともなく、無限に再開されては無限に宙吊りにされる身振りがあるからなのだ。(*CD*

このように、ナンシーは文学および共同体が共有する核として「無為」を置く。無為こそ、文学と共同体の共通項なのだと言うのである。その意味で、共同体は営みの領域に属するものではない。共同体は、ブランショが「無為 désœuvrement」と名づけたもののうちにこそ、立ち現れると述べて、ナンシーは、まずはブランショを、そして続いて、あらためて、バタイユを援用して論を展開していくことになるのだが、それをここで追う余裕はない。ただ、ここで、文学がひとつの例ではなく、むしろ、コミュニケーション（の不可能性）と密接に関わる意味での共同性であることだけを確認しよう。「一冊の本を書かせるさまざまな理由は、ひとりの人間とその同類〔似た者〕たちとのあいだにある関係を変えたいという欲望に帰することができる」[29]というバタイユの言葉を引用しつつ、ナンシーは「書きながらたえずおのれを分有するのは共同体それ自身である」（*CD* 101/74）とコメントする。そして、バタイユがわれわれに向けて書いたと同時に、自分もバタイユに向けて書いている、という事実を強調するのだ。

無為の文学、無為の共同体という考えは、サルトルの考えるアンガジュマンの文学、反＝消費文学とは、正反対のように見えるし、長らくそのように言われてきた。だが、はたしてほんとうにそうなのだろうか。「……に向けて書くこと」。これこそ、サルトルが常に問題としてきたことではなかったろうか。最後に、サルトルが『文学とは何か』で展開していた、共同体とアンガジュマンの問題を確認することにしたい。

『文学とは何か』は、書くという行為、読書という行為を「自由（へ）の呼びかけ」と捉えた文学論であると同時に道徳論でもあるような希有な書だが、そこで、サルトルがもっとも重視していることが、「誰のために書くか」ということである。[30] 作者と読者の関係を「高邁な精神＝贈与性 générosité」の契約と考えるサルトルは、「誰のために書くか」と題された第三章に、第一章「書くとはどういうことか」と第二章「なぜ書くのか」を足した以上の分量をあてている。十七世紀から二十世紀半ばまでの作者と読者層との関係を概観した後に、サルトルは、来るべき理想として、作家と読者層が一致していき、作家の選ぶ主題と読者との間に乖離がなくなる状態を夢想する。そして、読者層が具体的な普遍性と一致する場合には、作家は人間の全体について書くことになるとして、作家は「あらゆる時代の抽象的な人間について、どの時代にも属さない読者のために書くのではなく、彼の時代の人間全体について、彼の同時代人のために書くべき」（*QL* 148）だと宣言する。

さらに、サルトルは最終章「一九四七年における作家の状況」において、作者と読者が、自由の交流を通じて目指す共同体を、カントを援用しつつ、「目的の国 Cité des fins」と呼ぶことになる。[31]

> 読書は、彼らに自らの自由を現し示すものであるから、それを利用して、彼らが現在を判断するためにその身を置く未来とは、人間が自らに合一し、ついに〈目的の国〉の到来によって全体性として自己に達するところの未来以外のものではないということを、彼らに思い起こさせよう。［…］自分たちの時代を理解するために〈目的の国〉の見地から、事態を見るように彼らを誘うことによって、彼らの意図の実現にとってこの時代が提出する有利な物事について彼らが無知のままでいることがないようにしよう。（*QL* 275）

つまり、おそらくは到来することがない、しかし未来の視座として必要な共同体（作者と読者の共同体）から現在を透視させること、それこそが文学の使命だとされている。ここで描かれている読者の共同体は、『嘔吐』で表明されていた読者共同体に繫がるように思われる。作者と読者の間にコミュニケーションが可能だとすれば、それは作者と読者とが、均質であったり、同質であったりするからではないし、彼らが予めある同じ共同体の成員であるからでもない。ここまでの議論で見てきたように、同じ条件から出発して、作者も読者もありうべき普遍性へと自らを投企し、来るべき共同体を目指す、そのようなあり方がアンガジュマン文学の名の下で語られているのである。

まとめにかえて

問題を閉じるのではなく、開いた形にしておくために、話をまとめるのではなく、ここまで検討してきたことに接続可能ないくつかの主題を素描し、今後の考察の展望としたい。まずは、これまでの話の直接的な延長線上に表れるものとして、ナンシーによる共同体に刺激を受けた思想家であるロベルト・エスポジトやジョルジョ・アガンベンの共同体論が挙げられるだろう。エスポジトは、共同体の問題を免疫の問題と絡めつつきわめてスリリングな論を展開している。[32]コムニタス/イムニタスをめぐる議論や、ルソーからカント、ヘーゲル、ハイデガー、アーレントにいたる共同体をめぐる諸論考を見事なかたちで見取り図に描いている点も魅力だが、何よりも、共同体において何が共通(commun)なのかと問いかけながら、共通なのは、固有性=固有なもの(propre)ではなく、むしろ、固有性の欠如であるという点が肝要であろう。不完全性、有限性は、共同体の限界ではなく、むしろそれこそが、共同体の意義=方向(sens)なのだ。さらに興味深いのは、エスポジトが、共同体主義も自由主義も、主観主義的な主体観によって基礎づけられている点において似たようなものであると批判する点である。

いっぽうで、アガンベンは『到来する共同体』において、来るべき民主主義との関係で共同体の問題を検討する。[33]そこでは、〈何であれかまわない存在(essere qualunque)〉が共同性の(非)主体として想定されている。[34]ここでは、見本のごとくにひとつのくだりを引用するにとどめよう。

これらの純粋な単独者は、あくまでも見本の空虚な空間のなかで、なんらの共通の特性、なんらの自己同一性によっても結びつけられることがないままに交信しあう。それらの単独者は所属そのもの、記号∈を自らのものにするためのあらゆる自己同一性を剥奪されてしまっている。トリックスターないし無為の徒、助手ないしカートゥーンとして、彼らは到来する共同体の見本にほかならない。(訳書一九頁)

その他に、共同体に関する自由な考察としては、アルフォンソ・リンギスなども挙げられるが、[35] このようなナンシーの議論の直接延長線上にある問題構成とは、すこし別の観点から私自身が興味を惹かれるものを見ておこう。

☆

ロラン・バルトが一九七六年度にコレージュ・ド・フランスで行った講義「いかにして共に生きるか」は、サルトルやナンシーとは、アプローチと位相こそまったく異なるとはいえ、やはり集団を問題にしている。[36] バルトは、修道院という共同体をテーマに、閉じた共同体の問題、そして共存在に関して、きわめて魅力的な議論を展開しているのだ。

集団が形成されるところで、かならず役割分担が起こることは、サルトルの『弁証法的理性批判』でも詳述されたことであったが、バルトは共同生活における規律の問題を考察する。たしかに、どのような集団にあってもそれを律する何かがないかぎり、存続することはできないだろうし、そもそも、集団である意味がないだろう。その場合、規律に注目すると、一方に、過度に否定的な形態として、孤独や隠者の暮らしがあり、他方に、過度に統合的な形態として、〈コエノビウム（修道院）〉があるとバルトはまず分類する。その上で、その中間に想定されるような、ユートピア的であり、牧歌的な形態がありうるのではないか、という問いかけを投げかけるのである。それは共同生活でありながら、各自が自分のリズムで生きるという様態であり、バルトがイディオリトミーという言葉で示すものだ。ギリシャ語で、固有を表す idio と形象＝律動を意味する rhythmos を合成して作った新造語によって、バルトは、個と共同体の具体的な関係を議論の俎上に載せる。

「イディオリトムとはほとんど同語反復である。というのも〈リュトモス〉は定義上、個人的なものなのだから。すき間、コードからの逸脱、個人が社会的（あるいは自然な）コードのなかに組み込まれる様態からの逸脱」（訳書一一三頁）と述べて、リズムが個人と共同体を繋ぐ重要な要素であることに着目する。バルトが「イディオリトミー」

という言葉で、示そうとするのは「生活様式の微妙な諸形態」である。それは、気分、定まらない様態、一時的な落ち込みや興奮状態を示す。その意味で、「規則的なものが示す断固として有無をいわさぬリズムの対極ですらある」とバルトは述べ、リズムという語が抑圧的な意味をおびてしまったがゆえに、それにわざわざ〈イディオス〉の語を加える必要があったと説明している（同書一三―一四頁）。

イディオリトムが何かをより具体的に説明するために、バルトは、幼い息子の手を引いて歩く母親の例を提示している（同書一六頁）。母親はあくまで自分のリズムで歩き、子どものリズムを無視する。子どもは引っ張られる。そこに見られるのは、ある種の権力の構造である。弱い者が強い者のリズムに同調せざるを得ない状態。じっさい、異なる二つのリズムを生きるのは難しい。こうして、バルトは、ディスリトミー（リズム不全）、エテロリトミー（他なるリズム）も含めて、集団におけるリズムの問題を問いかける。

このイディオリトミーという概念を縦糸にして、抑圧をともなわない共同体が可能なのかを、バルトは、トーマス・マンの『魔の山』、『ロビンソン・クルーソー』、サドの『ソドムの百二十日』、ゴールディングの『蝿の王』、ジィドの『ポワチエの監禁された女』などを材料に考察していく。この講義録は内容的に完結しているとは言えないが、しかし、共同性、共同体を考えるのに重要な示唆を与えてくれるように思われる。バルトにおける共同体の問題については、別の機会に詳しく検討してみたいと思うが、ひとつだけ、付け加えておきたいことは、すでに検討したサルトルの『存在と無』における「主体＝われわれ」の分析においてもリズムが重要な要素として挙げられていたことである。サルトルは、兵士の歩調や、ボートのクルーの例を挙げ、共同性においてリズムがいかに重要な要素であるかを強調していた。「調子はずれ」であること、リズムに同調することの意味をサルトルは分析しているのであり、二人の考察を接続することは可能だと思われる。(37)

☆

もうひとつは、いわゆる「クレオール文学」と呼ばれる潮流における共同体の問題である。クレオールとは、まさに状況が生み出した共同体の典型である。彼らは血統や領土に根ざした何かではなく、クレオールと呼ばれる不在の言語・文化を共有する共同体である。どちらも根こぎにされた（déraciné）共同体であるとはいえ、ユダヤが離散《ディアスポラ》としての共同体であるのに対して、クレオールは、ほぼ正反対の方向性にあり、混交《メティサージュ》という様態で形成される共同体だと言える。

> ヨーロッパ人でもなく、アフリカ人でもなく、アジア人でもなく、われわれはクレオール人であると宣言する。それは我々にとってひとつの心的態度の問題であろう。[38]

ジャン・ベルナベ、パトリック・シャモワゾー、ラファエル・コンフィアンによる『クレオール礼賛』はこのような言葉で始まっていた。そこにあるのもまた、本質を欠いたものたちによる共同体の一方向であるように思われる。「クレオール性」「カリブ海性」に関して、最も示唆に富んだ思考を展開しているエドワール・グリッサンの論点をここでいくつか思い起こしておきたい[39]。グリッサンは、血縁や系譜と密接に結びついた「領土」とは異なる「場所」という考えで、新たな共同体の可能性を素描する。というか、多数の島に分散するアンティル諸島の同一性について、関係性を手がかりとして論じている[40]。じっさい、クレオールは反ルーツ的、あるいはルーツ欠如的な共同体であり（その点でも、ユダヤ的なものの対極にある）、グリッサンが、全＝世界（Tout-monde）と呼ぶものは、その意味でも、共同体主義からは限りなく遠いものである[41]。

「関係の詩学」、「多様なるもの」、「全＝世界」といったタームで、グリッサンが鋭利な分析を展開していることのうちのひとつに、西洋文化において、叙事詩や悲劇といった文学作品が、いかに共同体の正統性の確立と結びついていたかという論点がある。詩人たちは、自らの属する共同体を他者たちのそれと対峙させることで、多かれ少なかれ国民文学的なものを作り上げてきたが、これまでこの創設神話性があまり意識されてこなかったとグリッサンは指摘するのだ。

私が言いたいのは、書かれたものであれ、口承によるものであれ、世界の文学のさまざまな伝統において、詩人の役割はいつも、程度の差はあれ目に見える形で共同体の排他的な統一性を表明し、他のすべての共同体に対して、共同体とみなされるものを表明することだった、ということです。これがひとつ。それから他方で、世界のおよそすべての文学が、共同体の言語は選ばれた言語であるという考えに依拠してきたことは明らかです。西洋、とくにヨーロッパでは、無意識のうちに、文学の機能は神の言葉を聞き取ることから派生したものだと考えられています。それをインスピレーションだとか、好きな名前を付けて呼ぶわけです。しかし言葉《パロール》や言語は神の言葉、共同体の神の言葉を聞き取ったものであり、言語は超越的なものであって、その言語を書き記した《エクリチュール》ものは超越性である、という暗黙の了解があります。[42]

グリッサンは、「関係としてのアイデンティティ」の表象においても、複数のリゾーム、あるいは、「それ自体の中でも、また相互においても多様化する」アイデンティティの複数があると考えるべきであると主張する。

以上の考察からかいま見えることは、共同体の問題とアイデンティティの問題が、裏表の関係をなしているということである。言いかえれば、共同体の問題は、それを内面化した感情であるアイデンティティの問題抜きにしては考えられないということである。バルバラ・カッサンが『ノスタルジア』という魅力的なエッセーで検討するのは、まさにこのような帰属の問題である。[43]パリに生まれたユダヤ系フランス人の彼女は、生まれ故郷でも何でもないコルシカを、「自分の場所 chez soi」だと感じることの不思議から説きはじめ、オデュセウス、アエネイアースを迂回しつつ、ハンナ・アーレントにとって、ドイツ語こそが彼女の「祖国 patrie」だったことの意味を問うのだが、そこにもまた、領土とも血統とも無縁な共同体とアイデンティティの可能性が素描されている。

いっぽうで、移民二世たちがイスラム原理主義に取り込まれる状況を、外部から社会科学的に論じるのではなく、内部から文学的にみごとに考察したパキスタン系英国作家ハニフ・クレイシの『言葉と爆弾』なども、共同体とアイデンティティの問題を考察する際には大いに参考になることだろう。(44) 多くの移民系の市民は、彼らが生まれた共同体から社会的・文化的・心理的に排除されることで、想像の共同体であり、彼らとは領土的にも血統的にも直接のつながりがない「イスラム国」などに向かうわけだが、その屈折したアイデンティティの問題は、やはり文学のほうが細かい機微も含めてうまく描けるような気がしてならない。

最後にひとつの質問を投げかけることで本稿を閉じることにしたい。

「ひとは、自らの共同体を選ぶことができるのか」

言い換えれば、自らが属する（と目される）共同体を離脱して、他の共同体へと移住することはできるのか。これは移住者の多くが自問する問題であろう。これに関して、ここで性急に答を出すことは控えざるを得ないし、その射程と可能性に関しては、稿を改めて考察することにしたいと思う。

註

（1）訳語には、「共同性」や「共同態」というものもあり、これらを使い分けるべきかという問題もあるが、それについてはここでは論じることはできない。

（2）もちろん、communauté や共同体がそっくりそのまま国家に重なる場合がないわけではない。たとえば、運命共同体としての国家が問題になるときがそうである。

（3）commun には民衆という意味もある。

（4）共同体をあくまでも集合として考え、実体化しないことのメリットは、いくつかあるだろうが、複数的な帰属（appartenance plurielle）関係（フランス人であり、ユダヤ人である等）が説明しやすいほか、包含（implication）といった概念も援用できることではなかろうか。

（5）*L'Être et le néant*, Gallimard, 1943, éd. 1973. 以下、『存在と無』からの引用は、*EN* と略記し、新版のページを記す。

（6）ハイデガーの「共存在」には肯定的と否定的との両面があるが、ここではその詳細に入ることはしない。

（7）Martin Heidegger, *Sein und Zeit*, Max Niemeyer Verlag ; Türbingen, 1993, S. 385.（『存在と時間』下巻、細谷貞雄訳、ちくま学芸文庫、三二六頁）

（8）ジャン＝ポール・サルトル『奇妙な戦争』海老坂武・石崎晴己・西永良成訳、人文書院、一九八五年。

（9）このような態度は従来、サルトルのアナーキズムとして捉えられてきた。このような非帰属のなかで唯一、あるとすれば、世代への帰属である。サルトルは『戦中日記』で、フランスでのハイデガー受容と自分自身にとってのハイデガー発見をからめて、世代の問題を共同体としての読者層との関わりで記述しているが、そこにこのような「われわれ」がはからずも顔をのぞかせている。

この点については、以下の拙論で詳説したことがあるので、そちらを参照していただければ幸いである。澤田直「近代神話の裏面――サルトルにおける世代横断性」『〈前衛〉とは何か？〈後衛〉とは何か？文学史の虚構と近代性の時間』塚本昌則・鈴木雅雄編、平凡社、二〇一〇年、所収。

（10）この点をアナーキズムという視座から論じたものとして、三宅芳夫『知識人と社会　J＝P. サルトルにおける政治と実存』岩波書店、二〇〇〇年、がある。

（11）以上の議論を十全に理解するためには、『存在と無』が戦時下で執筆されたことを思い起こす必要があろう。

(12) この共同性は、ハイデガーがDas Mannという形で記述したものに通じるであろう。
(13) 澤田直『〈呼びかけ〉の経験――サルトルのモラル論』人文書院、二〇〇二年。
(14) 以下、『嘔吐』からの引用は、Jean-Paul Sartre, *Œuvres romanesques*, sous la direction de Michel Contat et Michel Rybalka, Gallimard, La Pléiade, 1981.『嘔吐』鈴木道彦訳、人文書院、二〇一〇年を用いORと略記し、原書／訳書のページを記す。
(15) ロカンタンがほとんど肉親も出身地もない根無し草的存在として造形されていることは、以上のことと無縁ではない。彼は故郷喪失者というよりは、共同体に居場所を持てない者なのだ。
(16) すでに五〇年代にサルトルは「共産主義者と平和」のなかで「集合的主体（sujet collectif）」という概念を提示していたが、それが積極的に発展させられたとみることができるだろう。
(17) 以下、引用は、*Critique de la raison dialectique*, Précédé de *Question de méthode* Tome I, Gallimard, 1960, 1985.『弁証法的理性批判II』平井啓之・森本和夫訳、人文書院、一九六五年。以下引用にあたっては*CRD*と略記し、原書／訳書のページを記す。
(18) 本例が最も直接的な集列性だが、その他に、サルトルはラジオを聞く、不在を土台とした間接的な形、自由競争市場における価格決定という複雑な社会的水準、世論という主体なき他者性が作る集列性など、複数のあり方を挙げている。集列性に関するサルトルの考察を、ガブリエル・タルド、ル・ボン、リースマンなどが問題とする公衆や群衆といった社会学との関係で検討する作業は必要であろう。
(19) この点に着目した論文として、竹本研二「サルトルの「応答」――『弁証法的理性批判』における「集団」と「第三者」」、『サルトル読本』澤田直編、法政大学出版局、二〇一五年、所収がある。
(20) この言葉のカント的なニュアンスについては、別途検討する必要があるだろう。
(21) サルトルは、ここで、limon〔泥土〕という聖書的語彙を用いている。
(22) このことをサルトルは少し後では次のように述べている。「死の配慮によって、共同的個人としての人間が、各人の内で全員によって（そして自分自身によって）新しい存在者として、創造される」*CRD* 460/II-125.
(23) 真木悠介『現代社会の存立構造』筑摩書房、一九七七年。真木は、人間の共同存在＝社会の存立機制には、即自的な共同態（社会の共同体的な形態）、集合態（社会の市民的な形態）、対自的な共同態（社会のコミューン的な形態）という三つの可能性がありうるとする。

(24) これはすでにキリスト教の教会に見られることだ。教会は、神秘体と呼ばれたが、共同体を人体に擬することによって、有機的統合体という側面が強調されたのである。

(25) *Réflexions sur la question juive*, Paul Morihien, 1946 ; rééd., Gallimard, 1954 ; rééd., coll. « Idées », 1973, p. 80.『ユダヤ人』安堂信也訳、岩波新書、一九五六年、七八―七九頁。以下引用にあたっては *RQJ* と略記し、原書／訳書のページを記す。

(26) この議論がユダヤ人の固有性を考慮しないものだとして、多くの批判を受けたことはよく知られている。たとえば、アーレントは『全体主義の起源』で「こうした問題についての最近の神話、ユダヤ人なるものは他人からユダヤ人と見なされ規定されているものであるというサルトルの〈実存主義的〉解釈以来、知識層の間で謂わば流行になっている神話」（『全体主義の起源1』みすず書房、一九七二年、p. ix）について述べている。その一方で、クロード・ランズマンをはじめ、サルトルのユダヤ人論によって、自らの状況に目を開かれたと証言する者もいる。

(27) 以下のナンシーの共同体論に関する記述は、拙著『ジャン＝リュック・ナンシー――分有のためのエチュード』白水社、二〇一三年、と重なる部分が多いことをお断りしておく。

(28) *La communauté désœuvrée*, Christian Bourgois, 1986 ; deuxième édition, 1990.『無為の共同体』西谷修・安原伸一朗訳、以文社、二〇〇一年。以下引用にあたっては、*CD* と略記し、原書／訳書のページを記す。

(29) Georges Bataille, *Œuvres complètes*, t. II, Gallimard, 1970, p. 143.

(30) *Qu'est-ce que la littérature?*, Gallimard, coll. « Folio Essai », 2000 [1948],『文学とは何か』加藤周一・白井健三郎・海老坂武訳、人文書院、一九九八年。以下引用にあたっては *QL* と略記する。

(31) 『文学とは何か』と平行してサルトルが構想していた倫理に関する書物『倫理学ノート』でも、共同体の問題は素描されるし、そこでは、「目的の国 Cité des fins」という言葉も使われる（『弁証法的理性批判』でも一度現れる。*CRD* 191）。このタームに着目した論考として永井玲衣「サルトルにおける「目的の都市」」『上智哲学誌』27がある。

(32) ロベルト・エスポジト『近代政治の脱構築――共同体・免疫・生政治』岡田温司訳、講談社、二〇〇九年。Roberto Esposito, *Communitas : origine et destin de la communauté*, trad. de Nadine Le Lirzin, précédé de « Conloquium » de Jean-Luc Nancy, PUF, coll. « Les Essais du Collège international de philosophie », 2000.

(33)『到来する共同体』上村忠男訳、月曜社、二〇一二年。Giorgio Agamben, *La communauté qui vient : Théorie de la singularité quelconque*, Seuil, 1990.

(34)「だれでもよい者」(quelconque) という同じ表現を、サルトルが否定的に用いていたことは、すでに見たとおりだ。

(35) アルフォンソ・リンギス『何も共有していない者たちの共同体』野谷啓二訳、洛北出版、二〇〇六年。

(36) Barthes, Roland, *Comment vivre ensemble*, cours et séminaires au Collège de France (1976-1977), Seuil / IMEC, 2002. ロラン・バルト『いかにしてともに生きるか――コレージュ・ド・フランス講義 1976-1977年度（ロラン・バルト講義集成）』野崎歓訳、筑摩書房、二〇〇六年。

(37)「リズムは、規則的な反復のパースペクティヴにおいて、未来と現在と過去を総合する。このリズムを生み出すのは、私である。けれども、それと同時に、このリズムは、私をとりまく具体的な共同体の作業もしくは行進の一般的なリズムと、溶け合っている。このリズムは、かかる具体的な共同体によってしかその意味を獲得しない」(EN 497)。サルトルは、すでに見たハイデガーの共存在に対する批判のくだりでもボートのクルーの例を挙げていた (EN 3013)。

(38) ジャン・ベルナベ、パトリック・シャモワゾー、ラファエル・コンフィアン『クレオール礼賛』恒川邦夫訳、平凡社、一九九七年、一三頁。Jean Bernabé, Patrick Chamoiseau, Raphaël Confiant, *Éloge de la Créolité/In praise of Creoleness*, Gallimard, 1993.

(39) クレオール共同体に関する示唆的な論考に、フランソワ・ヌーデルマン「非-系譜学的共同体の哲学」菊池恵介・三浦信孝訳、『来るべき〈民主主義〉』三浦信孝編、藤原書店、二〇〇三年、所収がある。

(40) エドゥアール・グリッサン『関係の詩学』管啓次郎訳、インスクリプト、二〇〇〇年。Edouard Glissant, *Poétique de la Relation*, Gallimard, 1990.

(41) エドゥアール・グリッサン『全-世界論』恒川邦夫訳、みすず書房、二〇〇〇年。Edouard Glissant, *Traité du Tout-monde*, Gallimard, 1997.

(42) エドゥアール・グリッサン『多様なるものの詩学序説』小野正嗣訳、以文社、二〇〇七年、六三、六四頁。Edouard Glissant, *Introduction à une poétique du divers*, Gallimard, 1996.

(43) Barbara Cassin, *La Nostalgie : Quand donc est-on chez soi?*, Ed. Autrement, 2013.

(44) ハニフ・クレイシ『言葉と爆弾』武田将明訳、法政大学出版局、二〇一五年。

岩野卓司

宗教を不可能にする宗教性、共同体を不可能にする共同性

バタイユによるアセファル共同体

われわれは狂暴なまでに宗教的である。

ジョルジュ・バタイユ

はじめに

バタイユによる「共同体」が話題になったころがあった。それは、一九八〇年代後半、ソ連、東欧の共産主義が行き詰まりを見せていた時期、コミュニズムを根底から解釈し直し、その新たな可能性を模索する試みによるものであった。モーリス・ブランショ『明かしえぬ共同体』とジャン゠リュック・ナンシー『無為の共同体』がバタイユのテキストを読解しながら追求したのは、そこに書かれている「交流（communication）」、「共同体（あるいは共同性）（communauté）」を問題にして、「コミュニズム（communisme）」の新しい概念を提示することであった。彼らの提示した共同体への問いは、アガンベンやエスポジトのようなイタリアの思想家に受け継がれていくとともに、新自由主義が生み出した新たなる格差、非正規雇用の問題、さらには資本主義の危機という状況で、再び提起されつつある。バタイユの読解を通してのコミュニズムについての問いは、「共同性」についての人間の根本と関わっているものであり、決して終わることはないのだ。

確かにバタイユの思想にとって「交流（communication）」、「共同体（あるいは共同性）（communauté）」は重要な役割をもっている。一九三〇年代後半には、雑誌『アセファル』でバタイユはニーチェの「神の死」の影響のもとで「アセファル（無頭の）共同体」を考案したし、同時期には秘密結社『アセファル』で共同体の実践も行った。また、同じ時期に開始された学問的な集まりである「社会学研究会」も社会学のコレージュとしての共同体の実践の場であった。その後、主に第二次大戦中に書かれた『無神学大全』三部作では、内的経験という個人的な神秘的経験においても交流と共同体の問題が受け継がれている。また、彼の書く文学作品でも文学批評でも、文学を通しての読者との交流が常に意識されていた。こういった考え方はさらに晩年の著作でも生きており、『至高性』では、神や王のような至高者との交流が語られ、『エロティシズム』では交流の考えをさらに展開し、諸存在の連続性の考えにまで至っている。

このように「交流」や「共同体」のテーマはある時期からバタイユの思想の根幹に位置するものだが、ここでは総花式にこのテーマを取り上げるのではなく、アセファルという彼の共同体構想に絞って考えてみたい。というのも、アセファルは彼が現実に実現しようとした唯一の宗教共同体だからである。また、この共同体の挫折が、後のバタイユの共同体の考えに深く痕跡を残すことになるからでもある。アセファルの試みは失敗し、その後アセファルという言葉をバタイユは用いることはなくなったが、彼は共同体の考えを諦めるどころか深めていくのである。そうであるが故にわれわれは、アセファルに共同体の可能性と不可能性を同時に見て取るべきではないのだろうか。ナンシーやブランショが提起する新しいコミュニズムを引き受け考え抜くためにも、アセファルの失敗は検討しなければならない重要な問題であろう。(1)

1 「神の死」

まずはアセファル共同体の構想を強力に支配しているニーチェの言葉「神の死」とそれについてのバタイユの解釈を考えていこう。ニーチェの「神の死」といえば、二十世紀の精神史に大きな影響を及ぼしているものであるが、バタイユも例外ではない。古文書学院を卒業した後スペインに留学し、帰国後パリの国立図書館に勤務し始めたころ、彼はキリスト教の信仰と決定的に決別するのであるが、それはニーチェの書物の耽読のせいだと言われている。(2) ニーチェは「神の死」についていくつかのテキストで語っているが、そのなかで最も有名なのが『喜ばしき知識』のなかの「狂人」の断章である。バタイユはこの断章に多大な関心を寄せるが、一九三六年から三九年にかけて雑誌『アセファル』に掲載された論文でこの「断章」を直接取り扱っているものはない。しかし、一九三八年に

『ムジュール』誌に発表された論文「オベリスク」で、アセファルの構想と同じ視座から「狂人」の断章を解釈している。(3)

諸君は、真昼にランプを灯して大広場に駆け出し、「俺は神を探している！　探しているんだ」と、とめどもなく叫ぶあの狂人のことは聞いたことがあるだろうか。そこに集まっていた者たちの多くは神を信じていなかったから、どっと大きな笑いが起きた。どこかに置き忘れたのかい、とある者が言った。子供のように迷子になったのかな、と別の者が言った。彼らはこのように叫びながらお互いに笑った。狂人は彼らの真ん中に飛び込み、射るような視線を送った。「神様がどこに行ったかだって」と彼は叫んだ、「俺が言ってやろうか。俺たちが神を殺したんだ。おまえたちと俺とでな！　俺たちはみんな神の殺害者なんだ！」

しかし、どうやって俺たちはそれをやってのけたのか。どのようにして俺たちは海の水を汲みつくすことができたのか。地平線全体を消し去るために誰が俺たちにスポンジを与えたのか。この地球を太陽から引き離したとき、俺たちは何をしたのか。そうすると、地球は今やどこに向かうのだろうか。俺たちはどこに向かうのだろうか。あらゆる太陽から遠く離れていくのか。俺たちはひっきりなしに落ち続けてはいないのか。後ろに、横に、前に、あらゆる方向に。まだ高さとか低さが存在するのか。俺たちは終わりのない虚無のなかで偶然に身を任せるのか。俺たちは空虚な空間の息吹のなかにいないのか。気候はますます寒くなっているのか。夜は絶え間なく訪れてはおり、ますます夜は強まっているのではないのか。真昼にランプに火をつける必要はないのか。神を埋葬する墓掘り人たちの喚き声を俺たちは何も聞いていないのか。俺たちは神の腐敗を何も感じないのか。

というのも、神々だって腐るからな！　神は死んだ！　神は死んだままだ！　そして、俺たちが神を殺したんだ！　殺害者のなかの殺害者である俺たちは、どうやって自分を慰めたらいいのだろうか。世界が所有していた最も聖なるものが匕首で殺されたのだ。誰が俺たちの血を洗ってくれるのだろうか。いかなる水によって俺たちは清められることができるのだろうか。どういう贖罪の祭り、どういう聖なる気晴らしを創るべきなのであろうか。この行為の偉大さは、俺たちにとってあまりに偉大すぎないであろうか。これに値すると思われるために、俺たち自身が神にならなければならないのか。

これほど偉大な行為はかつてなかった。俺たちの後に生まれる者たちは、俺たちのおかげでかつてないほどの高い歴史に属すことになろう。(4)

これが「オベリスク」で引用されたニーチェの断章だが、バタイユはニーチェの原文をそのまま忠実に引用しているわけではない。実は省かれている部分がある。それは断章の最後の部分で、「狂人」が自分の到来が早すぎたと嘆く件である。人々は自分たちが神を殺害してしまったことにまだ気づいてはいない。狂人は教会で神のレクイエムを歌ったので、外に追い出されて詰問されると、教会が神の墓でなければ何であろうと答えたのだ。(5)この部分の削除はバタイユの引用部分の太字の強調と連動している。十九世紀のニーチェの時代と違い、「神殺し」は、人々がまだ気づいていない出来事ではない。狂人が突然訪れたのも時宜をえないことではないのだ。神を殺すことによって、新しい歴史はすでに始まっているとバタイユは考えている。(6)

それでは、「神の死」はバタイユの時代のいったいどこに現れているのであろうか。どういう時に、彼は「神の死」を実感したのであろうか。論文「オベリスク」では、「神の死」の秘密がパリのコンコルド広場にあることが書かれている。「オベリスクが神の死の最も穏健な否定であるというまさにその理由から、コンコルド広場は神の死が宣言され叫ばれなければならない場所である」(7)。なぜコンコルド広場が「神の死」のための場所なのであろうか。どうしてオベリスクがこの「死」の否定なのであろうか。コンコルド広場の中央に屹立するオベリスクは、古代エジプトのモニュメントであり、ピラミッド同様にファラオの偉大さを証明するものである。バタイユはこのモニュメントのなかに「不滅なもののエジプト的なイメージ」を見ていく。「オベリスクは変化に富む万物の流れに対する最も確固とした恒常的な障害なのである。(8)」このモニュメントはもともとファラオが不死であることを象徴するものであったが、バタイユはこれを単にエジプト的なローカルなイメージとは考えない。むしろ普遍的なものとしての神の不死性をそこに見ていく。というのも彼によれば、神は永遠のものと化した至高の存在であり、「深い安定を保証してくれる、宇宙の全能の父の厳格な永遠性」[9]だからなのである。父なる全能の神が万物の秩序の安定を支配しているのであり、オベリスクは神の不滅と恒常性の象徴に他ならない。バタイユの考えのなかで、オベリスクの象徴するものはエジプトの王である神から神一般——その内実はキリスト教の神の色彩が濃いのであるが——へと移行している。オベリスクが不滅の神の栄光を称えているからこそ、コンコルド広場で声高に「神の死」を叫ばなければならないのだ。神を殺害することによって、永遠で不滅なものは解体され、神が保証する安定した秩序が崩壊するのである。その秩序が崩壊したとき、その混沌とした状態をバタイユは「時間」[10]と名づけている。後に『内的経験』や『ニーチェについて』で、バタイユは神秘的な恍惚経験において知が崩壊し非 - 知に遭遇する状態を「時間」と解釈していることからわかるように、「時間」とはニーチェの言う「生成」のように絶えず流動していく状態である。キリスト教徒がイエスの死を思い描きながら、感情移入し恍惚に至るように、「神の死」を思い描きながら、神秘的な恍惚を経験するというわけである。

そのうえ、この広場でフランス国王がギロチンにかけられたことに注意しよう。フランス革命で、一七九三年一月二十一日にルイ十六世が処刑されたのである。アンシャン・レジームの上に君臨した彼は、固定化した階層の社会秩序を保証するものの象徴でもあった。論文「オベリスク」では、「ルイ十六世の処刑台」[11]とか「死刑執行人が王の首を切り落とした日」[12]とかいった、殺害についての生々しい表現が目につく。バタイユの視点では、「神の死」と「王の死」がオーバーラップしているのだ。「王の死」によって「いわば呪縛されて、いわば熱狂にとらわれた人が、ことさらに『ニーチェの狂人』のふりをし、夢のランプで照らしながら神の死の神秘を説明するのである」[13]。コンコルド広場で国王を殺害し、熱狂に浸り恍惚を感じる人々は安定した秩序の崩壊を経験するが、それは「神の死」によって神という不滅のシンボルが殺され全てが混沌に投げ込まれる状態の秘密を語っているというわけなのだ。

ここでは神学と政治が交錯している。二つの「死」が混ざり合うことを通して、宗教的なものと政治的なものとの分け隔てることのできない地平が素描されるのだ。「神の死」と「王の死」によって、オベリスクが象徴する固定した秩序が崩壊し、この暴力的な経験のなかに無秩序が生じていく。宗教における神秘的経験と革命における熱狂とは根本的に一致するものなのである。

2　アセファル

一九三三年ドイツでヒトラーが政権をとって以来、ヨーロッパでファシズムが猛威を振るうようになる。バタイユは長年の論敵アンドレ・ブルトンと和解し、自分の率いるグループとシュルレアリスムのグループによる共同の反ファシズム運動「コントル＝アタック」を一九三五年に開始する。しかし、内部の対立により、約一年で運動は崩壊する。その後でバタイユが仲間たちと始めたのが雑誌『アセファル』である。「コントル＝アタック」の反ファシズムの精神を受け継いだこの雑誌は、ニーチェをファシストの手から奪回することをひとつの目的とした。当時、ヒトラーはニーチェに心酔し、ローゼンベルクやボイムラーのようなナチス党のイデオローグたちがこぞってニーチェを持ちあげていたからである。イタリアのムッソリーニすらニーチェを論じていた。バタイユとそのグループは、ニーチェの反ファシスト的解釈を行うことで、ニーチェの新しい宗教・政治的可能性を考えていったのである。そして、この雑誌の傍らにもうひとつの「アセファル」が存在した。それは同名の秘密結社である。秘密の共同体「アセファル」は、バタイユによれば、「政治に背を向けて宗教的（ではあるが反キリスト教的で本質的にニーチェ的）な目的以外はもはや取り組むことはなかった」[14]。また、雑誌と秘密結社の間には共通のメンバーもおり、緊密な関係があったという[15]。秘密の組織の実態は全面的には解明されていないが、分かっている事からいくつかを指摘しておくと、反ユダヤ主義者との握手を拒否すること、ルイ十六世処刑の記念日を祝うことといった儀礼があり、人身供犠を行う計画もあったと言われている[16]。さらにもう一つ、バタイユが行った活動がある。それは学問的な研究会である。彼は友人たちと、聖なるものを学問的に探求する組織である「社会学研究会」をつくる。この研究会も同じ目的を有する者たちの「精神的共同体」[17]である。この時代のバタイユは、雑誌という共同の場、秘密結社、研究会といった相互に関係を持つ三つの共同体を実践していたのだ。そして、それぞれの共同体の役割は、実際にはいくつもの面で重なっていたとはいえ、政治、宗教、学問なのである。

それでは、アセファルとはどういう意味であろうか。フランス語 acéphale は、「頭」を意味する céphale に「否定」や「欠如」の接頭辞 a を組み合わせた単語であり、その意味は「無頭」や「頭の欠如」である。画家アンドレ・マッソンは雑誌『アセファル』の挿絵を担当したが、彼の描いた「無頭の怪人」はバタイユたちのアセファルのイメージをよく表している。この「頭の欠如」は神学的な文脈に即せば、「神の死」を思い起こさせる。というのも、比喩的には神は万物の頂点に君臨する「頭」だからである。バタイユはこのことを意識して次のように述べている。「アセファルは破壊や神の死にゆだねられた至高性を神話的に表現している」[18]。神を殺すことは、世界という体から頭を取り除き、世界を神なき混沌に突き落とすことである。ニーチェの世界観では、神の死とともに、人間は「超人」になるのであるが、バタイユはこれをアセファルと結びつけて解釈している。「[…] 頭のない人間との同一化は、完全に『神の死』**である**超人との同一化と合成し混ざり合う」[19]。『ツァラトゥストラ』のなかで提示されている、進化した人間である「超人」は、ここでは「頭なき人間」と見なされている。神学的な「頭」の破壊が頭のない「超人」を出現させているのだ。

そして、このアセファルをバタイユは二つの次元で探求している。ひとつは、個人の次元であり、もうひとつは共同体の次元である。

A　アセファル人間

「頭」は「理性」の隠喩でもある。だから、「頭」による「身体」の支配は、理性による感情や感性の統御に他ならない。バタイユは言う、「人間の生がこの頭となりこの理性となる限り、それが宇宙の必然となる限り、それは隷属を受け入れる」[20]。言い換えれば、「身体」が「頭」に従う限り、理性的な人間はいわば「奴隷」の状態を生きていることになる。これは「生が去勢されている」[21]状態なのである。人間のこの状態をバタイユは神とのアナロジーで語る。「頭、意識の権威や神は、隷属的な役割の生を表現している」[22]。万物は神という「頭」に従属しているように、人間の生は意識する理性という「頭」に従っている。神を頂点とする神学的な秩序と頭脳を頂点とする人間の秩序は、バタイユの考えによれば、パラレルな関係にあるのだ。

それに対しアセファルには、神を殺すことによって神学的な秩序を破壊し世界を混沌に落とす狙いがあった。それと同じように、アセファル人間は欲望を肯定するために理性や理性による禁止を無視する。「罪人が脱獄するように、人間はその頭から抜け出した。犯罪の禁止である神ではなく、禁止を無視する存在を人間は自身のかなたに見つけたのだ」[23]。例えば、人身供犠のような行為は現代の道徳や法の観点からみれば犯罪であるが、バタイユはこれを実践しようとしたのである。「頭」も「神」もない人間は、道徳的な禁止をものともしない存在なのだ。これこそ「超人」の一段高い生に他ならない。バタイユはこう書いている。「超人とアセファルは、強制力をもつ対象であり生の爆発的な自由である時間の立場と同じ輝きをもって結びついている」[24]。理性と神という二つの「頭」が切り落とされたとき、生はいかなる禁止ものともせず爆発的に流れ出すのだ。そこには理性による統一や凝集はない。自由な混沌なのだ。神を殺すことで遭遇する恍惚の経験、王を殺すことで至る同じような経験は、恍惚の生の自由な肯定に他ならない。「表面的な凝集性なき喧噪のなかで生は常に生起している。恍惚と恍惚の愛のなかに生はその偉大さと現実を見つけ出すのだ」[25]。

B アセファル共同体

アセファルは個人の原理であるばかりでない。それはアセファル人間が生きる共同体の原理でもある。頭のないアセファル人間が、ひとつの頭（＝理性）が支配するモノセファルな人間像を批判したように、アセファルのモデルは共同体にも適用される。アセファル共同体は、「頭」である首長が不在の共同体なのである。それに対し、これまでの伝統的な共同体は、モノセファル共同体、つまり首長の存在を肯定する体制に他ならない。歴史的に見てみれば、国王、皇帝、総統、大統領などのように、基本的には大多数の社会共同体ではひとつの「頭」が支配してきた。だからアセファルの構想は、モノセファルの体制を乗り越えようというバタイユの野心の表われと言える。彼はこう書いている。「[…]〔アセファルの〕人間の実存の諸々の可能性は、今からすぐにモノセファルな社会の形成を越えて位置づけることができる」[26]。モノセファル共同体は「頭」が抑圧装置として働くから、アセファル人間は生の解放のためこの「頭」を破壊せざるをえない。

このモノセファル共同体の最たるものは、独裁者をトップにいただくファシズムである。一九三〇年代前半に『社会批評』誌に「ファシズムの心理構造」という論文を書き、ファシズムに関心をよせ、「コントル＝アタック」では反ファシズムの運動を実践したバタイユは、アセファルという概念を武器にしてファシズムのモノセファル構造を批判している。その結果、バタイユはヒトラーのファシズムを「ドイツのカエサル主義」[27]と揶揄している。またこの揶揄は、「ソヴィエトのカエサル主義」といった形で、スターリンのソヴィエト連邦にも向けられている。バタイユはマルクス主義の「社会革命」を社会の成員を統合していくものではなく、むしろ解体していくものと見なし評価していたが、スターリニズムは解体から統合へとベクトルを変えモノセファルな社会体制を作り上げるものと考えられている。ドイツのファシズムもスターリンの社会主義もカエサル的なワントップのもとで民族や国民の統一と団結を強力に推進していたからである[28]。

首長が築くカエサル的統一に、悲劇の憑りつかれたイメージによって結びついた首長なき共同体が対立する。[29]

アセファルは、ワントップによるモノセファルな支配とは逆に、頭である首長を殺すことによる共同体である。フランス革命でルイ十六世が殺されることで民衆の間に熱狂と恍惚が生じ、この経験を通して生まれる共同体である。バタイユはここに未開部族や古代の供犠と同じものを見る。トップに君臨する者を供犠に捧げることで、社会の秩序が混沌に投げ込まれる、その儀式において共同体のメンバーのあいだに恍惚と交流が生じるのだ。頭のない共同体とは、人身供犠による悲劇の共同体に他ならない。バタイユはこう書いている。「頭のない人間の共同体を探し求めることとは、悲劇を探し求めることである。首長を殺すことそれ自体が悲劇なのだ。それは悲劇の要請であり続ける」[30]。ファシズムが独裁者のカリスマ的人気によって人々を団結させてまとめていくのに対し、アセファルは首長を殺すことで人々の交流を実現しようとするのだ。彼にとって革命とは供犠による共同体の実現に他ならない。バタイユは人間の根本は深く宗教的であると考えるが、この宗教性の本質をなすものが残酷さなのである。だから、神や神々に捧げるために人や物を破壊する供犠とは、宗教的残酷さの証と言えるであろう。後に『内的経験』で、彼はニーチェを引用しながら、人間の歴史が残酷さの歴史であり、人は常に犠牲にする対象を求め、人身供犠からはじめて神の供犠にまで至ったと、人間の残酷さがとめどもないことを語っている[31]。人間関係や共同体の根本に存在するものは、「愛」や「契約」ばかりではない。同じくらい根本なものとして、残酷な欲望を忘れてはならない。こういった視点から、バタイユはアセファル共同体を考えようとしているのだ[32]。

それでは民主主義はどうであろうか。バタイユがここで考えている民主主義は、ブルジョワ民主主義である。『社会批評』誌に寄稿していたころ、彼は「民主共産主義サークル」に所属しており、ブルジョア的な立場を批判していた。次の「コントル=アタック」の時期には、街頭での革命運動を実践するバタイユはさらにラディカルになり、議会制民主主義とその熟議の発想を否定していく。この精神はアセファルにおいても受け継がれている。彼はこう述べている。「民主主義は比較的弱く自由な対立の相殺の上に成り立っている。それはあらゆる爆発的な凝縮を排除する[33]。民主主義は、ファシズムのように強大なモノセファルな権力が君臨するものではなく、諸々の階級を代弁する者たちが議会をとおして妥協していくものであり、その意味でモノセファル批判の武器になる政治制度ではあるが、バタイユが重視する恍惚による交流や悲劇の要請とは異なるものなのである。だから、「階級間の自由で不安定な均衡の上に立脚している民主主義は、たぶん過渡的なものに過ぎないのだ[34]。」マルクスにとってブルジョア民主主義が社会主義に至るための過渡的なものであったように、バタイユにとってもこういった民主主義は過渡的なものである。

もちろんバタイユは革命における力の爆発がモノセファル体制を一時的に破壊するが、そのあとで再び秩序が生まれモノセファルの体制が開始するのを理解している。「革命による破壊」は、「社会構造とその頭の再建を恒常的に伴わなければならないのだ。[35]」そこで純粋にアセファルを追求するのではなく、ある妥協点を求める。すなわち、ポリセファル（多頭の）共同体である。できるだけ頭を多くして「無頭」に近づける体制に他ならない。

生と力で満ちた唯一の社会、自由である唯一の社会は、ビセファルかポリセファルな社会である。この社会は生の根本的な対立に恒常的ではあるが最も豊かな形態に限定された爆発の出口を与えてくれるのだ。頭が二つあったり幾つもあったりすることは、同じ運動のなかで実存のアセファル的な性格を実現する傾向がある。というのも、頭の原理は、統一性への還元であり、世界の神への還元なのだ。[36]

ビセファルやポリセファル共同体を構想することで、バタイユはモノセファルな伝統から遠ざかろうとする。モノセファルによる抑圧から生を解放し、生の爆発を限定的ながら許すのだ。バタイユは一九三八年に「社会学研究会」で「民主主義諸勢力の構造」という発表をしており、そのメモが残されている。メモのなかには、「アメリカの連邦制」についての言及もあり、バタイユがアセファルの発想となんらかの連邦制を結びつけようとしていたことが伺われる。[37] これがどういうものであったかは、具体的にはよく分からないが、既成の「連邦制」と違う点は、聖なるものあるいは宗教的なものによって結びついた連邦制であるという点であろう。ポリセファル共同体は、一見するとブルジョワ民主主義に近いようにも見えるが、生や力を肯定する宗教性という点で、既成の民主主義の限界を乗り越えたものとして、バタイユは提示しているのだ。

3 父殺しと反祖国愛

アセファルにおける「神殺し」や「王殺し」は「父殺し」と結びついている。雑誌『アセファル』では家族の隠喩がよく使われている。

> II．神、王とその一党が人間と大地の間に介在している。それは子を前にした父が母を犯したり所有したりすることへの障害となるのと同じやり方によるのである。[38]

この一節は、母をめぐって息子の父へのライヴァル意識というフロイト的なテーマを思い起こさせる。神と王は、その父性によって去勢する恐ろしい存在である。というのも、彼らの役割は、人々をモノセファルな秩序のなかで「隷属的な機能[39]」に還元し、彼らの「生を去勢させる[40]」ことにある。『アセファル』誌の諸々の論文では、フロイトについての直接的な言及はないが、神学・政治体制のアセファル的破壊はエディプス・コンプレックスの理論に依拠しているように思われる。[41]「神の供犠」や「王の供犠」は、去勢する父を殺すことと不可分なのである。理性から解放されたアセファルの生は、息子による母の所有になぞらえられる。その上、「〈大地〉の母なる腹の白熱した現実」や「〈母なる大地[42]〉」という言い回しが示すように、母は大地のイメージによって表現されている。「シュルレアリスム〔超現実主義〕第二宣言」でブルトンによって批判されて以来、バタイユは当時未発表のブルトン批判の論文をいくつも準備していたが、その草稿のうちのひとつが「『老練なもぐら』と超人〔*surhomme*〕と超現実主義〔*surréalisme*〕という言葉の接頭辞超〔*sur*〕」である。そこで彼は超現実主義〔*surréalisme*〕の超〔*sur*〕が「大地」から遊離して「天空」を目指すが、ちょうど太陽に近づいたイカロスのように落下してしまうとして、ブルトンの観念論を批判し、ニーチェの超人（surhomme）の超（sur）がそれとは逆に「大地」に根差しており、「超人」を「老練なもぐら」と賛美している。[43] こういった考え方は『アセファル』誌の論文でも踏襲されている。ここでは権力を「頭」に集中させるファシズムが「カエサル的天空[44]」を渇望するものとされ、アセファル的なものは「ディオニュソス的大地[45]」を求めるのだ。このように「大地」、「母」、「ディオニュソス的なもの」はどれも同じ母性を指し示す語に他ならない。フロイトの理論によれば、幼少期における父と息子の母をめぐる精神的な葛藤は息子の敗北で終止符を打つのであるが、アセファル的思考は母と息子の融合を実現するために、徹底的な父殺しによってこの争いをひっくり返そうとするのである。

そのうえ、この考え方によってバタイユは祖国愛（patriotisme）を批判する。「祖国（patrie）」はドイツ語では*Vaterland*であり、「父*Vater*」がそこに現前している事実に、彼は注意するのだ。祖国とは「父親たちの国[46]」に他ならない。神、王、独裁者の君臨するモノセファルな政治体制は、「父」の体制であり、それと関係して祖国愛（patriotisme）が生じている。だから、アセファルによって子供の国（KINDERLAND）を求めることによって、父の国〔＝祖国〕（VATERLAND）に結びついたモノセファルの体制を打破しなければならない。バタイユはニーチェの『ツァラトゥストラ』のなかの「教養の国」の章を引いている。

> ニーチェの素晴らしい子供の国（KINDERLAND）は、各人が父の国〔＝祖国〕（VATERLAND）に対して向けた挑戦が無力な否定であることをやめた意味を持つ場に他ならない。ツァラトゥストラのあとになって初めて、われわれは「子供たちに我らが父の息子であったことに赦しを乞う」ことができるのだ[47]。

「教養の国[48]」では、ニーチェは寄せ集めの皮相な知識で満足している現代人を諷刺している。失望したツァラトゥストラは子供たちの未来にしか希望が見いだせないと考える。それに対してバタイユは、ニーチェのテキストのなかの「子供の国（KINDERLAND）」と「父の国〔＝祖国〕（VATERLAND）」の対立をアセファルの政治的な文脈のなかに移している。そして、「父（VATER）」や「祖国〔＝父の国〕（VATERLAND）」に固執するファシズムは、「父」

という過去の神話を求め、「子供の国（KINDERLAND）」を望む者たちはそれとは反対に未来の神話を求める。だから、祖国愛を旨とするナチス・ドイツは過去の神話に囚われている。バタイユは、ナチスの御用学者でニーチェ研究者のボイムラーの例を挙げ、このニーチェ学者が過去の神話を重視している事実を述べている。「ボイムラーは革命についての理解と神話の理解を対立させる。彼によれば、前者は将来についての意識と結びついているし、後者は過去についての鋭敏な感覚に結びついているのだろう。ナショナリズムが過去への隷属を伴うのは当然である」[49]。ロマンティシズムと同じように、ファシズムも過去の神話を好むが、それは祖国、祖先、父性への信仰を正当化するためなのである。ファシズムは、理性や合理主義を批判している点で一見するとバタイユの考えに近いようにも見えるが、総統への忠誠、祖国への愛着を通して非合理な形でモノセファルを肯定しているのである。

バタイユがニーチェとともに企てた革命の冒険は、過去の神話や祖国〔父の国〕を決して肯定することなく、妥協なくアセファルでいることにある。だから、未来の子供の国に関心が向かうのである。

> ボイムラーによって過去への鋭敏な感覚と結びつけられた神話理解には、ニーチェによる未来の神話が応答している。[50]

「子供の国」の神話は未来のものである。だから、未だ知られざるものなのだ。アセファルは未来の神話であり、未来の神話は未知なるものである。バタイユはこう言う。「未来、未来についての素晴らしき未知なるものが、ニーチェの祝祭のただ一つの対象なのだ」[51]。

「過去と結びついた愛国主義のケチくささ」と異なり、アセファルは未知の「未来に対する攻撃的な無償の贈与」[52]を行う。父の崇拝、過去の祖国の神話の賛美によって既知のもののなかに閉じ込められるかわりに、アセファルは祖国や父性の伝統と決別し、未来の未知なる神話にのみ開かれている。それは、「子供の国」である未知の未来に賭けること、何の計算もなく贈与しこの未来に賭けることに他ならない。

ただここで、バタイユがニーチェと同じように古代ギリシャのディオニュソスの神話的形象をアセファルで用いている事実を確認しておこう。子供が一体化したがる母なる大地はディオニュソスのイメージでも語られていた。とするならば、子供の国は未知の未来ではなく、既知の過去と結びついているのではないのだろうか。ゲルマンの過去に囚われていたボイムラーやナチスの神話を過去のアーリア神話にまで遡らせたローゼンベルクとバタイユは同じ類のことをしてしまっているのではないのだろうか。[53] しかし、バタイユの主張を好意的に捉えるならば、次のように言えるのではないのだろうか。アセファルはギリシャの過去にとどまっているのではない。ディオニュソスの神話も解釈の力によって過去のくびきから解放され、未知なる未来へ開かれているのだ。[54]「大地」も愛国主義者たちが理想化した「国土」や「郷土」とは違い、そういった過去の父性的な伝統とは異なる「大地」をバタイユは考えようとしていたわけである。

エディプス・コンプレックスの構図を使いながら、バタイユは父性、祖国（patrie）、祖国愛（patriotisme）を批判している。モノセファルの体制が結びつく祖国愛を肯定する最たるものがファシズムなのだ。彼らのニーチェ崇拝もこの哲学者をモノセファルな伝統に閉じ込めようとしているのだ。それに対し、アセファルは父性や祖国に縛られない共同体である。父殺しの徹底は、ファシズムやスターリニズム批判とともに、ナショナリズム、祖国愛、愛国心を疑問にさらす作業でもあるのだ。このアセファルの試みはさらに根本からの知の問い直しの契機を孕んでおり、過去の既知なるものの神話は疑問視される。アセファルの神話は常に未知なるものに開けており、祖国愛、父性的なもの、さらには過去、既知のものへの同一化を拒むものといえるであろう。

4　アセファルの失敗と限界

アセファルに関係する試みはすべて失敗する。雑誌『アセファル』は一九三九年六月の第五号「ニーチェの狂気」が最終号となる。「社会学研究会」は、同年の七月四日に会合が開かれ、それが最後のものとなった。秘密結社「アセファル」は謎のベールに包まれており、いつ解散ないしは消滅したのか正確な日取りは分からないが、雑誌『アセファル』の終刊と「社会学研究会」の最後の会合と時期的に近いのではないかと思われる。一九三九年九月一日に第二次大戦が勃発すると、バタイユは『有罪者』の執筆を開始する。それはこれまでの共同体の実践や理論的検討とは異なり、個人的な出来事や神秘的経験の断片的な記述を中心としたものである。

後年バタイユはアセファルの活動、秘密結社「アセファル」の活動について振り返って、自分はひとつの宗教を創設しようとしたが失敗したと語っている。

> 二十数年前に抱いた、ひとつの宗教を創設しようという気持ちが残した苦い思い出を呼び覚まして、私はちょっと喜びすら感じる。ここではっきりさせたいのだが、失敗が明白であることは日増しに明らかになっているように思われるが、この失敗が原因となって今日書きあげつつあるこの『無神学大全』が誕生したのだ。自分の努力が空しいことを理解したまさにその時、私が『有罪者』を書き始めた[55][…]。

それでは、どうして失敗したのであろうか。バタイユはさらに次のように書き記している。

> 今日、ひとつの宗教を創設するという意図ほど自分から遠いと思われるものはない。[…]私の考えでは、ひとつの宗教を創設することは問題になりえない。それはその意図が喜劇的であるからばかりではない。また、現在の私の意図がかつて私が抱いた滑稽な深みの感情に基づいているからばかりではない。宗教の創設とそれが要求する努力は、「宗教」と呼ばれるものと対立していくからでもあるのだ。われわれのできることは宗教を求めることであり、宗教を発見することではない。発見は必然的に定義という価値や形式を持つであろう。しかし、私は宗教的になることができる。特に、いかなる点で自分が宗教的であるか、どういうやりかたで自分が宗教的であるかを定義することを何よりも差し控えながら、私は宗教的であることができる

――のだ。(56)

誰もが宗教感情をもってはいるが、この感情は限定されないものである。ひとつの宗教を創り上げてしまうと、この宗教感情は限定され定義され明確にその境界を定めなければならない。これはもとにあった感情の宗教性を裏切ることになる。宗教を創設すると教義が明確化されその宗教が定義されてしまう。そうするとバタイユが追い求めていた宗教的なものは失われてしまうのだ。これが「アセファル」の失敗の原因と彼は考えている。この失敗の後、バタイユは「宗教共同体」を創ろうとする実践的な試みを放棄する。以後、「アセファル」というタームもバタイユの記述から消えていく。

だが、バタイユによる後年のこの自己分析も完璧なものなのであろうか。アセファルの時代、雑誌『アセファル』、秘密結社「アセファル」、「社会学研究会」がお互いに別々に共同体の研究や実践を行っていたが、バタイユのなかでは相互に連携しているものであった。ひとつの宗教を創設することに目的をもった秘密結社「アセファル」がこの三つの共同体の中枢に位置していたにせよ、失敗の原因はこの三つの共同体全体の問題として考えるべきではないのか。「アセファル」であることの弱点や、「研究会（collège）」の問題点もふくめて考えてみるべきではないのだろうか。そうすると問題は一九三〇年代後半のバタイユとその仲間たちの思想の再検討になるのだが、それは今回の紙幅を大幅にこえて追求しなければならない大問題なので、別の機会に考えてみたい。今回はその一助として今まで論じてきた「アセファルであること」の限界について考えてみよう。父殺し（王殺し、神殺し、頭の破壊）による個人と共同体、供犠にもとづく個人と共同体のあり方のどこにその限界があるのだろうか。

A　供犠のエスカレート

今日的な視点から見ると、バタイユのアセファル共同体構想は多くの問題点をかかえている。理性／感性、頭／身体、モノセファル／アセファル、過去／未来、既知／未知などの二項対立の表現が数多く見られ、バタイユの思想も既成の共同体に対する対抗論理にすぎず、二項対立の枠組みそれ自体は手つかずのままである。あるいは、モノセファルによる父の支配を批判しているとはいえ、息子も母を手に入れようとしている限り、ここでも男性中心の論理が見られるのではないか。脱構築やフェミニズムといった思想を通過した今日、こういった指摘をするのは可能であろう。ただ、このような指摘だけでは、なぜアセファル共同体は崩壊したのか、その宿命はなぜなのかについて、いっこうに理解できない。バタイユを批判するのはたやすいのだが、バタイユの思想が孕む可能性と危険とをどう考え抜くかは、けっこう難しい問題ではないのだろうか。

ここでは供犠と共同体の関係を例にとって考えてみたい。

秘密結社「アセファル」では、実際に供犠が行われたり、計画されたと言われている。バタイユの友人でありメンバーであったパトリック・ワルトベルクによれば、サン＝ノン＝ラ＝ブルテッシュの森で落雷をうけた木の根元で硫黄を燃やし、祭祀役の者が短剣で彼の腕を数センチ切る儀式を行った[57]。また、メンバーのロジェ・カイヨワの証言によれば、人身供犠の計画があり、バタイユがそれを欲していた。犠牲になっていいという人間が現われ、バタイユがカイヨワに供犠執行人になるように求めたが、カイヨワは辞退したそうである[58]。さらに、ワルトベルクによれば、結社「アセファル」の最後の儀式で、バタイユは自分を殺してくれと他のメンバーに言っていた。「森のなかでの最後の集会で、われわれは四人しかいなかった。バタイユはおごそかな口調で三人に自分を殺してくれるように頼んだ。この供犠は神話を創り、共同体の存続を確固としたものにするためのものであった。この申し出は断られた。数か月後、本当の戦争が勃発し、残りえた希望を追い払ってしまった[59]。」実現しなかったとはいえ、アセファルの末路は、結社の「頭」というべきバタイユ自身の供犠という事態であったのだろう。

こういった証言から何が読み取れるであろうか。それは供犠がエスカレートしていくという事実なのではないであろうか。はじめは傷をつけるという儀式が、人身供犠になり、さらには自分自身の供犠といった具合に、供犠の共同体はバタイユ自身をも死に巻き込んでいく危険なものであったということではないのだろうか。これはバタイユ自身の供犠の欲望がとめどもなくエスカレートしていったことの証拠であるように思われる。

アセファルの失敗のあと、バタイユは供犠の運動について言及している。『無神学大全』第一巻の『内的経験』では、恍惚のような神秘的経験のもついろいろな可能性が探求されているが、ここではニーチェの「神の死」も「王の供犠」のような政治的な文脈から切り離されて、神秘的経験に至るために思い描くべきイメージとされる。ちょうど、キリスト教徒がイエスの磔刑を思い浮かべながら恍惚の経験に至るように、「無神学」の徒は「神の供犠」を想像しながら同じような、あるいはそれ以上の恍惚に達するのだ。この際に、想像上の次元ではあるが、神が殺されるのと同じように、供犠執行者の主体も壊乱に陥り、ある種の「死」を経験するのである。アヴィラのテレサの名高い表現を借りれば、「死なずに死ぬ」経験であろう[60]。

この視点からバタイユはポエジーを分析しており、ポエジーを「言葉の供犠」と解釈している。われわれはふだん言葉をコミュニケーションのための道具として使っており、言葉はわれわれの生に役に立つものである。それに対し、詩人は対象である言葉を供犠に付すことでその言葉を有用性から解放する。詩人の書く表現が日常的な意味からはみ出していたりするのは、通常の意味の伝達を犠牲にすることで詩的な効果を狙うために他ならない。言葉は詩的になるが故に通常のコミュニケーションの道具であることをやめるのだ。しかし、ポエジーが供犠である限り「対象の供犠」だけにとどまらない。供犠を行う主体までも巻き込んでしまうのである。

> 対象の供犠がわれわれを解放することができないと確信しているから、われわれはずっと遠く、主体の供犠まで行く必要性をしばしば感じるのだ[61]。

詩人が言葉の供犠を行いながら詩を書くとき、恍惚や「死なずに死ぬ」経験をすることで主体を喪失することもあるだろう。ただバタイユは、言葉の供犠を行いながらポエジーそのものを放棄することになったランボーや、『失われた時を求めて』を書きながら主体の供犠を徹底していって死んでいったプルーストを引き合いにだしている。いずれにしろ、バタイユの場合、供犠の運動はとめどもない。それは対象の供犠だけに終わらずに、供犠を執り行

う者の犠牲へとエスカレートしていく。(62)

もうひとつ例を挙げよう。第二次大戦中、バタイユは『内的経験』、『有罪者』、『ニーチェについて』のような哲学・神学的な著作を執筆すると同時に、『有用性の限界』という経済の論考も残している。これは後の『呪われた部分』の基礎となる草稿群である。そこにも供犠の危険性について語る記述があり、この記述では供犠が招く自死についで語られている。もともと供犠には執行者が自死に至る可能性があるが、普通そうならないのはごまかしが行なわれているからである。バタイユは次のように説明している。

> 宗教的な生が消耗させる熱狂的なものは、普通はごまかしのもとで避けられる。供犠は大きな力をもった魅力を発揮する。それは失うという暴力的な欲求の結果なのだ。供犠はそのようなものとしてまずその執行者を脅かす。失うという欲求に取り憑かれて、神を体現した祭司は、神自身と同じように、供犠執行者によって犠牲にされるかもしれない。しかし、祭司は神話が神々に要求するものを自身に要求することはめったにない。燔祭は神を焼き尽くし殺すが、供犠を執り行う者を焼き尽くさない。宗教的な自殺だけが血みどろの供犠のなかで自由に現われる要求に答えることができるかもしれない。(63)

供犠から自死に至る動きについてナンシーは鋭く指摘しており、こう述べている。「供犠の真理が結局のところ供犠執行者の自死を要求することを、バタイユはたぶんそのとき理解した。(64)」バタイユは誰かの死を通してお互いに結びつく共同体を考え、人身供犠を計画したが、供犠には死の刻印を通して成立した共同体をも壊す危険性がある。最終的に供犠は本質的に執行者の自死の可能性を孕んでいるものだからなのだ。ごまかしによって緩和されているから、たいていの供犠の儀式では対象のみが殺されるようになっている。ただ、供犠が本質を露呈してその運動がエスカレートすると、執行者をも破滅に導くのだ。ナンシーはこれを「死の営み(65)(œuvre)」と呼ぶが、誰かの死を共同体の礎にすることは、死によって作品(œuvre)をつくる作業であろう。ただ、こういったエスカレートは、死の作品として作り上げられた共同体をまた壊してしまうのではないのだろうか。だから、彼の考えをさらに一歩進めて、この「死の営み（œuvre）」は、共同体という「作品（œuvre）」を破壊するものを伴っていることをわれわれは主張したい。「死の営み（œuvre）」はすでにして「営み（œuvre）」であることをやめているのだ。ここに、「営み＝作品（œuvre）」を超えた死の動き、われわれの支配を超えた死のパラドクサルな動きがある。

『内的経験』や『有用性の限界』で語られている供犠のエスカレートという観点から、アセファル共同体構想を考えてみたらどうであろうか。「神の供犠」と「王の供犠」は、その熱狂の度合いが強くなればなるほど、供犠執行者の死を要求しないのであろうか。確かにそこにごまかしと妥協があれば、共同体は維持できるかもしれない。ただ、これらの供犠とともにアセファルであることを苛烈なまでに追求した結果はどうなるであろうか。供犠のエスカレートにより、供犠を執り行う者全員が犠牲になり、共同体が自壊してしまう危険があるのではないのか。徹底的にアセファルであることは、供犠に基づく共同体構想である限り、自らを崩壊させる要素をその内部に孕んでいるのだ。

B　死んだ父の復讐

雑誌『アセファル』の諸論文でフロイトの名は直接明かされないにせよ、エディプス・コンプレックスの図式がバタイユの考えの暗黙の前提になっていたのは明白である。彼のフロイトについての知識はどこに由来するかといえば、まずはブルトンを始めとするシュルレアリスムの運動を挙げることができよう。シュルレアリストたちとはフロイトの精神分析の理論を芸術創作に応用しながら無意識を描き探求していったのである。それから、バタイユが心の病の治療を受けた精神科医アドリアン・ボレルの影響も挙げることができる。彼の代表作のひとつである『眼球譚』は治療のひとつとして執筆されたのである。あるいは、ジャック・ラカンとの交際もそれに加えることもできるかもしれない。また、『社会批評』誌に掲載された「ファシズムの心理構造」（一九三三―一九三四年）では、フロイトの『集団心理と自我の分析』についての言及がある。さらに、パリの国立図書館からバタイユが借りた本のリストによれば、一九二七年にフロイトの『トーテムとタブー』の仏訳を三回ほど借りているし、一九三二年に『精神分析の技法とメタ心理学』のドイツ語原文を、一九三二年と翌三三年には一回ずつ『夢判断』の仏訳を借りている。それと、『ルヴュ・フランセーズ・ド・プシカナリーズ』などの専門的な雑誌も借りている。[66] だから、アセファルの時代、バタイユが精神分析についてのある程度の理解力があったことは確かであろう。アセファルに関して、彼は父殺しと母の所有について語り、フロイトの考え方を奇抜な形で神学・政治的な文脈で発展させている。しかし、若かりし頃『トーテムとタブー』をあれほどよく読んでいたのに、そのなかに出てくる「死んだ父の支配」については、彼はまったく触れていない。

この「支配」について説明しておこう。フロイトは共同体の起源を父殺しに求める。原始的な部族では、凶暴な父親が女性を独占し暴君のように子供たちを支配していた。あるとき兄弟たちは力を合わせて父を殺害し、権力を握った。ところが、彼らには父に対して憎しみばかりでなく愛情も持ち合わせていたから、殺害のあと罪悪感が芽生えてくる。フロイトは次のように説明している。「部族の兄弟たちが父を抹殺し、その憎しみを満足させ父との同一化という願望を首尾よく実現したあとで、それまで打ちのめされていた優しい心の動きが際立たざるをえなかった。悔恨というかたちでそれは生じた。罪悪感が現われ、共同で感じられる悔恨に一致したのだ。[67]」この罪悪感から、兄弟たちは死んだ父にその生前よりも服従してしまうことになるのだ。殺された父がいわば亡霊のように回帰してくるのであり、戻ってきた死者は生前よりも強力に兄弟たちの心を支配する。「死者はかつて生者であったときより今や強力になったのだ。[68]」そこで、兄弟たちは父との新たな契約を結びトーテム制度をつくった。お父さん、もっとやさしく僕たちを扱ってください、そうすれば僕たちもあなたに愛情をもって接します、という相互に妥協した契約である。

バタイユはこの考えを完全に無視している。アセファルは「父殺し」、「神殺し」、「王殺し」を語っているが、逆に殺された「父」、「神」、「王」に以前より強力なかたちで殺害者は服従してしまうという論理は、アセファルのテキストのなかには見つけられない。徹底した父性の排除は、未知なる未来にある「子供の国」の神話に行きつくのであり、この「国」は父性への新たなる回帰であってはならない。しかし、こういったフロイトの中途半端な読解が、「父」の回帰による共同体の崩壊という危険を招いたのではないのだろうか。兄弟たちは亡霊のような父親の回帰によって手に入れたはずのものを失ったり、自分たちの共同体を崩壊させたりするからである。その結果、フロイトの場合、妥協としてのトーテミズムが成立するのだ。アセファルはこういった妥協を無視して、「父殺し」、「神殺し」、「王殺し」を徹底していく。完全に「父性」から独立した「子供の国」は本当に可能であったのだろうか。現実のアセファルの失敗は、「死んだ父」をあまりに安易に切り捨てたからではないのだろうか。

このようにアセファルでは、理論的に彼は「父」を切り捨てようとするが、他のいくつものバタイユのテキストでは「死んだ父」へのこだわりが読み取れる。『眼球譚』の最後の章（初版では第二部）では、梅毒による脊髄癆によって父は盲目になり発狂し四肢が不自由になったので、その下の世話を幼少期のバタイユが行っていたことが明かされる。[69]また自伝的な色彩の濃い『小さきもの』では、第一次世界大戦のとき、幼少期のバタイユの家族が住んでいたランスにドイツ軍が侵攻してきて町は包囲される。彼は体の不自由な父を置き去りにして、母と一緒に町を逃げだす。ドイツ軍が撤退した後、彼はランスに戻るが父はすでに死んで棺のなかにいた。[70]こういった父についての忌まわしい思い出と悔恨は、この二つのテキストばかりでなく、彼の「父」や「神」に対する態度に影響を及ぼしている。

例えば『有罪者』のなかで、梅毒が脳に達して苦痛の叫びをあげる盲目の父を苦行者のイメージで捉えている。

燃えるような目をして骨の突き出た体の苦行者の表情を思い浮かべると、自分自身となぞらえつつ私の心はかきむしられる。私の父は盲目で、その眼窩はくぼみ、鳥のような痩せた鼻は長く、苦痛の叫び声をあげ、長い押し黙った笑い声をあげる。私は彼に似たいのだ！　私は闇に問わざるを得ない。幼少の頃いつも目の前で心をさいなむこの不本意な苦行者がいたことに私は戦慄する！[71]

また『内的経験』では、「死んだ父」のイメージが「死んだ神」のイメージと重なって現れている。

涙にむせぶ亡霊
おお死んだ神
おお死んだ神
落ち込んだ眼
濡れた口髭
一本だけ残った歯
おお死んだ神
おお死んだ神
私は
お前を追い求めていた
底知れない
憎悪によって
私は憎しみで死につつあった
ひとひらの雲が
崩れるように。(72)

「死んだ父」や「死んだ神」へのこだわりは、バタイユのテキストを深く支配しているのではないのだろうか。キリスト教徒でもないのに「神」のような言葉を曖昧に使うバタイユを、かつてサルトルは「恥ずべきキリスト教徒」(73)であるとして、そこに「自己欺瞞」(74)を見ようとしていたが、こういった曖昧さは彼が「死んだ父」や「死んだ神」

にこだわっているからではないのだろうか。神は死んだから人間が神にとってかわるという単純な論理にバタイユが同調できないのは、こういった「死んだ父」や「死んだ神」が暗黙のうちに彼の思考を束縛しているからではないのだろうか。

もうひとつ付け加えておこう。フランス革命におけるルイ十六世の処刑をバタイユはニーチェの「神の死」と結びつけて「オベリスク」で語っていた。彼のなかでこの二つの死はオーバーラップしている。また、「王の供犠」は、未開部族や古代の風習でもあり、モースとユベール『供犠論』、フロイト『トーテムとタブー』、デュルケーム『宗教生活の原初形態』、フレーザー『金枝篇』などの繙読を通して、こういった風習もバタイユに影響を与えているだろう。しかし、どうして神のみならず王も父のイメージで語り、エディプス・コンプレックスの図式にこだわりをもつのであろうか。バタイユによれば、息子は母なる大地を父である神や王から奪わなければならないのだ。ここでひとつの事実を確認しておこう。それは、彼の母親の名前がマリー＝アントワネットだったということである。彼が自覚的であったかどうかは分からないが、父なる王の殺害は母を奪い返すためなのではないのだろうか。その上、バタイユのペンネームのひとつに「ルイ三十世」というのがある。自伝的な物語『小さきもの』のペンネームである。[75] この物語のなかでは、先に述べた第一次大戦の際に父を見捨てて母と逃げた逸話ばかりでなく、母の遺骸の前でマスターベーションしたことも語られている。[76] だから、王殺しをフロイト流の近親相姦の図式で説明しようとするのは、彼自身の母親への欲望の現われではないだろうか。晩年に書かれた小説『わが母』では、母と息子の近親相姦というテーマが追求されているが、母への性愛はバタイユにとって本質的な問題なのである。

このように考えてくると、父殺しと母の所有という欲望の充足で思考がストップしてしまったことが、アセファルの失敗の大きな原因であると思われる。アセファルの「死んだ父」や「死んだ神」の否認が、逆にアセファル共同体の自己破壊を招いたと言えるのではないのだろうか。その後のバタイユの「無神学」の思索は、むしろ「死んだ父」や「死んだ神」との付き合いの証なのではないのだろうか。その付き合いが終わりなきものであろうとも。

アセファルはなぜ失敗したのであろうか。バタイユが指摘しているように、宗教的なものの追求にとどまらず、ひとつの宗教を創設したことに原因があるかもしれない。あるいは、われわれがここで検討したように、「供犠のエスカレート」や「死んだ父の復讐」といった、アセファル共同体がかかえる構造的な問題に起因するのかもしれない。もちろん他にも失敗の理由はあるだろう。

それでは、この失敗とともにどう共同体について考えるべきであろうか。バタイユはその後「ひとつの宗教」とは違った形で共同体を実践しようとしている。それはわれわれが決して免れることのできない根源的なレヴェルでの宗教性である。特定の宗教として限定されない根本的な宗教感情である。こういった宗教性にもとづく交流、さらには共同体をバタイユは考えていく。曰く、「この共同体は、ひとつの宗教共同体にこのように帰属することなしに、二人の間で生じうるのだ。」[77]『無神学大全』で展開される「内的経験」の思想も、ひとつ間違えれば個人的な恍惚の経験にとどまる可能性もあるのだが、バタイユは常にこの経験を通しての他者との交流、さらには共同体——この言葉がなんらかの組織を連想してしまうのであれば、共同性と言い換えてもよい——を考えている。

既成の宗教よりも徹底して宗教的な共同体をバタイユは構想しようとしたが、それは「ひとつの宗教」の探求にとどまっていない。それは「ひとつの宗教」にすらとどまりえないものなのだ。「ひとつの宗教」であろうとすると、その宗教ですら破壊していく宗教性なのである。それは例えば供犠にも表れている。供犠の運動は終わりがなく、生贄となる対象が殺されるばかりでなく、供犠執行者をも巻き込んで死んでしまう危険がある。供犠によって成立する共同体にはこういった危険性がともなわれているのだ。また、父殺しによって成立する共同体も「死んだ父の復讐」によって崩壊する危険をかかえている。アセファルの共同体の失敗が暴露しているものは、死と関係を持つ共同体は自らを崩壊させるものを本質的に孕んでいる、ということではないのだろうか。

生の充実を肯定するポリセファル共同体構想、モノセファル共同体による抑圧的な伝統の批判、ナショナリズムを支える父性原理の批判など、アセファルをめぐるバタイユの発想には、現在でももう一度検討してみるべき問題がいくつも見つかるであろう。また、現実の共同体実践は失敗に終わったが、この「共同体」の考えはその後のバタイユの考えに深化されて受け継がれていく。しかし、アセファルにせよ、その後の共同体構想にせよ、重要なのは、「共同体」には「共同体」自身を崩壊させる危険もいっしょに伴われていることではないのだろうか。

先ほども説明したように、文学における読者との交流、さらにはそこに成立する共同体を考える場合、バタイユが「ポエジーは言葉の供犠」と解釈していたことを思い出そう。供犠である以上は、対象である言葉だけが生贄に捧げられるばかりでなく、供犠がエスカレートしてその本質を開示するにつれて、供犠執行者である詩人も犠牲になってしまう。ランボーは、ポエジーを放棄することによって供犠を完遂したし、プルーストは、言葉の供犠を通して作品を産みだすが、産みだすことを通して作品に殺害されてしまう。

エロティシズムにおける交流に関しても、やはりこの危険は指摘できるであろう。確かに、バタイユは「恋人たちの真の世界」[78]について語っており、ナンシーも「恋人たちの共同体」を重視している。[79]「愛」や「エロティシズム」は、バタイユが一貫して追求しているテーマである。こういった現象において生じるコミュニケーションは、われわれの日常的なコミュニケーションとは異なる。宗教的な感情と同じように、存在の本質に触れるものと言えるであろう。晩年の大著『エロティシズム』では、バタイユはエロティシズムが諸存在の連続性を回復させると主張している。[80]「交流」や「共同体」の根拠として、この「連続性」が存在するのだ。ただしもう一方で、遺作の小説『わが母』では、息子と母との近親相姦というテーマが取り扱われているが、息子と交わるエロティシズムの絶頂において母が自殺することが語られている。絶頂の瞬間に最高の交流があるのだろう。エロティシズムの運動もエスカレートしていくと、死や破滅を招く危険があるのではないのだろうか。[81]

バタイユが考える「共同体」において重要なことは、交流がかならず毒の可能性を孕んでいるということである。意味を越えた根源的な交流が可能になるところでは、「破滅」、「死」の可能性も伝達されるのではないのだろうか。

これが根源的に宗教的であらざるをえない共同体の宿命ではないのだろうか。

バタイユの引用は、G. Bataille, *Œuvres complètes*, Gallimard, 1970-1988, 12 vol からもの。O.C. は *Œuvres complètes* の略。

註

（1）『無為の共同体』では、ナンシーはアセファルの失敗については「供犠執行人を自死にまで至らせる」「供犠の真理」と重要な指摘をしているが、その失敗の効果については、現実の共同体の企てからバタイユが身を引いたという点を除けば、あまり詳しくは論じてはいない（J.-L. Nancy, *La communauté désœuvrée*, Christian Bourgois, 1986, p. 47）。ブランショは『明かしえぬ共同体』でアセファルにこだわりをもっており、アセファルの「供犠」を「受動性」、「放棄」、「贈与」へと読みかえている（M. Blanchot, *La communauté inavouable*, Les Editions de Minuit, 1983, pp. 28-32）。われわれはこの二人の思想家のインパクトを受けとめながら、アセファル共同体の可能性とその限界を探っていきたい。

なお、われわれはナンシーとブランショの共同体論をバタイユの「共同体」のテーマに沿いながら検討したことがある。拙論、「問われる共同体――ナンシーとブランショによるバタイユの共同体から出発して」、『別冊水声通信　バタイユとその友たち』、二〇一四年七月、九九―一二四頁を参照のこと。

（2）M. Surya, *Georges Bataille, la mort à l'œuvre*, Gallimard, 1992, pp. 72-75.

（3）後に、『内的経験』でも同じ断章が再解釈されているが、そこでは政治色は薄れ、神秘的経験としてのみ読解されている（*L'expérience intérieure*, O. C., V, pp. 151-181）。

（4）«L'obélisque», O. C., I, pp. 501-502, F. Nietzsche, *Die friedliche Wissenshaft*, *Kritischen Studienausgabe*, Bd. 3, München : Deutscher Taschenbuch Verlag ; Berlin/New York : de Gruyter, 1988, pp. 480-482.

（5）*Ibid.*, pp. 481-482.

（6）『内的経験』でも、バタイユは同じ仕方で引用している。解釈の次元でルイ十六世の処刑は扱われていないが、引用における強調と省略は同じである（*L'expérience intérieure*, O. C., V, pp. 175-176）。バタイユは後にニーチェの抜粋集を編纂し、それは『ニーチェについて』とともに『無神学大全』第三巻に組み入れられるが、この『ニーチェ覚書』でも、『喜ばしき知識』の「狂人」の断章は全文引かれているわけではない。ただ、「狂人」が自らの到来が早すぎることを嘆く件は追加されている（*Memorandum*, O. C., VI, pp. 219-210）。

（7）«L'obélisque», O. C., I, p. 503.

（8）*Ibid.*

（9）*Ibid.*, p. 505.

(10) *Ibid.*
(11) «L'obélisque», O. C., I, p. 501.
(12) *Ibid.*, p. 512.
(13) *Ibid.*, p. 501.
(14) «Notice autobiographique», O. C., VII, p. 461.
(15) *Ibid.*
(16) F. Marmande, *Bataille politique*, Presse universitaire de Lyon, pp. 63-64, Surya, *op. cit.*, p. 34.
(17) «Note sur la fondation d'un Collège de Sociologie», O. C., I, p. 491.
(18) «Propositions», O. C., I, p. 470.
(19) *Ibid.*
(20) «La conjuration sacrée», O. C., I, p. 445.
(21) «Propositions», O. C., I, p. 470.
(22) *Ibid.*
(23) «La conjuration sacrée», O. C., I, p. 445.
(24) «Propositions», O. C., I, p. 470.
(25) «La conjuration sacrée», O. C., I, p. 443.
(26) «Propositions», O. C., I, p. 468.
(27) «Chronique nietzschéenne», O. C., I, p. 488.
(28) *Ibid.*
(29) *Ibid.*, p. 489.
(30) *Ibid.*
(31) *L'expérience intérieure*, O. C., V, p. 152.
(32) 供犠に関しては、世界各地でそう解釈される儀礼が見つかっている。しかし、だからといって供犠は人類に普遍的なものであると断言するのは現状ではむつかしい。ただ、キリスト教徒であったり、信徒ではなくてもキリスト教文化圏で育った欧米の研究者が供犠に関心を持ったり、供犠を普遍化しようとしたりするとき、その概念や思想を応用する際に、相対化する視点を持たねばならないであろう。彼らはキリストの供犠の発想からどれだけ距離をもって供犠研究できるのかを考えなければならないからである。古代ギリシャの文化史研究で名高いマルセル・ドゥティエンヌはモースとユベールの『供犠論』について次のように述べている。「『供犠の本質と機能についての試論』は次の文で締めくくられている。『キリスト教の想像力は古代のプランの上に立脚している。』その通りである。だが、社会学者等の想像力がキリスト教のプランのうえに立脚しているというのも劣らず真実なのだ。」(M. Detienne, «Pratiques culinaires et esprit de sacrifice», M. Detienne et J.-P. Vernant (éds.), *La cuisine du sacrifice en pays grec*, Gallimard, 1979, p. 28)。

それではバタイユはどうかといえば、やはりキリスト教の影響は免れえないと言えるであろう。いくつか例を挙げてみよう。スペイン留学から帰国しパリの国立図書館に勤務し始めたころ、バタイユはニーチェの「神の死」の影響で棄教する。その後、モースとユベール『供犠論』、フロイト『トーテムとタブー』、デュルケーム『宗教生活の原初形態』、フレーザー『金枝篇』などを読みながら、彼は供犠に関して独自の思想を形成していく。初期のころ、『ドキュマン』誌に寄稿した論文では、屠殺場の供犠的な性格についての言及やゴッホの自己毀損を「供犠」とする解釈を披露し、アセファルの論考でも供犠による共同体を構想しており、これらのテキストでは表面的にはキリストの供儀とは関係ないように見える(«Abattoir», O. C., I, p. 205, «La mutilation sacrificielle et l'oreille coupée de Vincent Van Gogh», O. C., I, pp. 257-280, «Chronique nietzschéenne», O. C., I, p. 489)。しかし、一九三三年に出版された『供犠』では、「十字架の死」と「ラマ・サバクタニ」について言及されている(*Sacrifices*, O. C., I, p. 94)。また、『内的経験』では、神秘家たちの言説のなかで彼はイエスの刑死についての瞑想と恍惚経験との関係に異様なほどの関心を示し、『ニーチェについて』では、イエスの死が供儀の特権的な範例として扱われている(*L'expérience intérieure*, O. C., V, pp. 138-139, *Sur Nietzsche*, O. C., VI, pp. 41-63)。さらに、晩年の『エロティシズム』では、イエスの死を原罪から人類を救う「幸いなる罪」とするキリスト教による解釈から解放し、そこに供儀本来の原初的な暴力を見ようとしている(*L'érotisme*, O. C., X, pp. 90-91)。このようにバタイユの場合、キリスト教から離れたとはいえ、この宗教とのある屈折した関係が読み取れるであろう。

(33) «Propositions», O. C., I, p. 469.

(34) *Ibid.*, p. 468.

（35） *Ibid.*, p. 469.

（36） *Ibid.*, p. 468.

（37） «Notes de Bataille», D. Hollier（éd.）, *Le collège de sociologie*, Gallimard, idées, 1979, pp. 338-340. しかし、同時に掲載されているベルトラン・ダストルグによってまとめられた講演と討論の記録と、このメモはかなり違っているようにも見える。『社会学研究会』の編者のドゥニ・オリエも自信がなかったのか、改版のさいにこのメモを削除している（D. Hollier（éd.）, *Le collège de sociologie* 1937-1939, 2ème éd., Gallimard, folio, 1995, pp. 448-459）。ただ、「民主主義諸勢力の構造」の講演メモでなかったにしろ、内容のうえでアセファルと重なるところがあるから、『アセファル』や「社会学研究会」と同時代のメモと言えるだろう。だから、敢えてここで引用した。

（38） «Propositions», O. C., I, p. 472.

（39） *Ibid.*, p. 470.

（40） *Ibid.*, p. 472.

（41） S. Freud, *Vorlesungen zur Einführung in die Psychoanalyse und neue Folge*, *Studienausgabe*, Bd. I, Frankfurt am Main, S. Fischer, 1969, pp. 324-332. バタイユへのフロイトの影響について、ドゥニ・オリエは「シュルレアリストたちのフロイトは夢の理論家であり性の解放者であったが、バタイユのフロイトは第一次大戦後のフロイト、集団的生と死の本能の理論家である」（D. Hollier, *Les dépossédés*, Éd. du Minuit, Critique, 1993, p. 74）と述べているが、この指摘はあまりに単純化しすぎではないのだろうか。エディプス・コンプレックスの理論は、『眼球譚』から『わが母』に至るまで強力にバタイユの思想を支配しているのではないのだろうか。

（42） «Propositions», O. C., I, p. 472.

（43） «La «vieille taupe» et le préfixe *sur* dans les mots *surhomme* et *surréaliste*», O. C., II, pp. 93-109.

（44） «Chronique nietzschéenne», O. C., I, p. 481.

（45） *Ibid.*, p. 481.

（46） *Ibid.*, p. 484, notes.

（47） *Ibid.*, pp. 483-484.

（48） *Ibid.*, p.484, notes. F. Nietzsche, *Also sprach Zarathustra*, *Kritischen Studienausgabe*, Bd.4, München: Deutscher Taschenbuch

Verlag ; Berlin/New York : de Gruyter, 1988, pp. 153-155.

(49) «Nietzsche et les fascistes», *O. C.*, I, p. 461. 二つの神話の対立についての基本的なことは、J. -M. Heimonet, *Politiques de l'écriture Bataille/Derrida*, Jean-Michel Place, 1989, pp. 77-79, C. Pasi, «L'Hétérologie et «Acéphale» : du fantasme au mythe», *Revue des Sciences humaines*, nº 206, février 1987, p. 157を参照のこと。ただ、われわれは「子供の国」が「未知なるもの」と結びついていることを強調している。

(50) «Nietzsche et les fascistes», *O. C.*, I, p. 463.

(51) *Ibid.*

(52) *Ibid.*

(53) ただ、「神話」という言葉に関しては、ボイムラー自身は積極的な関心を示していない。ニーチェにおける「権力への意志」を強調する彼は、『悲劇の誕生』から神話的な要素を排除している（A. Baeumler, *Nietzsche der Philosophe und Politiker*, Leipzig, Reclam, 1931, pp. 85-86)。しかし、彼がニーチェを、ゲルマン的なもの（ゲルマン的起源もふくむ）と結びつけているのは、異論の余地がない（*ibid.*, pp. 88-97)。また、『二十世紀の神話』の著者ローゼンベルクはアーリア神話を賛美するあまり、アジア起源のディオニュソスをむしろ蔑視している（A. Rosenberg, *Der Mythus des 20. Jahrehunderts*, München, Hoheneichen Verlag, 1938, pp. 34-54)。バタイユもこう書いている。「ローゼンベルクが『二十世紀の神話』でディオニュソス信仰をアーリア的でないと告発しているのは、偶然ではない……」（«Nietzsche et le national-socialisme», *Sur Nietzsche*, *O. C.*, VI, p. 187, cf. Pasi, *art. cit.*, p. 160)。

(54) このことはバタイユのテキストから読み取れることであるが、彼自身は明言していない。むしろはっきりこの方向性を打ち出したのは、雑誌『アセファル』に参加していたジュール・モヌロである。彼は『アセファル』二号に掲載された論文「哲学者ディオニュソス」のなかで次のように述べている。「ディオニュソスについてのニーチェによる近代の神話は、過去に遡るものではなく未来を展望するものであり、未来をよりよく理解するためにのみ太古の色彩を纏っているのだから、この神話に関してはフィクションか真実かの問題は提起されないことが見て取れる」(J.Monerot, «Dionysos philosophe», *Acéphale*, Jean-Michel Place, 1980, p. 12)。

(55) *O. C.*, VI, p. 370.

(56) *Ibid.*, pp. 370-371.

(57) P. Waldberg, « Acéphalogramme », in G. Bataille, *L'Apprenti Sorcier du Cercle communiste démocratique à Acéphale*, Editions de la Différence, 1999, pp. 593-595.

(58) M. Surya, *Georges Bataille, la mort à l'œuvre*, 1ère édition, Séguier, 1987, p. 305. ただし、シュリヤは第二版では同じ内容について、カイヨワの固有名詞を削除して一般化している（M. Surya, *Georges Bataille, la mort à l'œuvre*, 2e édition, Gallimard, 1992, p. 305)。

(59) Waldberg, *art. cit.*, p. 597.

(60) 『内的経験』におけるニーチェ「狂人」の断章の解釈については、*L'expérience intérieure*, O. C., V, pp. 151-181. また、拙論「『神の死』とジョルジュ・バタイユにおける体験の思想」、『フランス哲学思想研究』（八）、日仏哲学会、二〇〇三年九月、一五五―一六七頁を参照のこと。

(61) *L'expérience intérieure*, O. C., V, p. 56

(62) ランボーについては、*ibid.*, p. 171、プルーストについては、*ibid.*, pp. 175-176. この問題については、拙論「プルーストと供犠――バタイユ流『失われた時を求めて』の解釈について」、『言語文化』三二号、明治学院大学言語文化研究所、二〇一五年三月、九五―一一三頁を参照のこと。

(63) *La limite de l'utile*, O. C., VII, p. 257.

(64) Nancy, *op. cit.*, p. 47.

(65) *Ibid.*

(66) « Emprunts de Georges Bataille à la bibliothèque nationale (1922-1950) », O. C., XII, p. 553 sq.

(67) S. Freud, « Totem und Tabu », *Studienausgabe*, Bd. X, Frankfurt am Main, S. Fischer, 1969, p. 427.

(68) *Ibid.*

(69) *Histoire de l'œil première édition*, O. C., I, pp. 71-78, *nouvelle édition*, O. C., I, pp. 606-608.

(70) *Le petit*, O. C., III, pp. 57-61.

(71) *Le coupable.*, O. C., V, p. 257.

(72) *L'expérience intérieure*, O. C., V, p. 121.

(73) J.-P. Sartre, « Le nouveau mystique », *Situations*, I, Gallimard, 1973, p. 166.

(74) *Ibid.*, p. 168.

(75) *O. C.*, III, p. 495.

(76) *Le petit*, *O. C.*, III, p. 60. これと同じマスターベーションの話は『青空』でも語られている（*Le bleu du ciel*, *O. C.*, III, pp. 433-434）。

(77) «Non-savoir, rire et larmes», *O. C.*, VIII, p. 225.

(78) *O. C.*, I, p. 531.

(79) Nancy, *op. cit.*, pp. 89-99.

(80) *L'érotisme*, *O. C.*, X., p. 21.

(81) *Ma mère*, *O. C.*, IV, pp. 175-276.

湯浅博雄

国家のような共同体に抗する共同性について

ブランショ、バタイユの思索から発して

伝統的な意味あい、そしてだれにでも受け入れられている意味あいでは、共同体＝共同性というものは、みなが同じものに準拠していることを当然のものと想定している。たとえば宗教や国家という共同体は、みなが、同じものに、そして一なるものに――神に、あるいは国家という〈なにかしら理想的、全体的なもの〉に――準拠していると考えられている。[1] みなが同じものに準拠しているので、みなのあいだには、いつも共約可能性が――その意識が――成り立っていると思われている。バタイユの用語を引くと、このように共約可能性の意識が成り立っていることは「同質性」と言ってもよいだろう。キリスト教の熱心な信者たちは――また、〈国民国家〉の「愛国的な」国民たちも――同質的であると思われる。なぜなら、人々のあいだでは、議論の余地なく共通する尺度によって通約されることが、言うまでもない、暗黙の前提であると考えられているから。

しかし、このことをもっと掘り下げて考察するために、社会的なものも含めて、私と他者との関係を考えていこう。私たちはふつうこう考えている。そもそも人間は社会のなかに生まれてくるのであるが、また同時にアリストテレスの言うように「ポリス的な存在」でもある。そうすると、社会的関係（社会における複数の人々のあいだの関係）というのは、もともと初めから個々の人間を超えているなにかとの関係ではないだろうか。たとえば、デュルケム的な意味あいにおける「個々人たちの総和以上のもの」、「個々人よりも上位にあるなにものか」との関係であろう、と。

ただし問題なのは、このとき、「個々人たち」というのは、常識に応じて、同じもの、同等なもの、お互いに対称的なものとみなされていることである。しかし個々の人間は、あるレヴェルでは対称的であるかもしれないが、根本的に言えば、ひとりひとり異なるものではないだろうか。だから、ひとりの私にとって他なる人である他者はあくまで他なるものであろう。私がそうであることのできない、まったく異なるものだろう。こういう他性はけっして縮減されてしまうことはないはずだ。私にとって他者は、ただ単に自己とは異なる質をもつというだけではないのであって、いわば他性を、質として宿しているはずだろう。

それでも通念的な考え方では、社会的関係というのは、「個々人よりも上位にあるなにものか」との関係であり、また、社会的なものとは、基本的に言うと、慣習的なしきたりや規範に従うものであって、同等なもの＝同類であるものを真似て学習し、模倣しつつ吸収することのうちに存していると思われている。そうすると、社会性（すなわち、社会的に他なる人たちと適切に交わること）というのは、一種のまとまりと統一という理想、一致や適合という理想というかたちで求められている。

社会のなかで、また、自分がその一員である組織・制度（宗教的な宗派とか政治的な党派、同盟であれ、会社や役所や学校のような職場の組織であれ）のなかで、ひとはふつうこう考える。私は絶えず他者と関わっているのであるが、この私が自分とは異なる他者と関係するということは（つまり、そういう他者との関係）は、私を、他者へと同一化する方向に向かうはずである。あるいは他者を、私へと同一化する方向に向かうはずだ。すなわち、私を、なにかしら集団的な表象＝観念のうちに参入させることによって、たとえばなんらかの共通の理念・理想のうちに、あるいはまた共通の行為・行動のうちに没入させることによって、他者へと同一化する方向に向かうに違いない、と。

こういう集団は「われわれ」と言う集団であり、私たちは、通常、こういう集団を〈共同体である〉と思っている。そこでは、私（ひとりの人間）はむろん、いつも他の人たち——他者——と関わっていると言ってよい。しかし、こういう他者は〈あくまで他なるものである他者〉——その他性を保ち続ける他者——なのだろうか。そうではないのではないか。

「われわれ」という共同体において、こういう他者と私とは同質的なものであり、つねに共約可能なものであろう。なぜなら、こういう他者にも私にも——すべての者に——共通する、真の理念・理想を共に抱いている者であるから。それゆえ、レヴィナスの言い方を参照するなら、私はこういう他者を、自分の面前に感じるのではない。

そうではなく、いわば自らの傍らに並んでいると感じるのである。(2)

こうした共同体は、たとえば〈宗教〉共同体がそうであるように、基本的に言えば、もともとみなに共通する真理＝真なる教義のまわりに構成される共同体である。そして、この共同体を構成するメンバー（成員）たちは多かれ少なかれ真理――真なる教義・理想――を分かち持つ者であり、信じている者である。つまり、やや極端に言うと、仲間たちであり、「同志たち」である。ただし、多くの国民は、こうしたことをほとんど意識してないのだが。

1

このような、いわば仲間たちの、「同志たち」の共同体に対して、最も異なる共同性は、どのような共同性であろうか。それはおそらく、〈私‐あなた〉という共同性であろう。ひとりの人間（私）がこのひとりの他者（あなた）と向かい合い、この他者をいつも面前に感じる共同性である。レヴィナスが示唆するように、〈私‐あなた〉という共同性――向かい合う、対面の共同性――は、なんらかの第三項への参入＝分有〔pariticipation〕とはならないだろう。宗派や党派、同盟のような共同体の場合は、みなのあいだを仲介する偉大な人物や指導者とか、すべての人に共通する真理、教義、作業＝営為などがそうでありうる、第三項への参入＝分有が必ず基盤になっている。が、しかし向かい合う、対面の共同性においては、そうした第三項への参入＝分有は、けっして共同性の基盤にはならないと思われる。

この対面の共同性は、暗黙のうちに共通する尺度によって仲介されることのありえない、手におえないほどやっかいな〈向かい合い〉であろう。ブランショはこう言っている。人間と〔他の〕人間のあいだの関係は、それが持つ優位性を示しながら現れてくると、このうえなくやっかいで恐るべきものである。(3)というのも、どんな仲介物によっても和らぐことがないから。一般性としてみなに受け入れられる正当な意味を持ち、いつでもどこでも普遍的に価値あるものとして認められている真実。そういう真実が、つねに、そしてもう既に共通の尺度をなすものとして、双方のあいだを触媒する項というかたちで存在しているわけではない。向かい合う、人間と人間のあいだには、「神も、価値も、自然もない」[4]。人間と人間のあいだの関係は、むき出しの〔裸の〕関係であり、神話を持たず、宗教の入り込む余地がない。各々が抱いている思想・意見に依存しないし、付随的な言い分や言い訳を認めない。享受することを生み出すわけではないし、認識することを生じさせるわけでもない。それは中性的な関係、あるいは、関係の中性的な性質そのものである。

2

こういう〈私‐あなた〉という対面の共同性は、キリスト教の説く〈コミュニオン〔communion、一致、一体性、合一〕〉のような共同体にはならないだろう。キリスト教が構想する「愛の共同体」（「隣人愛」に基づく共同体）を考えてみよう。パウロたちは、初期キリスト教の成立期に、三つの神学的な徳として、「神への信仰」および「希望＝期待」と並んで、「隣人への愛」を説いた。「神への愛」を目指して「隣人である他者を愛す」という理想を主張したのである。

〈神を愛す〉ということは、個々の人間が神の大きな愛に包まれ、それを多少とも分かち持つということである。神への愛は、個々の信者のうちに、ある種の連続性の感情を開く。つまり各々の人間は、通常、自分は個的な主体である――自らが判明に区別して捉え、関わり、理解する対象たちとは明確に区切られている、個的な主体であって、他なる人である他者をもまた対象化し、判明に区別して捉えている――と思っているのだが、そういう各々の人間のうちに、主体と対象との区切りが破れ、通い合う次元を開く。それゆえ神への愛は、そして、あらゆる人間への愛のために十字架上で死にゆくイエスへの愛は、イエスの愛を分かち持つような無償の愛を呼び覚ます。各人の利己的な関心や利益を、部分的にせよ、のり超える愛。富や力を獲得し、領有化しようとする欲望をのり超える、自己犠牲的な愛。そんな愛を目覚めさせる。そういう愛に導かれて、相互的な他者愛の共同体、隣人への愛の共同体が可能になるだろう。

こういうキリスト教の〈愛の共同体〉は一種の魅力を持つ。おそらくあらゆる宗教が思い描く共同体の観念を典型的に示している。その特徴はどこにあるのだろうか。それは、「信じる者たちの共同体」こそがほんとうの愛の共同体になる、ということであろう。「共に神を信じる者たち、神を愛す者たち」同士のあいだでのみ、真の共同性がありうる。一つの同じ信仰のうちに一致し（communier）、一体性の感情（communion）に結び合わされた真の共同体（communauté）が可能なのである。〔この一体性の感情（communion）という言葉は、また同時に聖体拝領の秘蹟のことも指す。すなわち、各々の信者が、日曜ごとのミサにおいて、イエスの血と身体へと全質変化したブドウ酒とパンを体内に取り込む儀礼である。〕

共に同じ神を信じていることで、すべての人間には〈神への信仰、愛〉という真実が存在している。こういう共通する項——真理である項——をみなが観想し、共に愛し、信じることで、すべての人間のあいだを触媒する働きが行なわれ、個々の人間は他の者と「共同の」関係に入ることができるのであり、〈われわれみな〉と感受することができる。私たちはみな神の似姿であり、神をよく分かち持つ者だ。それゆえ〈信じる者〉たる私たちは、たとえ未知なる隣人であろうと、この神という真理、われわれみなにア・プリオリな仕方で共通する、真の理想を、暗黙のうちに共に祈念し、観想し、参照しさえすれば、互いに共同の観念のうちに入る条件が満たされている。〈一つの精神〉の共同性——共約可能性という意味での共同性——のなかで、相互に共に存在することができる。そしてさらに、各人は〈神への愛〉によって目覚めさせられた愛に導かれて、お互いに隣人を愛することができる。

キリスト教が典型的に示している、こうした〈共同体〉観は、むろん宗教的なものであるが、しかし宗教共同体だけに限らないのではないだろうか。フランス革命以降に高まった近代ナショナリズムにおいて、〈民族＝国民の一体性〉を極度に強調する国家（という共同体）にも、ほぼ同様な〈共同体〉観が見て取れるように思える。絶対主義的王権国家を受け継ぎつつ、近代ナショナリズムの昂揚とともに成立する近・現代の国民国家は、おそらくその深い地盤として、〈国民すべてを意味する国家は、われわれみなにア・プリオリに共通する真理である〉という信念——なかば無意識的なまま抱かれている信念——を秘めているだろう。そして、こういう密かな信念に基づく〈国家〉を共に信じていることによって、すべての人々（国民）には〈国民国家への愛〉という共通項が存在している。こうした〈国民国家への愛〉という共通項は、すべての国民（国家のメンバーである人間たち）のあいだを仲介し、触媒する働きを行なう。それゆえ個々の人間は他の者と「共同の」関係に入ることができるのであり、「われわれみな」と感受することができるだろう。この点はあとで、もっと深めてみよう。

3

さきほど見たように、人間と〔他の〕人間のあいだの関係は、むき出しの関係であり、神話を持たないし、宗教がそこに入り込む余地はない。人と人とのあいだの関係は、シンメトリックな項たち、互いに置き換えることのできる二つの項の、相互的な関係ではなくなる。つまり、それ自体においては、どちらの項にも無関係で、超然としているような関係ではなくなる。

こういう人と人とのあいだの関係は、相互間の主観性、すなわち間‐主観性と呼ばれることがありうる。そして、間‐主観的な空間は、ふつう、同等なもの同士の対称的な関係であるかのように思われているけれども、実はもともと非対称的なものであろう。間‐主観性というのは、単に多数性のカテゴリーを精神の領域に適用したものというわけではまったくない。レヴィナスも指摘するとおり、人と人とのあいだの関係がそうである間‐主観性は、広い意味あいでの〈エロス〉によってこそ、われわれに与えられるだろう(5)。

愛（広義のエロス）を基底とする他者との関係の経験は、どういうところが独特なものであろうか。主体がイニシアティブを持って、意志的に行なう経験ではないところである（そういう面もありうるけれども、けっして全的にそうなることはない）。主体が対象を定めて関わり、働きかけるという構図に納まらない。愛の経験においては、主体‐対象という枠組みと秩序が通常のまま維持されず、破られる。そして、私とあなたは対称的であり、相互性を持つという通念も、根本から問い直される。愛の関係に捉えられるということは、ある強力な動きに運び去られることである。他の存在を求める運動に、そう決意したり、決定のイニシアティブを取ったりする以前にもう結びつけられ、動かされている。だからそれは未知へとのり出す探求なのだが、また同時になにかを選択するよりも前に既に定まっていたことと感じられる。〈愛する存在〉の形容しがたい現われに私が魅惑されるときには、顕示されたところ、よく理解できるところにのみ惹かれるのではない。必ず秘められたところに惹き寄せられる。そしてその秘められたところを露わにし、開示したいと願う。だから愛の経験には人目を忍ぶような動きが必ずあって、禁じられているものを力ずくで破るような感情がつきまとう。

そういう侵犯的な開示の動きは、逡巡・羞恥心・怖れという仕方で抵抗する動きを押し退けて越境する。だが、それによって秘められたところがもう消えてしまうことはけっしてない。むしろいっそう秘められ、禁じられているように感じられる。逡巡・羞恥心・怖れという動きが破られつつ、いっそう強く維持されるときに、愛の経験の情感はとりわけ深まる。秘められたところは〈現われる〉ことなく現われる。それは真には現われない。露わになるものはその開示においても不思議さを失わない。それゆえ愛の経験はなにか可能なものへと至り、完了するということはない。なにも捕捉せず、どこにも到達しない。

バタイユは『エロティシズムの歴史』のなかの「第六部第一章　個人的な愛〔ひとりの人間の、他のひとりの人間への愛〕」と題された章において、〈愛の関係〉という向かい合いは、独特の他者関係の経験であることを分析している。愛の関係が深く生きられるとき、主体は主体としてとどまることはない。それに応じて、対象もまた、通常〈対象が位置している面〉にとどまらない。それゆえ愛の関係が白熱するとき、主体と対象とのあいだにはまるで一種の合一が起こるかのように思える。両者は分かちがたく結ばれるので、愛する者同士の共同性は、いかにも一致や一体性が生じる共同体であるかのように信じられるかもしれない。

実際、愛の関係の灼熱においては、通常の社会生活のなかで「意志が疎通した」とか「意味が伝わった」などという場合とは比較にならないほど強い通い合いが起こることはたしかである。双方が相手を「深く内側から知った」

ように感じる。だからそういう交わりと通い合いを、たとえばキリスト教の構想する「愛の共同体」と同じ性質の共同体、そこでは〈コミュニオン（一致、一体性）〉が生じる共同体であると錯覚することがあるのも、ゆえのないことではない。だが、しかし愛の関係の核心をなすのは、つねに他者と向かい合う〈対-面〉の関係なのである。ブランショの『明かしえぬ共同体』には、そのことが示唆されている。たとえば『トリスタンとイズー』の物語のような強い愛の関係、分かちもたれた愛の関係の典型でも、けっして単純な相互性ではない。[6] 仮に愛する者同士は、『饗宴』（プラトン）のなかでアリストパネスが言うように、「自分たちが前々から熱望していたのは、まさに相手といっしょになり、熔融されて二人が一人になることだ」と感じているにしても、それはただちに他者が〈同一性に基づく関係〉のうちに結び合わされて一体化するという意味ではない。双方にとって、私が――主体としての能力を発揮して――取り結ぶことの可能な関係によって、他者と結び合う――他者をしっかりと把握し、包み込む――というのではない。もしそうだとすれば、そのとき他者は他者ではなくなってしまう。そうではなく、私たちは愛の関係においてほど他者と切実な向かい合いの関係に入ることはないのだ。

4

愛のパッションに共に運ばれる私とあなたは、もう双方が主体として、相手を対象として捉える様態で出会うのではない。そうではなく、双方がもう主体ではなく、対象でもなくなる次元においてのみ出会い、関係する。それはどういうことだろうか。双方が相手を、ふつうの社会生活で出会う、通常の意味あいでの「他者」として捕捉することはありえなくなるということだ。つねに対象化しうる他者、〈私の対象〉として区切って捉える他者、そして言葉によって語ること、言い表すことのできる他者ではなくなる。通常の社会生活で出会う他者は、暗黙のうちに共通する尺度によって共約することの可能な他者、ほんとうにそうなのか否か問われる以前にもう既に「そうだ」と思われている他者であるとみなされているのだが、もうそうみなすことはできなくなる。

双方にとって、〈愛する存在〉は、自分が、その存在を確実に対象として位置づけ、認識しようとする行為・作用のうちにおさまらない。自分は個人的な自我として統一されていると思っている〈私〉が、いつもそうした主体としての自分の活動の対象と結んでいる関係、またつねに取り結ぶことが可能だと信じている関係のうちには、どうしても含み込まれるままにはならない。双方にとって〈愛する相手〉は、つねに〈私〉の主体的な能力の及ぶ範囲から逃げ去ってしまう。したがってまた、この相手（このひとりの他者）を、もう既に一般化して捉えることのできる他者として主題化して語ろうとする言述が言い表すことのできる射程からも抜け出してしまう。

双方にとって〈愛する相手〉は、こんなにすぐそばにいる隣人であるのに、どうしてもそれとして捕捉してしまうことができない他者だ。つねに逃げ去る存在である。だから私はもっと相手に近づこう、相手を離すまいと焦慮し、相手の現前への期待と不在への不安に揺れ動く心の経験を繰り返す。愛の経験における喜びは、こういう期待や失望や不安と切り離しては考えられない。というのも、こんな焦慮、期待、不安と混ざり合った喜びこそが〈愛の関係〉を永続化させるのだから。

実際、〈愛の関係〉はどういう場合に永続するのだろうか。〈愛〉は他者の愛が高まるよう求める。しかし、もし〈私〉が自分の意図や志向に基づき、自らの主体的能力とその活動を通じて〈他者へと直接的に到達できる〉と思い込んだとすれば、どうだろうか。そのとき〈愛への愛〉は鎮まり、愛としては維持されず、消えてゆくだろう。相手の愛や欲望を馴致し、獲得して、自分の愛のうちに包摂するのだと錯覚されると、愛ではなくなってしまう。そうではなく、〈愛への愛〉は、他者とまだ真には出会っていないと絶えず感じられることによってのみ、愛であり続ける。双方にとって〈他者の愛と欲望が絶えず深まりゆく〉ことを通じて、愛として維持される。つまり、そういうふうに〈他者の愛と欲望が深まること〉を、自らの意図や志向によって求めるわけではなく、ただ強いパッションに導かれつつ希求する私がさらにいっそう他者へと近づこうとのり出す動きに運ばれ、そのせいで他者の欲望を深めようとする欲望がもっと強まり、反復的に生み出されることを通じて、愛として維持されるだろう。

そして、他者の愛と欲望が深まるとともに私の愛と欲望が高まるというのは、たしかに一面から言うと、他者と私がお互いに惹かれ、接近していって、二人を隔てる仕切り壁がなにもなくなったようになり、一方が他方の愛と欲望をまるでその内側から自分自身の経験であるかのように生きることによってだろう。が、しかしまた同時に他面から言うと、まさにそのことを通して絶えず深まりゆく未知へと導かれ、自分はまだこの他者と出会っていない、相手は私よりももっと秘められている、私はこの他者から分離し、隔てられたままだとつねに感じることによってでもある。

フッサールが『デカルト的省察』の「第五省察」で考察している点を参照しつつ考えれば、〈他者の愛が深まる〉というようなことは、他者自身が心の内部で生きる経験の深奥であって、他者がそれを生きたままのかたちで、根源的に充満した様態において、じかに私に提示される可能性——すなわち、私へと真に現前する可能性——は、原理的に拒まれているのではないか[7]。他者の生きる経験の深奥が〈私に提示される〉としても、それはただ間接的な仕方で、近似的・擬似的にそうされるだけであって、私はひとえにそういう擬似的な提示を繰り返し読むことで、他者自身の生体験の深奥に接近していくことができるだけではないだろうか。つまり、けっして真の現前性とはならない仕方でのみ、提示されるのではないか。

ここには、きわめて微妙なところがある。〈他者の愛の深まり〉がまさにそうであるように、他者が心の奥で、ひとりで、ほとんどじかに生きることの最も秘められた、近寄りがたい部分に、もし他者自身がそれを生きたままにあくまで**向こう側から**近づくほかないのだとすれば、他者の現れはある〈現前しえないものの現前《プレザンス》〉として、つまり根源から充満した同一性をつねに欠くような現前として現れる以外ない。私にとってプレザンスとして経験することのありえないなにかの現れであり、いわば〈真に現在的＝現前的になることを絶えずかわして逃げてゆくもの〉というかたちで現れるだけである。それゆえ他者は、私にとって真に出会い、真に関係するということの不可能な次元を秘めている。他者は私よりももっと秘められている、私はこの相手に到達していない、隔てられたままだ、と感じる。他者は、私にとって、まだ出会っていない、まだ来たるべき出来事になる、という在りようをしている。

ところが、もしそうではなく、他者の純粋な生体験の深奥に、私がこちら側から到達することも充分に可能なのだと信じられれば、どうだろうか。そのとき私は、たとえこの他者が心の奥で、ただひとりで生きた経験そのものの独特さであっても、自分が主体的にこちら側で生きる経験に〈真に現前するもの〉として現れることができる、と確信するだろう。それゆえ私は、この他者に特有なものの独特さを、自分もまた現在的＝現前的に生きることが可能であると思う。こうして私は、自分が〈この独特さを現前的に生きる〉のと同じような仕方で他者もそれを生きたのだとみなして近づき、まさにそれこそ他者が生きたままなのだと思い込む。そして、それでこの他者に特有な独特さに達した、理解したと考える。

そうすると、他者と私は相似的で、同等なものであり、対称的であるという在りようをしていることになる。実は、他なる人である他者は必ず〈超越論的な次元〉を持ち、いつもひとつの起点として独自な仕方で世界を構成し、意味を与えているはずであるが、他者はそういう〈超越論的な次元〉に維持されない。そんな次元を縮減されてしまう。だから、もっぱら〈世界的な〉レヴェルに存在する者とみなされ、ひとえに経験（論）的な仕方で理解し尽くすことができる存在だと信じられる。私は、この他者において（私にとって）絶対的に他なるものとなる部分に盲目となってしまい、自分は主体的な能力を発揮して、いつもこの他者を共約することができる、他者と自分は同質的であると考える。

しかし、見たとおり、実のところ他者は、私にとって〈真に出会い、真に関係する〉ということの不可能な次元を絶えず秘めている。他者の現れは、私にとって真に現前するものとして経験することのありえない、なにか密なものを潜在させている現れであり、〈真に現前的になることを絶えずかわして逃げてゆくもの〉というかたちで現れるだけである。

またこのことと関連して、こう言わねばならない。他者が私に提示されるとき、他者（の生きた経験に特有な、独特なもの）はけっしてじかに――直接的＝無媒介的に――提示されるのではないだろう。ただ間接的な仕方で、近似的・擬似的な提示を通して私に提示される――私へと現前する――だけである。そして、私が他者に接近することができるのは、もっぱら擬似的な提示に基づいて近づくことができるだけであり、そういう擬似的な提示を繰り返して読むことで初めて、私は他者（に特有な独特さ）へと近づいていくことができるだけなのである。

別様に言うならば、私がまったく直接的に他者に到達するということはありえないことである。そういう直接的な合一は、〈そう思い込むこと〉によって以外に可能ではないだろう。私とこの他者とのあいだの関係には、なにも捻じれているもの、よじれているものがなく、秘められているもの――いつも現前性をかわして逸れていくもの――もなにもないので、まったく無媒介的に交わり、到達し、一致することができるのだろうか。それは錯覚と思い込みによる以外にはありえないのではないだろうか。

5

愛の関係が強く熱をおびるとき、一面から見れば、双方はともにもう切り離された個人的主体ではなくなるのであり、相手（この他者）を、自分の把握する対象として認識するのではなく、その内側に即して深く知るような気がする。限りなく接近し、最も親密な隣人となるだろう。だが、また同時に他面では、つねに分離し、隔てられ、互いに未知なるものなのだ。なぜならこうした愛のパッションに共に運ばれる経験においては、私とあなたは、もう双方が主体として、相手を対象として捉える様態で関わるのではないのであって、主体と対象との区別が破れ、主体ではなく対象でもない、ある未知の位相において互いに関わっているから。言いかえれば、双方はともに〈主体－の－外〉の位相にあり、私はもう〈私〉として定立された同一者ではなくなる。つねに自己へと現前しているとは言いきれない。つまり、私は自分が生きる経験にいつも現在として立ち合っているとは限らない。

他者に出会う――つまり、他者が生きた経験に固有なもの、特有なもの、そういう独特さに〈真に出会う〉――ということには、ある不可能性の次元が原理的に内包されている。他者は、もしそれが他者性を保ったままの他者として維持されるならば、真に充満した現前性として私へと現われるのがどうしてもできない次元を含んでいる。

他者（のうちのある部分）は――この他者をまさに他者たらしめているなにかは――、私が現在として生きる経験に真に現れることはないだろう。他なる人である他者のうちには、私がどうしても〈真に現前するもの〉として関わることのできないなにか、私が現在として生きる経験のうちに入らないなにかが含まれている。

むろん私と他者とは、日常的に〈この世界の時間、時計で測られる時間〉のうちで暮らしている。だが、しかし他者との関係が生きられるのは、時計で測られるような〈通念的な時間〉においてだけではない。むしろ、他者との関係は――その本質的な関係は――、現在がありえない時間、つねに現在が欠けている時間において生きられるのではないだろうか。

他者のすべてを自分の了解のなかにおきたいと願ってどれほど他者へと近づいていったとしても、他者のうちには、私がどうしても真のプレザンスとして関わることのできないなにかが含まれている。双方にとって他者は、私が現在として生きる経験――現在において私へと現前するものとして生きる経験――のうちに全的に包摂されはしないし、内属することもありえない。つまり他者は私といっしょに（共に）存在しているときでも、なにかしら密かな部分、現前的にはならない部分、私が現在として生きる経験のうちに入らない部分を潜在させつつ、私といっしょに生きており、存在しているのである。

向かい合いの関係という共同性においては、私とこの他者とは親密に交流する両者として存在しているのであるが、しかしそうであるからと言って、まったくの〈共時態〉として存在していると断定するわけにはいかない。もちろん一方から見れば、私と他者とは「いっしょにいる」のであり、親密な隣人として共に存在するけれども、しかしそれは〈この世界における関係〉のレヴェル、また通常の〈この世界の時間、量として測られる時間〉のレヴェルにおいてにほかならない。実は他方で、私と他者とは、たとえいっしょにいるときでも、〈まだ‐ない〉、〈まだ来たるべき〉によって――つねに〈もう‐ない〉、〈もう去った〉と重層化している〈まだ来たるべき〉によって――切り離され、限りなく隔てられている。(8)

愛の関係における双方は、たしかに相手を深く内側から知ったかのように感じるのであり、強い通い合いによって分かちがたく結ばれたようになるけれども、しかしそれは一致や一体性に至ることはなく、絶えず向かい合う対面の関係はいつも維持されている。愛の関係のうちに対面している双方は、自分の〈能力＝権力〉を相手に向かって自由に行使することはできないし、自らの〈欲望〉を意のままにもできない。お互いに他者の愛と欲望が強くなるのを愛し、欲するというのは、私がそう意図して求めることでも志向することでもない。そうではなく、〈まだ来たるべき〉そういう出来事を無限に欲望するよう受け入れるほかない。

対面の共同性のうちにある双方は、ある種の異邦性のうちに、すなわち自分ができることにも欲することにも無関心な〈私－の－外〉との関係のうちにいるのであり、そういう外との関係は私の能力と可能性を超えている。私は、この他者（相手）へと向かって到達しようと接近するけれども、それに至る手前でつねに私の（主体としての）イニシアティブと能動性は止んでしまう。真に出会い、真に関係することに至らず、そこから逸れてしまう。

双方はともに、自分が自分にとってなかば異邦人（未知なる者）になっていると言えるだろう。というのも、私は本来的な同一性としてつねに私自身に現前しているとは言いきれなくなるから。私が生きている出来事（そういう経験）へと現前しているとは限らないから。それで、対面する両者は、最も親密な内的交わりのうちにいるのと同時に、双方がお互いにとって異邦の者ともなっている。一方が他方にとってつねに〈見知らぬ世界〉を秘め、未知なるものとなっている。双方ともに、絶えず開示されるべく誘惑してやまない秘められたところに惹き寄せられ、近づいてゆくが、そうやって惹き寄せられることによってまた同時にどうしても到達できないという無－能力に貫かれ、遠ざけられる。ついに真に到達する関係になりきることのない不可能な関係、つねに真の現前性の関係をかわして逃げ去る関係に宙吊りになる。この関係こそが〈愛〉のダイナミズムをなし、他者へとのり出す欲望を生み続け、反復させる。

6

これまで述べてきたことから、なにが言えるだろうか。向かい合う〈対面〉の共同性においては、通常の社会性のなかで私（主体）があなた（対象）を認識し、理解する——そして、あなた（主体）が私（対象）を認識し、理解する——という構造、対称性と相互性という構造は、根本から破られる。ふつう主体の位置する面と対象の位置する面とを判然と隔てている区切りには多数の開口が穿たれ、交流が盛んになり、双方が他者をその内側から深く知ったかのように感じられる。双方のあいだでは、日頃はとても伝えようのない、疎通しようのないと思えたものが——主体－対象という枠組みが崩れることで——強く通い合う出来事が起こり、両者は分かちがたく結ばれたかのように思える。

だがしかし、見たとおり、この結びつきは一致や一体化に到達しない。こういう結びつきはつねに逃げ去りやすい、瞬間的な、過渡的な様相を呈している。それは一つに溶け合う融合にはなりえない。

カップルにおいては、対象と主体が混融するといっても、それはつねに消え去りやすい過渡的な様相を呈している。他方、国家においては、諸々の個人たちが一時的＝過渡的なのであって、彼らの結合がそうなのではない。(9)

このバタイユの考察をさらに深めるために、ブランショが指摘している点に注目してみよう。向かい合いの関係において、他なる人がそうである〈他なるもの Autre〉は私に語りかける（実際に発語することもあるし、黙したまま身体的な動作や挙止によって〈しるしを発する〉ことで語ることもある）。それはこの言葉の要請＝求め以外のなにものでもない。そして〈他なるもの〉が私に語りかけるとき、そういう言葉は、根本的に分離しているままでいるものとの関係、すなわち第三のジャンルの関係であって、ユニテ（統一性、一体性）のありえない関係を肯定するのだ[10]。

他なる人がそうである〈他なるもの〉は、〔現象学が認める意味あいでの地平を持たない〕地平のない人間であり、ひとつの地平を出発点として自己を明確に断定しつつ現れる、ということがない。この意味あいにおいて、私にとっては、〈存在することのない存在〉であり、現在のないプレザンスである（他なる人は現前しているのだが、いつも現在から逸れているプレザンスなのだ。）どのような〔光の下に〕見えるものにも、〔光の不在の下に〕見えないものにも異邦的であって、こういう地平のない人間は、言葉として私へと到来するなにかである（言葉を語るという次元が、見ることとの次元ではないときに）。

他なる人は〈自らを表出する〉のであり、そういう言葉の活動において、私にとって現前そのものであるかのように私へと現れて来る。だが、しかしその現前はあらゆる現在から逸れている現前であって、現在として（真に私へと）現前するものとはならない部分を秘めている。限りなく他なる現前である。あるいは、無限に他なるものとしての現前である。（そして、向かい合う関係においては、他なる人にとって、この私のことも事情は同様であって、この私は、他なる人にとって、自分の前に、ただし定まった〈地平〉の外に、あたかも遠方から到来する者のように出現する〈他なるもの Autre〉である。）

言葉は、他なる人と私との関係を担っているだろう。レヴィナスの考察を踏まえつつ、ブランショは言う。「他のものと同じものとが互いに関係のうちに保たれつつ、この関係から、双方とも放免されており〔s'absolvent〕、こうして、関係そのもののなかで絶対的な〔absolus〕ままにとどまる二項となる——そんなひとつの関係があるとすれば、それは言語活動である[11]。」

双方は絶えず惹かれ、関わり、接近しつつ、つねに逸らされ、遠ざけられている。双方にとって他者は、自分といっしょにいるときでも、なにかしら秘密の部分、現前的にはならない部分、私が現在として生きる経験のうちに入らない部分を内包しつつ、私といっしょに存在している。私の（主体としての）能力とその能動性の及ぶ範囲をかわして逸れていく存在であり、逸れていくことでまた再び到来する存在となっている。

こうして、対面の関係という共同性においては、強い通い合いとか交流というのも、同一性に基づく関係のうちに結び合わされて統一化＝一体化することではない。双方のあいだを触媒する項は、先験的な仕方では存在しない。ただ両者のやり取りと問いかけのあいだでのみ、事後的に生じるだけである。そして、そのように事後的に生じる触媒項も、一般的な真理、理念・理想として固定されない。すぐに「ほんとうにそうなのか」と（双方の側から）問い直される。だから絶え間ない問い直しと疑問符への投入と切り離せない〈通い合い＝交わり〉にほかならない。

おそらくこうした事情を推察していたから、バタイユは、『エロティシズムの歴史』のなかで、〈愛の関係〉ほど――つまり、広義のエロスに基づく、ひとりの人間と（他の）ひとりの人間の、向かい合う関係ほど――「国家のような共同体に対立するものはない[12]」と書いているのだ。

7

対面の関係の共同性とは異なって、宗教や国家のような共同体は、〈神への信仰・愛〉とか〈国家への愛〉が、あらゆる人間にア・プリオリな仕方で共通する触媒項として存在するということを、暗黙の前提にしている。検討したように、制度化したキリスト教のような宗教共同体は、〈神への愛〉という真実が、すべての人間にア・プリオリに共通する理想として分かち持たれていることを、まったく当然のことと前提にしている。そして、キリスト教は隣人愛という徳を通じて「愛の共同体」を構想するのだが、その基盤をなすのは、みなに共通する〈神への愛〉という真実のおかげで、無償の愛が目覚めさせられ、どれほど未知の、異なる隣人同士であろうと愛し合うことができる、親密な友でありうる、という主張である。

それと同様に、民族＝国民の同質性、共約可能性を当然視している〈国民国家〉のような共同体においては、〈卓越した自民族への愛〉、〈偉大な国民国家への愛〉があらゆる人間にア・プリオリに共通する理念・理想として存在するということを、疑問の余地のない、決定的なことだとみなしている。見たとおり、こうした共同体は、みなに共通である〈真理〉のまわりに構成される共同体である。そして、それを構成するメンバーたちは多かれ少なかれ〈真なる理想〉を分かち持ち、信じている者である。国家のような共同体の基盤をなしているのは、その集団の全員が理想的な〈第三項〉へと参入してゆくことだ――つまり、みなのあいだを触媒し、仲介する役割をはたす第三項、真理・教義などがそうでありうる第三項を分有することであり、そこへと参入することである。さらに進めて考えてみれば、キリスト教の主張するコミュニオンについて検討したように、宗教の共同体は特別な〈愛の共同体〉として構想されている。それと相似的に、国家共同体もある種の愛――仲間たちの友愛、同志たちの友愛――の共同体とみなされているだろう。もちろん、日常的にはこのことはあまり強く感じ取れない場合が多いのだが、危機的状況では、とくに国家が発動し、国民を動員する戦争では、くっきりと浮き出す。

触れたとおり、〈神を愛す〉ということは、個々の人間が神の大きな愛を多少とも分かち持つということであって、神を愛す人間は、ある種の連続性の感情（つまり、個々の信者の、個的主体としての定立性を破る動き）を深く経験するのであり、部分的にせよ、無償の愛を目覚めさせられる。そういう愛に導かれて、相互的な友愛の共同体、隣人への愛の共同体が可能になる。そうみなされている。

こうした〈神への愛〉は、その反響が、まず原始王権における〈神聖な王への愛〉において見られるものである。そして、古代ローマにおける〈皇帝への愛〉にも、ある仕方でその片鱗が見出せるものであるが、とくに十七世紀・十八世紀の絶対主義王政における〈至高な君主への愛〉のうちに、部分的に受け継がれているだろう。さらに、近代になって成立した国民国家におけるナショナリズムに含まれている〈国民＝国家への愛〉は、そういう〈至高な王＝君主への愛〉を引き継いでいる面があると思われる。〈至高な王＝君主への愛〉というのは、バタイユの考えでは、各々の人間の深奥に秘められている願望が、ほとんど意識されていない心の過程に応じて吸い上げられ、やがて制度づけられた、一種の〈信仰〉であるという面を持っている。こうした心的メカニズムを解明するためには、バタイユが『至高性』などのテクストにおいて、原始王権の王に関して行なった考察を検討するのがよいだろう。

庶民・大衆である各々の人間は日常的に労働し、生産活動に勤しむ。日々、自然に働きかけて改変しつつ作業し、生活に必要な食料や衣類や必需品、嗜好品などを作り出す。このように生産活動を実践することは、たしかに生活の水準を改善していくことになるが、また同時に、ある角度から見れば、自分が所有して利用する〈事物〉を産み出すことでもあり、そのために人間が〈事物〉の要請することに忠実に応える仕方でふるまうことである。そして、労働に従事し、生産活動に励む人間は、ただ単に〈事物〉を産み出す者となるだけではなく、さらには自分自身も〈事物〉の論理と秩序を受け入れ、そうとは気づかぬままに〈事物〉に服従して行動する人間になってゆく。

こういう労働や作業が作り出す生産物（の剰余）のおかげで、〈至高な王〉はもっぱら祝祭・祭儀を執行する存在として、つまり産み出された生産物を晴れがましい仕方で消費する存在として生きることができる。その理由は、民衆の個々人が生産物の剰余部分を〈王へと捧げる〉のに同意するからである。やや極端に言えば、〈王〉はいわば至高な瞬間――祝祭＝供犠において開かれる「無辺際な」連続性の次元――にのみ生きることが可能である。すなわち、いかなる〈事物〉性への服従も免れた内奥的な生の動きを体現する者――それ自体として（自らのうちにのみ）究極性を持つ者――という様態で存在することができる（かのように信じられる）。その代わりに、民衆の個々人は〈至高な王〉の出現を仰ぎ見るとき（原則的に、そんな出現は祝祭・祭儀を司るためである）、至高な主体性――深い、主観的な生の真実――がけっして失われたわけではない、と感得することができる。[13]

こうした〈王の至高性〉は、反省的に考えれば、純粋なものであるどころか擬い物であるのは言うまでもない。他の人間たちの産み出した〈富〉を、いわば巧妙に収奪し、それによって初めて〈至高である〉かのごとく見せかけているから。そしてなによりも至高性は、厳密に言えば、なんら留保のない消尽の瞬間――あるいは、純粋な贈与の瞬間――以外にありえないのに、いかにも〈持続する対象＝客体〉であるかのように思い込ませるから。実際、原初の人々にとって神聖な王は、王自身が犠牲となって〈死にゆく王〉となるときにしか、本来的な意味では至高ではない。

ただ、政治的・経済的な見地からなされる〈王の至高性〉の批判は、ずっと後代になってからしか形成されず、効力を持たない。大衆の個々人が無自覚なまま密かに願望したのは、自らがいつのまにか進んで受け入れている〈事物〉の論理と秩序を破りたい、解消したい——真に「解消する」のはもしかすると不可能なことであるかもしれないが、せめて模擬的＝虚構的な仕方によるのであっても解消したい——ということである。〈事物〉性が破られ、解消される瞬間にのみ感受される〈聖なるもの〉の次元に心ゆくまで浸りたいということだ。いわばなんらの区切りも受けていない「無辺際な」連続性の次元に浸りたい、なにものにも隷従しない至高な次元に——つまり、産み出された富や力を、エコノミー的な有用性の連鎖に即して使用するのではなく、留保なく使い尽くす瞬間の輝きという次元、その瞬間の絶対的優位という次元に——参入したいということである。

言いかえれば、各々の人間が奥深く願望したのは、自分もまた至高性を失ってしまった存在ではない、〈事物の面〉に埋没している存在ではなく、それ自体として（自らのうちにのみ）究極性を秘めた存在だという感情を深く味わうことである。そのために、産み出された貴重な産物である〈事物〉をエコノミーの回路——再生産を誘導する交換と消費の回路——から引き剥がし、その〈事物〉性を激しく破壊する消尽の次元を、サクリファイス（祝祭＝供犠）において、現出させたいということなのだ——真の意味で激烈に破壊してしまうこと、つまり消尽することはありえず、不可能なことかもしれないけれども、少なくともサクリファイス（祝祭＝供犠）という模擬性＝虚構性を通じて、〈事物〉性の徹底的な破壊と消尽の次元を味わいたい、たとえ模擬的なやり方を通してであるにせよ、深く感受したいということである。

しかし残念なことに、私たちは宿命的に不器用であって、ひとえに模擬的＝虚構的な仕方でしかリアルではなく、現実性を持たないなにか——真実味を感じ取れないなにか——に、なにかしら実質的な客体性を認めてしまう。つまり、そういうリアリティと真実味が、もっぱら模擬的（シミュラークル的）な仕方でのみ感じ取られることに盲目となり、この「至高である」かのような真実味がなにか客体的なもの、対象的なものに由来するかのようにみなしてしまう。それゆえ、絶対に〈対象〉ではありえないものに〈対象〉性を求めてしまうようになる。開かれる「無辺際な」連続性の次元、至高性をおびた輝きの次元は、あくまで模擬性＝虚構性を通してのみ真実味をおびて、瞬間的に出現する次元であり、いつも逃げ去ることをやめない次元、けっして現在において〈私へと現前するもの〉としては経験されない次元である。そういう「至高である」かのように感受される次元の瞬間的な出現という経験を、原初の人々は、まるで真の現前性として出会うことのできる〈対象〉の経験であるかのように錯覚してしまう。

　こうして人々は、サクリファイス（祝祭＝供犠）を司る中心的人物のうちに、神性と人性を併せ持つ王、神聖な、至高な王を認めるように導かれる。つまり、あたかも一種の対象（ペルソナ、人格）として出現した〈至高性〉というパラドックスが生じ、〈至高な王への愛〉が制度化される道が開かれたのである。

　そしていったん〈至高な王が君臨する体制〉が制度づけられ、安定的に継続するようになると、そういう王国の民衆には根深い倒錯が生まれる。つまり各々の人間（臣民としての人間）は、〈至高性を体現している（かのように信じられる）例外的存在への愛〉を暗黙の前提としてしか自らの至高性への願望を感受できなくなる。そしてそのことに無自覚になる。たとえば自死の直前の三島由紀夫の著作は、なかば意図的にこうした倒錯を誇示している。『朱雀家の滅亡』、『英霊の声』などを参照していただきたい。

8

　日常的に活動し、行動している際には、同じ種族＝民族の集団に属する他者であっても、私にとって他者とは客体的なものであり、対象として関わり、知り、理解するものであって、たしかにその他なる人もひとつの主観ではあるにしても、私がそうである主観ではなく、共通する同じものによって成り立つ主観とは限らない。逆から見れば、他者にとって私という主観がそう思われている。だがそうであるかぎり、お互いによく知り、理解し、わかり合うことで合致するという疎通＝交流があるだけだろう。その集団のなかで私は他の人々すべてと——他者たち全体と――つながり、統一されているという一体性の感情、その理由を言述的に説明することは難しいが、しかししばしば強烈な力を発揮する感情が、いかなる打算もなしに集団のすべての人間を結び合わせることはない。

そのためには、伝統的に〈神への愛〉が、そしてとりわけそういう信仰や愛を引き継いでいる〈至高な王への愛〉が、私と他の者たちのあいだを仲介する触媒項となってきた。私が〈自分のうちに至高な王を認める〉――そして〈至高な王のうちに自分を認める〉――に応じて、すなわち王への愛に満たされ、自分にも王に似た部分が無傷なまま残されているという感情が溢れるに応じて、私の精神は〈連続性〉へと開かれ、〈事物の要請〉に服した状態から解かれていく。活動的な外的生においては、なによりも事物を尊重し、獲得し、蓄積しようと気づかっていた私は、自分が〈至高な王〉を分有しており、王と自分が一体であるという強い感動に浸されていくにつれて、貴重な事物たちが、いわばその〈事物〉性から解消され、無意味なものとなっていくように感じられる。そういう瞬間には、私はもう〈仕事・作業に適しており、言述的に思考する個的主体〉のままではない。むしろ内奥的な生の力の、限界を知らぬ躍動だ、私もまた至高性をおびた動きだ、と感じている。

そして同時に、他の者たちのことも、いつものとおり〈対象〉の位置する面のうえにすえられているとは思わない。他者たちは――私と共に――至高な王を愛す者であり、共に信じる者だ、私と彼らのあいだにいつも既に先験的に与えられている真理であり、共通の理想である〈神聖な王〉を共に仰ぎ見る者だ、共に至高な王のうちに自分を認める者だと感受している。こうして主観の奥から他の主観の奥へと通い合う波動が伝わっていくかのように思われる。[14] 自分たち（われわれ）はみな、共通の真理・理想に応じて共約される者であり、同質的なものとして結ばれているという感情の波動である。

至高な王という、（その種族＝民族の）すべての人間に共通する真理・理想を愛し、同一化する感情に仲介されて、私と他者たちみなとは奥深くで一致しているという感覚が保証される。至高な王への愛が信じられるかぎりにおいて、私と他者たちは、黙したままそれを共に観想しさえすれば、〈共同の〉関係――共約可能性、同質性、一致という意味での共同性――に入ることができると確信される。したがって至高な王は、その集団（民族＝国民の共同体〉の統一性・一体性を表わし、〈個々の私にとって〉他者たち全体という意味を持った。

初期の〈至高な王が君臨する体制〉は――その心的なメカニズムは――、むろんかなり変化した形態としてではあるが、絶対主義王政の時代にも受け継がれている。〈主権国家〉と呼ばれる政治体制およびその観念・理念は、この絶対主義的君主制と深く結ばれているが、やがてフランス革命のような市民革命を経て、近代的な国民国家が成立していく。触れたとおり、近代になって成立した国民国家におけるナショナリズムは、当然のものとして〈国民全体の意味を持つ国家への愛〉を想定しているのだが、そういう〈国民国家への愛〉は、こうした〈至高な王＝君主への愛〉を引き継いでいる面を持つだろう。もう一度確認すれば、近代の〈国民国家〉という共同体は、あるレヴェルで見れば、〈宗教〉共同体を受け継ぎ、さらに〈至高な王＝君主への愛〉を引き継いでいる。そして、〈国家への愛〉は、ほぼ〈神への愛〉――とくに〈至高な王＝君主への愛〉――に類似した牽引力、吸引力を発揮すると思える。

国民国家のような共同体を構成する国民たちは、意識的にせよ、無意識的にせよ、広範に認められた〈真理〉を分かち持っているメンバー（成員）たちであって、多少ともその真理を信じており、愛している者である。つまり、やや極端に言うと、同じ真理・理想を信じている仲間たちであり、「同志」たちである。国民国家において、すべての人間（国民）に共通している真理（真の理念・理想）という〈第三項〉は必然的に神聖さをおびているものであり、おそらくかつて至高な王や皇帝がその民族＝国民の統一性・一体性を表わし、〈個々の私にとって〉他者たち全体という意味を持ったのと同じように、神聖な全体性という意味をおびている真理であろう。

こうして国家への愛という真実は、ほとんど神への愛という真実に匹敵するほどの牽引力、吸引力を発揮してきたと思える。国家への愛は、戦争のような危機的事態においては、個々の国民のうちに、ある種の連続性の感情を開くことがありうる。各人の利己的な関心や利益をのり超える愛、つまり、富や力を獲得しようとする欲望をのり超える、自己犠牲的な愛を目覚めさせることもありうるだろう。だがしかし、開かれた連続性の次元は、すべての者の一致と一体性という統一化の運動へと吸収されて閉じられる。個々の人間は、自分を〈国家〉という真理へと参入させることによって、そして他者もまた（みなにとって共通の）〈国家〉という真なる理想のうちに参入していると信じることによって、他者と自分を同一化する方向に向かってしまう。

9

見てきたように、国家のような共同体においては、あらゆる人間に共通する真なる理想がア・プリオリな仕方で存在していると暗黙のうちに信じられている。こういう真なる理念・理想──神聖さをおびており、強い牽引力を発揮するので、みなに愛されている理想──こそが一次的に重要なのであり、絶対的なのである。個々人は、無自覚なままにそれを前提にして思考し、ふるまい、「われわれ」と発語する。

それに対し、向かい合う対面の共同性においては、〈主義〉や〈教義〉、〈世界観〉のような普遍的な真理・理想によって他者を説得することはけっして一次的な重要性を持たない。どうしても説得しきれない余白の部分が残る。その真理・理想は、もともと双方を触媒する項となるわけではない。つまり先験的な仕方でそれと定まっている真なる理念・理想としては維持されず、疑問符をつけられる。ひとえに双方の側からの問い直しの応酬のなかでしか真実とはならない。それでも対面する両者はつねに合意や一致を求めるし、いつもそれを目指しているのではないか。さもなければ、共同性ではありえないのではないか。そうとは限らない。双方は合意を求めるのと同じくらい〈見知らぬなにか〉を求め、思いがけぬ〈問い〉も求めている。〈まだ来たるべき〉なにかに逆らいがたく惹かれている。さらに、合意や一致はそのつど事後的に生じる一つの成果以外ではない。それはけっして共同性の前提になってはおらず、またそこに到達すべき目的なのでもない。

もし合意と一致は、共同性が必ずそこへ至るべき目的なのだとすれば、なにが起こるだろうか。それは、私と他者とのあいだに（双方にとって）生じる〈不可解〉という思いの交叉や、他者を問い直す言葉のやり取りを、つねに過程と考えることである。最終的な一致に到達するための手段とみなすことだ。それゆえ、どれほど異なる特異な見地も〈思いもよらぬ論理〉による解釈も——それらは言葉として発せられることもあり、黙されたまま身体表現や動作による〈しるし〉として発せられ、告げられることもあるが——それ自体としての意味と価値を持つことを妨げられている。特異性を秘めた異見や解釈も、もっぱらやがて来るはずの合意と一致に関係づけられてのみ、意味と認められ、価値づけられる。そうすると、たとえば緊急の事態、危機的状況において、〈いまはなによりも統一と一致が必要とされる〉という発想、意味のない異見や異論などはただちに処理して合意形成すべきだという発想に抗しきれないだろう。

〈愛の関係〉のような、対面する共同性は、暗黙のうちにみなに共通する尺度がア・プリオリな仕方で存在する——それゆえ、共約可能性およびその意識がいつも既に成り立つ——とは前提にしないし、そこに到達することを目的にもしない。双方にとって他者は、惹かれ、引き寄せられるなにか、分かちがたく結ばれるなにかを含む者であるが、しかしこういう結びつきは一致や一体化に至ることはなく、他者はつねに逸れてゆくものであり、引き寄せつつ遠ざかるものである。

対面の共同性においては、たしかに強い通い合い、交流・疎通が起こるのであるが、しかしこういうコミュニカシオンは、常識のように、対称性を持つ双方が、主体として、相手をよく同定して把握し、この他者が意味しようとすることを十分に理解すること、お互いにそうすることによって、互いに意志、意図、意向が通じ合うことではない。つまり、私がその能力とイニシアティブを発揮して取り結ぶことの可能な関係のうちに相手（他者）を包み込んで統一性を実現することではない。互いに相手を〈よく理解できる他者〉にすることではない。

通常の意味あいでのコミュニカシオン（伝達・疎通・交流）というのは、なによりもまず客観性と一般性のレヴェルに基づいて行われている。私が他者の発する言葉を読み取って、その思考、感情、意志、願望などを理解することにおいても、また、自らの思考、感情、意志、願望を他者へと語りかけることにおいても、中心となるのは〈一般性として通用する意味〉である。つまり普遍的に了解される概念的なもの、いわばいつでも、どこでも不変な同一性として受け止められるもの、それゆえ客観的なものとして（他の人たちにとっても私にとっても）同定され、認識され、理解可能なものが伝わり、疎通することである。共通するものとして分かち持たれることである。

だが、向かい合う関係のなかで生じるコミュニカシオンにおいては、双方はともに主体ではなく、対象でもない次元においてのみ関係しており、コミュニケートするように誘われている。そういうコミュニカシオンは、常識的な意味あいでの伝達、疎通、交流とは異なっており、みなが〈意味である〉そして〈意味あるものだ〉と思うもの、つまり客観的なものと思い、一般性として通用する意味であると考えるもの――判明に区切って捉えることができ、明確に語ることの可能なもの――が伝わることではない。そうではなく、もっと内密なもの、奥深く秘められているもの、ひとりの存在に特有ななにか、独特な、特異ななにかが、すなわちひとつの主観性の深奥にあって他の人には近づきようのないなにかが、他の主観性の深奥へと通い合い、交わることである。

対面の関係が深化するとき、他者とコミュニケートするように誘われる存在は、もう主体と客体＝対象という枠組みにとどまることはなく、いわば〈私が私でなくなる〉ほど自らの〈主体としての能力〉を問い直される存在になってゆく。自分がまさに経験すること、自分が現に知覚し、受容し、認識し、理解すること、またそれに即して自分が思考し、願い、意志することを十全に統括する主体ではなくなっており、自分自身（が生きている経験）に必ずしも現前していない。自分がまさにいま生きていること（のある部分）を、いわば〈経験しないままに経験している〉。真に現前的には関係しないものとして、なかば非‐知のままに生きている。

そのことを別の角度から言うと、私の関わる他なるもの（他の物事、事象でもあるが、ここではとくに他なる存在）は、もう〈私が意識的に知覚し、プレザンスとして関係し、認識し、理解するもの〉という次元にのみ位置しているのではなくなる。他なるものは、私が関係することなく関係するなにか（を秘めているもの）である。その客観的な同一性を失くし、揺れ動き、〈それ自身として定まること〉をつねにかわして逸れ、ずれ動くようになる。少し極端に言うと、他なるものは〈対象ではなくなる対象〉となり、私が関係することなく関係するものになるに応じて、その輪郭がぼやけ、はじけて、絶えず変貌《メタモルフォーズ》しており、まるでその〈不可能な底が露出している〉かのように感じられる[15]。未知なるなにか、私にとって現前的には出会えない他なるなにかをいつも含んでいる。

向かい合う関係という共同性においては、双方はコミュニケートするよう促される存在であり、私から抜け出していく私であって、いわば自分の主体的能力を中断され、宙吊りにされている。大きなパッションに心身を揺さぶられつつ、自分が向かい合う相手（このひとりの他者）を、たしかに一方では、きわめて深く、リアルに感受し、知り、了解する。そういう思いがする。日ごろ両者を隔てている仕切りが破れ、壊されるに応じて、お互いに相手を〈その内側からわかった〉かのような感覚を抱くことさえある。

しかし、他方では、双方とも、自分が生きていること（のある部分）を、〈真には経験しないままに経験している〉のである。つまり、双方は、この相手が自分に語りかけてくることを受け止め、わかろうとしているのだが、そのうちのある密かな部分を、いつも未知なるなにかとして生きている。すなわち、現前的に出会う関係にはならない関係において関わるなにか、自分にとって他なるなにかとして生きているのである。

ふつう私はこの他者が言おうとすること――意味しようとすること――を〈知ることの枠組み〉に取り込んで捉えているのだが、そこから外れるので、もう他者（の心、思考、意向、願望など）を知的な仕方、言述することの可能なやり方で理解するだけにはとどまらない。私はこの他者が言おうとすることのうちに、普遍的に了解できるもの、一般性として通用する意味であると考えられるもの――判明に区切って捕捉することができ、明確に言述することの可能なもの――を理解するだけではない。むしろ、この他者においてもっと密かなもの、奥深く秘められている、言いようのなく、語りえぬもの、この他者が生きている経験に特有な、独特なものへと近づくように促される。

私にとってこの他者は、たしかに一方で、自分がよくわかり、理解することの可能な存在であると思えるのだが、しかしそれだけではなく、他方で、なにか未知なる部分、〈不可能な底〉のような部分、いわば〈もの〉的な次元が

「露出している」部分を秘めているものとしても受け止められる。それゆえこの他者が発する意味――私が受け止め、読み取らねばならない意味――は、もう〈一般性として通用する意味〉だけにはとどまらない。いつでも、どこでも、だれにとっても了解される概念的なもの。つねに変わらぬ自己同一性として繰り返されるもの。それゆえ客観的なものとして（みなにとって）同定され、認識され、理解されること、そして、言述されることの可能なもの。そうした一般的に〈意味であるもの〉だけにとどまらない。そうではなく、この他者が呼びかけてくる意味のうちには、このひとりの人間（である他者）のみに固有な、独特ななにかの意味が含まれている。この他者が、概念的には捉えようのない〈もの〉的な次元、いわば実質的ななにものかに近い、特有なマチエール性と思える次元に深くつながれた仕方で生きたなにか（ほとんど身体的＝感覚的な興奮や昂揚という仕方で生きたなにか）の意味が含まれている。

そういう特異な、微妙な意味は、知的な操作によっては理解しようがなく、なにか感覚的刺激・興奮を含む仕方でのみ、あるいは情念的、情感的なうねりを介してのみ、かろうじて伝播するような意味である。たとえば、この他者が偶然的、一回的なものにほかならないひとつのいま、ひとつの此処で、〈これこれ〉という事物・事象、しかじかの状況や事態に深くつながれた仕方で生きた〈経験〉に固有なものの特異性（としての意味）である。この単独な者、このひとつの独特な実存・人生を生きる者（である他者）が独自な仕方で生きている経験に固有ななにか、特異ななにかの意味である。そんな特異性としての意味は、きわめて読み取りにくい仕方、判明に区切って言うことの難しい仕方で、この他者の呼びかける意味のうちに含まれている。

11

対面する双方は、向かい合う他者のうちに含まれている、こうした特異性としての意味まで読もうとするよう促される。ブランショの指摘を参照すれば、双方とも、言葉を語ることによって、また読むことによって、自らを言い表しつつ、自らを他なるものとして提示するのだが、こういう〈他なるもの〉の言葉において、関係は通常の意味あいでの関係、真のプレザンスという関係にはならない。私は〈他なるもの〉の言葉を読むことで、すなわち判明に区切って言うことの難しいなにかを言おうとして発せられた、きわめて読み取りにくい言葉を読もうとすることで、言いかえると、「この言葉が言うことのうちに、それが言うこと以上のものを読もう」と試みることで[16]、この他なる人を私にとって他なるものにしている他性まで近づこうとする。そして、他なる人の呼びかけに応えて語ろうとする。しかしこういう他性をなすなにかは、根本的に言って、〈もの〉的な次元、直接的＝無媒介的ななにものかという次元につながれている。そういうなにかは、言葉がそれを遠ざけることによってしか近づくことのできないなにかであって、いわば言葉の能力が届かない外である。言葉は〈もの〉的な次元につながれている他性を現前化させようと願望し、そこへと繰り返し反復的に近づいていくのだが、しかしどうしても真のプレザンスという関係になりきることはできない。

別様に言ってみよう。言葉（特異なしるし《シーニュ》としての言葉）の作用、つまり直接的＝無媒介的なものを否定する仕方で媒介する力の作用は、常識的には、いったん無化したものを（なにも外に残さないやり方で、弁証法的に）止揚することによって成就し、確定した意味へと到達すると思われている。だが、実のところそういうことはありえない。そうではなく、真の現前性の関係になることから絶えず逸らされており、そこに至る手前で、いわば中断され、宙吊り状態にとどまるようになる。それでも、言葉の作用はそのように、いつも完了せず、中断され、宙吊りにとどまるから、また再び開始され、やり直されることになる。つまり、真に現前化させようと願って試みられた、ひとつの関係の仕方によるのではなく、もっと別の、異なる関係の仕方によって、もう一度言葉は、〈もの〉的な次元につながれている他性を現前させようと願い、関係しようと試みる。

このようにして、人間と人間とのあいだの関係は、根本的に言葉によって担われるのであるから、絶えず中断を含んでいる関係、ある意味あいで〈関係ではない関係〉となる。が、しかしだからこそ、けっして関係として無化されることのない関係、逆説的にも、いつまでも関係するままとどまる関係になるだろう。こうした関係の中断は、いわば間歇的な動きであって、関係する仕方を変えようとする運動の再開始となる。〈他なるもの〉の言葉を読み、自らの言葉を語ることにおいて、こうした中断は無限の関係となってゆく。そして、そんな中断から到来する謎めいた力がある。

向かい合いの関係という共同性において、私はこの他者を、ほとんど他者自身の内部に即して生きたという幻想を抱くこともありうるが、しかしそう感じれば感じるほどますますもっと奥深く秘められているなにか、まだ知られていない密かな部分へ近づきたい、別の仕方で関係したいという欲望が生まれる。私の向かい合う他者は、絶えず私（の知る能力、言述する能力）を超えているなにかを内包している。私が摑みきれないなにか、判明に語ることの範囲内におさまらない、名づけようのないなにか、未知なるなにかを秘めている。捕捉しようとする私の動きをかわして逃げ去っていく部分を潜在させている。

このように対面の関係という共同性は、つねに〈真に出会い、関係する関係〉とはなりえない次元を含んでおり、そういう次元における逃げ去る他者との関係という共同性である。他者と私を結ぶ関係は、他者が真に現前するような関係になろうと望みながら、つねに逸れて、よじれている。双方にとって言えることだが、他者は、自分といっしょにいるときでも、なにかしら密かなところ、現在において私へと現前するものとしては関係できないところ、私が現在として生きる経験のうちに入らないなにかを秘蔵しつつ、私といっしょに生きており、存在している。だからこういう関係に結ばれる双方は、まさに合意や一致を求めて接近していくことそのものによって同時に逸らされ、隔てられ、遠ざけられる。双方は、一致しよう、一体化しようとすれば、差異化され、違いとずれを刻まれる。双方のあいだの関係は、現在においてそれと定まる同一性を絶えずかわして逃げ去るので、いつまでも終わることなく〈関係してやまない〉動きとして反復される。こうした関係に結ばれた双方は、つねにまだ真には出会わない他者、まだ来たるべき他者という出来事に、無限に終わることなく関係しようと欲望するほかない。

12

それに対し、国家のような共同体は、こうした不可能性の関係に気づかない。真の現前性という関係によって〈関わる〉ことを絶えずかわして逸れていくので、無限に終わることなく反復的に〈関わる〉という次元に気づいていない。自己の意識であり、定立された主体である〈人間〉の能力が、またその能動的なイニシアティブと可能性がどうしてもそこに到達できず、その手前で息切れしてしまう〈外〉の次元に盲目となっているから。

それゆえ国家や宗教（また、その縮小相似形である党派、同盟、宗派のような共同体）にとっては、共同体というのは、もともとみなに共通する真理（真なる理念・理想、不思議な牽引力を持ち、みなに愛されるはずの理念・理想）のまわりに構成される同質的な共同体であり、それを構成するメンバー（成員）たちは多かれ少なかれ真なる理念・理想を愛し、分かち持つ者、信じている者である。この「われわれ」と言う共同体においては、私と他者とは同質的なものであり、つねに共約されることが可能である、とみなされている。すべての者に共通する真なる理念・理想を共に愛し、抱いている者であるから。こうして、国家や宗教にとっては、共同体というのは、共約可能性およびその意識がいつも当然のものとして成り立つことを前提にしており、また、つねに同質性を目指している共同性としてしか発想されない。

こういう「共同体」においては、他者はその絶対的に他なる次元、捉えようもなく特異なので、けっして共約しえない次元を保ったままの他者として維持されない。否応なしに、その次元を縮減され、同質性としての他者へと還元されてしまう。なぜなら〈他者との関係〉が絶えず真の現前性の関係になることをかわして逃げ去る他者との関係になることは、思考しようのない埒外となっているから。

ひとりの人間の、他のひとりの人間への愛という関係が、無限に終わることなく関係する欲望として反復されることなど、国家にとっては〈意味あるもの〉とはみなされない。どこにも到達せず、完了する、ということのないまま宙吊り状態にとどまるから。そうではなく、個々人の愛の関係は、どこかに到達し、完了して〈全体となる〉ことで意味あるものとなり、価値づけられるのである。

　このことは、日頃は漠然としているにしても、危機的状況、たとえば宗教的な聖戦とか、国家がその意志と国家理性によって発動する戦争などにおいて、はっきりと浮き出す。神のために、真理や大義のために、国家のために死ぬことが、各々の人間の最も大きな愛であり、各人の欲望がそこへと至ることで完了する究極であるとされる。そしてひとりひとりの人間は死ぬが、国家は、宗教は、あるいは真理や大義は永遠に生きる、と信じられる。つまりこういう共同体、不可能性の関係に気づかず、つねに可能性の関係によって結び合わされると信じられている共同体においては、各々の人間はたしかに〈個的な主体〉として確立されているかもしれないが、しかし他に代えようのない、このひとりの人間という単独性の次元は縮減されている。

　各々の人間は、単独な特異性を秘めている者であるという面は薄れており、まずなによりも〈その国家共同体のひとりの成員〉にほかならない。国家はその国民――〈共同体のひとりの成員〉にほかならない国民、あたかも自己身体の手脚《メンバー》であるかのようにみなされている国民――ひとりひとりの死を、〈国のために命を捧げた死〉である、尊い、神聖な犠牲死であると位置づけ、栄誉で飾り、祀る。そうすることで、国家は自己が永生するために次の二つのことを実行している。

　国家はまず各人の死を、つまりそのメンバー（自分の手脚）の消失を、ある意味あいで弁証法的に止揚する。その死は、たしかに消失ではあっても、意味あるものとなり、価値づけられる。そうやって国家は、こういう死を〈自己〉（国家という主体）のうちに再び固有化し、永遠に生きる。それは、〈死ぬ〉ということを再生させること、甦らせ、なにか有益な作業を行なうものへと変えることである。もちろん国家がなすことは、個々の国民の死に悲痛を感じ、それを深く悼むことに違いない。しかしまたその死が到達するよう、なにか作品を産み出すよう求めることである。それは、各々の戦死者の〈死ぬ〉ということに真に引き裂かれ、その死を哀悼し続け、ずっと喪に服すことではない。言いかえれば、それは、他者の〈死ぬ〉ということにじっと対面しつつ、〈死にゆくこと〉――死へと近づいていくこと――という運動のなかにとどまることとは違う。死へと近づいていく動きのうちに無限に終わることなく宙吊りになり、その動きを反復することとは違っている。

死者を悼み、深く哀悼して喪を営むということは、いつまでも終わることのない、完了することのない〈喪〉に服すということなのに、そうではなく、国家は〈喪の作業〉を実行して完了してしまう。〈死ぬ〉ということを、なにかを目指した消失へと変え、有用性の連なったエコノミーの回路のうちに回収し、ついに〈事物〉のような次元へと取り込んでしまう。〈死ぬ〉ということはけっして自己（私）が捕捉する対象にはなりえず、〈事物〉化しえないにもかかわらず、国家はそうせずにはいられない。否定され、失われたものを、外に残しておくことなく再び自己へと結びつける運動による共同体であるから。

さらに、国家の行なう戦死者の顕揚と称讃は、次のような意味あいも持つだろう。国家は各々の国民の死を、〈国のために命を捧げた、尊い死〉であると讃美し、祀ることによって、各々の人間の生きた経験、独特な〈死ぬ〉という出来事を、その特異性を消去してしまい、すべてを一括りにまとめて、〈一般性として意味あるもの〉にする。国家が生き延びていくためには、戦争における死は無意味なものであってはならない。有意義な作品を産み出すもの、定まった意味のあるものでなければならない。その〈意味〉とは必然的に、〈国家理性〉がそれこそ真実であり、正しい、とみなす意味である。

こうした仕方で、死者という他者は国家共同体のなかへ取り込まれ、抱摂され、固有化される。つまり国家主体に（その自己に）結びつけられ、再び所有される。死者は、その他者性を保ったままの他者ではなく、同質性としての他者、暗黙のうちに共通の尺度に応じて共約可能な他者なのである。

バタイユの考えでは、労働し作業する者、理性的に思考し、ふるまう者、生産活動を実践する者としての人間の真実をみごとに衝いているヘーゲル的な〈知〉の体系と論理は、しかし国家のような共同体を超えられない。人間においてどこにも到達しようとせず、なにも所有しようとしていない部分、完了する、ということがなく、いつまでも未完了なまま関わり続け、全体になろうとしない部分、いわば主体としての人間の〈外〉である部分に盲目となっているからである。私が主体的にイニシアティブをもって関係することの不可能な関係によって関わる共同性に注目することなく、共同性とは必ず可能性の関係によって結ばれることを想定しており、また、つねにそこへ至ろうと目指している、と考えるからだ。

それに対し、バタイユやブランショは——また、レヴィナスは——、共同性ということを、むしろ主体-の-外の次元における、無限に終わることのない他者との関係に関係づけられることであると考える。つねに来たるべき出来事となる他者との関係、絶えず逸れていく、逃げ去る他者との、完了することなく反復される関係という共同性。いわば「共同性を持たない者たちの共同性」[17]。そういう逆説的な、ネガティブな共同性こそが、国家のような共同体に抗する共同性になりうるのではないだろうか。

註

（1）国家には、法の体系――それを実際的に支える司法・行政制度および官僚制度も含む――を保証する者という側面がある。つまり、法体系・法制度（および行政・司法・官僚制度の円滑な作動や運用）を究極的に保証する者としての国家、という面である。だが、それとともに、国家は宗教性という側面も持っている。この論考では、〈国家〉のような共同体が、〈宗教〉的共同体と同じ類型の共同体であることに注目していきたいと思う。

（2）レヴィナス「実詞化」（『実存から実存者へ』西谷修訳、朝日出版社、一九八七年）。Emmanuel Lévinas, *De l'existence à l'existant*, Vrin, seconde édition augmentée, 1984, pp. 161-162.

（3）ブランショ「言葉を保ち続ける」（『終わりなき対話』）上田和彦・湯浅博雄訳、筑摩書房、近刊。Maurice Blanchot, «Tenir parole», *L'entretien infini*, Gallimard, 1969, p. 84.

（4）同書。*ibid.*

（5）レヴィナス「実詞化」（『実存から実存者へ』前掲書）。Emmanuel Lévinas, *De l'existence à l'existant*, op. cit., p. 163.

（6）ブランショ「恋人たちの共同体」（『明かしえぬ共同体』西谷修訳、ちくま学芸文庫、一九九七年）。Maurice Blanchot, «La communauté des amants», *La communauté inavonable*, Les éditions de minuit, 1983, pp. 72-73.

（7）フッサール『デカルト的省察』舟橋弘訳、「世界の名著51」中央公論社、一九八一年。とくに「第五省察」を参照している。

（8）ブランショ「恋人たちの共同体」（『明かしえぬ共同体』前掲書）。Maurice Blanchot, «La communauté des amants», *La communauté inavonable*, op. cit., pp. 71-72.

（9）バタイユ『エロティシズムの歴史』湯浅博雄・中地義和訳、ちくま学芸文庫、二〇一一年。*L'histoire de l'erotisme*, Œuvres complètes de Georges Bataille, tome VIII, Gallimard, p. 138. 以下、ガリマール版バタイユ全集は、O.C. と略す。

（10）ブランショは、次のように書いている。人間に関わる経験や、人間的な要請をよく考慮してみると、人間たちのあいだにある関係は、三つの動き＝作用を持つと思われる。第一のジャンルの関係は、多くの場合、また通常の場合、私たちが他の物たちや他の人と結ぶ関係である。他者（他なる物事や、他なる人）を知ろう、理解しよう、そして用いようとして関わるときの関係は、ほぼこの関係となっている。たとえば、他なる事物を、自分の生活のために使用したり、自分の〈知ること〉の対象にしたりする。また、他なる人をよく知り、よく理解しようとして、客観的に認識したりする。そこでは、同じもの〔le même〕の〈法〉が統治しているのだが、人間は統一性＝一体性（ユニテ）を欲しているのだが、実際の世界においては、分離を確認する。それゆえ、分離している他のものが、他の事物であっても、誰か他の人であっても、人間はそれを同じものにするよう努めなければならない。そのための道はどういうものだろうか。手段としては媒介の作用を通じて、合致させること＝適合化すること〔l'adéquation〕、同一化すること＝同一のものにすること〔l'identification〕を行なう。

このように合致させ、同じものへと変えることは、原初の時代から人間が人間になるなかで実行してきた作業を引き継いでいる。つまり、人間は与えられたままの無媒介を否定する仕方で媒介するようになる。自然的な与件に働きかけ、手を加えて加工し、自分にとって役に立つ物、有用な物に変える。そういうやり方で、他のものと自分とを同じものにする。他のものを、自分に適合化させる。いわば自己へと固有化する。他なる人を知り、理解するときにも、基本的には、他なる人を対象化し、主観‐客観の構図に取り込んで捉え、他なる人のうちに含まれている捉えようのないなにか（まったく異なるなにか）に執着することのないまま、他なる人を〈自分が理解することの可能な他者〉へと還元する。第二のジャンルの関係においては、ユニテ（統一性＝一体性）が願望されているのは同様であるが、ただ、無媒介的な仕方で、即座に、直接的に一体性が得られるよう切望される。分離している他のものと、ただちに（媒介の作用を経由せずに）ひとつになろうと願い、欲する。無媒介的な一体化、合一を目指す。〈自我〉と〈他なるもの〉はお互いのうちに自分を失う（かのようになる）。

第三のジャンルの関係は、統一性＝一体性（ユニテ）へは向かわず、統一性を目標とした関係、統一化＝一体化の関係ではない。〈一なるもの〉は究極の地平ではない（たとえそれが一切の地平の彼方にあるにせよ、そうではない）。ブランショは、〈他なるもの〉が私に語りかけるとき、そういう言葉は、根本的に分離しているままでいるものとの関係、すなわち第三のジャンルの関係になりうると考えている。（ブランショ「第3類の関係――地平のない人間」、『終わりなき対話』上田和彦・湯浅博雄訳、筑摩書房、近刊。Maurice Blanchot, «Le rapport du troisième genre», *L'entretien infini*, pp. 94-95.）

（11）ブランショ「未知なるものを知ること」（『終わりなき対話』上田和彦・湯浅博雄訳、筑摩書房、近刊）。Maurice Blanchot, «Connaissance de l'inconnu», *L'entretien infini*, p. 79.

（12）バタイユ『エロティシズムの歴史』（第六部第一章第二節「個人的な愛と国家との対立」）、前掲書。Bataille, *L'histoire de l'érotisme*, O. C., tome VIII, p. 138.

（13）バタイユ『至高性』湯浅博雄・中地義和・酒井健訳、人文書院、一九九〇年。Bataille, *La souveraineté*, O. C., tome VIII, pp. 277-282.

（14）同書、*ibid.*, pp. 287-290.

（15）バタイユは、「刑苦」（『内的体験』）のなかで、〈私〉が「ある種の恍惚状態」に没入してゆく瞬間、「各々の事物の、繊細な底が開いて、むきだしになった」と書いている。*L'expérience interieure*, O. C., tome V, p. 46.

（16）ブランショ「言葉を保ち続ける」（『終わりなき対話』前掲書）。Maurice Blanchot, «Tenir parole», *L'entretien infini*, op. cit., p. 91.

（17）Georges Bataille, Notes concernant *Post-scriptum 1953*, O. C., tome V, p. 483.

＊この論考の一部は、『バタイユ——消尽』（第八章「共同性の問いへ」、講談社学術文庫、二〇〇六年）と重なるところがある。本論は、少し異なる視点を導入しつつ、新たに展開しようとしたものである。

合田正人

血の行方

レヴィナスと「共同体」「資本主義」の問い

「私」であってはならない、それ以上に「われわれ」であってはならない。
シモーヌ・ヴェイユ

はじめに

まず断っておくと、以下エマニュエル・レヴィナスの著作を読解するにあたっては、communautéを「共同体」に対応する語とみなすが、文脈に応じて、communautéには「共通性」「共同性」、commun(e)には「共通な（もの）」という訳語を充てる。また、communautéの類義語であるcollectivitéは「集合体」と訳すこととする。

『時間と他なるもの』『実存から実存者へ』など第二次世界大戦終結直後の論考で、レヴィナスは「集合体」「共通なもの」「共同相互存在」（Miteinandersein）といった観念を斥け、その対極にあるものとして「対面」（face-à-face）という配置を提起した。「共同相互存在」がマルティン・ハイデガーに由来するものであるのは言うまでもない。加えて、フッサールにおける「他我」構成論や「間モナド論的共同体」（intermonadologische Gemeinschaft）の観念、ガブリエル・マルセル、マルティン・ブーバーの言う「我と汝」、エミール・デュルケムの唱える「集合的意識」（conscience collective）などが批判的に解釈された。

「対面」という配置は、レヴィナスの思考のなかでその後、微妙な変容を遂げつつもつねに究極的連関であり続けた。が、その一方で幾つかの方向で拡大を遂げることにもなった。そうした方位のうち重要と思われる二つをここで挙げておくと、ひとつは『全体性と無限』第四部で提起された「家族・部族」（famille）の観念であり、いまひとつは『存在するとは別の仕方で　あるいは存在することの彼方へ』で示唆された「市民」（citoyen）の観念である。位相的にはテンニースの言う「ゲマインシャフト」と「ゲゼルシャフト」に対応している。また、レヴィナスが不断に「国家」（Etat）をめぐって考察を展開していたことを勘案するなら、「家族－市民社会－国家」の三つ組ならびに「民族」（Volk）というヘーゲル的な問題構制とレヴィナスの考察が決して無縁ではなかったことも分かるだろう。

ひとひととの関係のかたちをどう考えるかは哲学者にとって、いや、どのひとにとっても最重要な課題であろう。生きることと哲学することとの接点そのものが問われる課題のひとつであるからだ。レヴィナスの人生とそこに刻まれた数々の事件について詳述する余裕はないが、彼は、リトアニア共和国（一九一八年に独立）からやってきた十八歳の自分を迎え入れてくれた国家、後に自分自身がその国民となる共和国を次のように描写している。

「ドレーフュス事件の折りに思春期を迎えた幾人かの恩師を通して、新参者には眩しいばかりのひとつの人民（peuple）とひとつの国民（nation）のヴィジョンが得られた。この人民は人類にも匹敵するもので、また、数々の根（racines）によってと同じくらい強く精神（esprit）と心情（cœur）によってこの国民の一員になることができるのだ。」（*DL*, p. 433）

レヴィナスは一九三〇年あるいは三一年にフランス共和国に帰化し、この共和国の国民として生涯を終えた。だが、彼にはもうひとつ決して無関係ではありえない国家があった。一九四八年五月一四日に独立を宣言したイスラエル国である。この特別な国についてはこんな言い方をしている。

「ナショナリズムに幻想を抱くことなき多くのユダヤ人たちにとってユダヤ人国家が有しているはずの意味をローゼンツヴァイクは知らない。ユダヤ人国家が他の国家と同じものならざることを望むこれらのユダヤ人は、ヒトラーによる根絶の直後にユダヤ人国家が出現するのを目撃したのだ。」（Franz Rosenzweig, une pensée juive moderne, in *Cahiers de la nuit surveillée*, n° 1, 1982, p. 74）

ローゼンツヴァイク（1886-1929）は、『ヘーゲルと国家』（1929）、『救済の星』（1921）で知られるドイツのユダヤ人哲学者であり、後述するように、国家ならびにユダヤ的生存のかたちについてレヴィナスはきわめて多くのことをローゼンツヴァイクから学んだのだが、ローゼンツヴァイクの名が出たところで付言しておくと、ローゼンツヴァイクは様々な差異が介在しているとはいえヘルマン・コーエン（Hermann Cohen, 1842-1918）の衣鉢を継ぐ哲学者で、ブーバーとの関係を云々するにとどまらず、コーエン－ローゼンツヴァイクの系譜にレヴィナスを位置づけたとしても決して誤りではないだろう。

ここで付け加えておくと、ローゼンツヴァイクはフリードリヒ・マイネッケ（Friedlich Meinecke, 1862-1954）のもとで博士論文『ヘーゲルと国家』を書いた。反ユダヤ主義的言動で知られる歴史学者である。一九一二年に審査された『ヘーゲルと国家』を一七年後に出版するにあたって、ローゼンツヴァイクは、第一次世界大戦を経て自分にはもうこのような論文は書けないと告白した。たしかにそうなのだが、ローゼンツヴァイクはその後も、近代史における「国家理性」（Staaträson）、「世界市民と国民国家」（Weltbürger und Nationalstaat）といったマイネッケの問題系と係わり続けたのではないだろうか。

「ユダヤ人国家」（Judenstaat）の創設を推進したイデオロギーは、それ自体が多様な潮流から織り成されているけれども、一般にシオニズムと呼ばれている。この点に関しては、コーエンもローゼンツヴァイクも必ずしもシオニズムの主唱者ではなかった。コーエンに至ってはむしろ反シオニズムの先鋒とも言える存在で、「国家なき民族（Volk）の統一性」をその特異性とするユダヤ人とドイツ国家との融合の可能性を強く訴えた。ローゼンツヴァイクはどうかというと、シオニストたちがユダヤ人国家を形成した後にもディアスポラ〔離散〕のユダヤ人と交流し、それどころかディアスポラに留まる必要を説いた。

「ディアスポラのユダヤ人たちとの接触のみがシオニストたちにその真の目標を見失わせないよう強いる。パレスティナにおいても、時間のうちに故郷を有さざる者、流浪民に留まるという目標を。」（F. Rosenzweig : *Briefe und Tagebücher I, Gesammelte Schriften*, 1, 1978, S. 400）

イスラエル国に関してレヴィナスがローゼンツヴァイクの予見にいささか批判的であったことは先の引用文からも推察されるだろうが、レヴィナスがイスラエル国成立後もディアスポラのユダヤ人であり続けたという事実の重みを失念してはならない。ユダヤ人国家および寄留国双方に対して取るべき「パリサイ的隔たり」（pharisaïsche

Distanz）という観念を、レヴィナスはローゼンツヴァイクから継承したとさえ言える。一九三五年に書かれた言葉を、ある意味でレヴィナスは生涯にわたって生きたのではないだろうか。

「ディアスポラは能動的な諦念である。ユダヤ教思想が自分のうちに閉じ籠っている限り、諸国民との協働を拒否する限り、みずからのナショナリティを全面的に犠牲にしない限り、ディアスポラは完全には成就されえないからだ。／一九世紀のあいだに進行した霊的価値の世俗化とともに、ユダヤ・ナショナリズムの教条と、ユダヤ人を消滅させることだけをひたすらめざす安易な同化主義が誕生した。この二つはディアスポラという事実の否認を取り繕おうとする二つの仕方である。」（L'inspiration religieuse de l'Alliance, in *Paix et Droit*, 1935, n° 8, p. 12）

レヴィナスにとって、「ユダヤ人国家」はナショナリズムの幻影とは無縁であったから、ディアスポラをめぐるこのような見地はシオニズムに関する次のような発言と矛盾するものではなかった。

「シオニズムが意味するのはその語の完全な意味における一国家です。軍隊と戦力をそなえた一国家です。その戦力は抑止的な――そう言わねばならないとすれば防衛的な――意味を持ちえます。戦力の必要は倫理的なものです。というのはわが隣人を護れと命じるのは古来の倫理的命令だからです。わが同胞（peuple）、わが親族（proche）、彼らは私の隣人（prochain）です。」（Israël : éthique et politique, in *Les Nouveaux Cahiers*, 1982-82, n° 71, p. 4）

しかし、シオニズムはディアスポラの対義語ではまったくない。シオニズムはある場所への集中で、イスラエル初代首相ベングリオンが言うのとはちがって「デラシネ」の終焉ではまったくなく、むしろ逆に、それは先の引用文で語られていたようなディアスポラの成就としての遍在にほかならない。

「シオニズムはあらゆる場所に西欧的ユダヤ人、ユダヤ的でありかつギリシャ的であるようなユダヤ人が生きることを可能ならしめる。まさしくそれゆえにこそタルムードの知恵を『ギリシャ語』に翻訳することがユダヤ人国家の『大学』の本質的責務であると言われるのである。［…］ディアスポラのユダヤ人社会とイスラエルの政治的再生に驚嘆させられたすべてのひとはエルサレムの律法を待望しているのである。」（*QLT*, p. 24）

イスラエル国のある制度についてひとつ書き添えておくと、これまでほとんど注目されていない文書だが、レヴィナスはブーバーの『ユートピア的社会主義』(*Der utopische Sozialismus*, 1950) のフランス語訳 (*Utopie et socialisme*, Aubier Montaigne, 1977) に序文を寄せて、「キブツ」(ヘブライ語で集団、共同体を意味する) と呼ばれる共同村に言及している。「キブツ」はシオニズムと社会主義との結合の産物で、ブーバー自身は、サン＝シモン、フーリエ、プルードン、クロポトキン、ランダウアー、マルクス、レーニンなどを取り上げながらこの問題と取り組んでいるのだが、印象的なのは、レヴィナスが「キブツ」というヘブライ語をおそらく "*être-ensemble*" des hommes と訳し、ブーバーが提起した「社会的なもの」(social) と「国家」(Etat) に注目していることである。フランスの人類学者ピエール・クラストルの著書『国家に抗する社会』を想起する者もいるかもしれない。

最後にディアスポラということで言っておくと、一九五九年にレヴィナスは、歴史家アーノルド・J・トインビー (1889-1975) の文書を「ディアスポラはユダヤ教〔ユダヤ性〕の生き残りにとって不可欠な条件か?」(La Diaspora est-elle une condition nécessaire de la survie du judaïsme?) という題で紹介し註解している。第一次世界大戦を経験することでトインビーは、「国民国家」こそが戦争の原因であると痛感し、ゾロアスター教徒やアルメニア人やユダヤ人〔ユダヤ教徒〕などのディアスポラ (と世界国家) こそが将来の人類が選ぶべきあり方であると考えた。そしてその立場から、イスラエル国の成立をむしろ退歩として非難したのである。

トインビーはまた、「ノマド〔遊牧浪民〕とはむしろ動かない者のことである」という言葉で例えばジル・ドゥルーズの遊牧論で援用されたことでも知られている。彼の思惑とはおそらく大きく異なる仕方であろうが、二十世紀は「民族の世紀」と呼ばれる一方で「難民の世紀」と呼ばれ、アイリッシュ・ディアスポラ、ブラック・ディアスポラなどとディアスポラという語はその使用を著しく拡大し、国民国家の片隅、その隙間に追いやられたかに見えたノマド的空間がまさに「戦争機械」として増殖し始めている。

このように、人間たちの関係性のかたちをめぐるレヴィナスの思考には、一方では、特に十九世紀後半から二十世紀前半かけての西欧の哲学、社会学、歴史学、政治学の諸潮流、同時期のユダヤ思想の展開が、他方では、二つの大戦を惹起し、例えばひとつの新国家を誕生させるに至った世界史の激動が、塞がることのない傷のように刻まれている。血を流し続ける歴史、とレヴィナス自身は言った。まさにその言葉通り、今も世界の出血は止まらない。どのような処方箋があるのか。そもそも治癒ということがありうるのか。レヴィナスについて、まずは哲学的、というか理論的な側面からこの点を考えてみたい。

1　共通なもの

「共同相互存在」を斥ける際のレヴィナスの論法をまず確認しておこう。『時間と他なるもの』と『実存から実存者へ』のいずれにもほぼ同様の記述が見られる。

「社会的関係はまずもって、個人を超えるもの、デュルケム的な意味で諸個人の総和以上で個人に優越する何かとの関係であるわけではない。量のカテゴリーは、いや質のカテゴリーでさえ他者の他者性を表してはいない。他者（autre）は単に私とは異なる質の持ち主ではなく、こういう言い方ができるなら他者性を質として担っているのだ。社会的なものはましてや同類〔似た者〕（semblable）の模倣のうちに存してはいない。これら二つの見地では、社会性・社交性は融合という理想として追求されている。他者との私の関係は、集合的表象のうちに、ある共通の理想（idéal commun）もしくは共通の所作（geste commun）のうちに私を埋没させることで、私を他者に同一化させようとすると考えられるのだ。これは『われわれは』と語る集合体であり、他者を自己の面前にではなく自己の傍らで感得する。それはまた、媒介として役立つような第三項を囲んでその周りに必然的に確立される集合体であり、この第三項が共同的合一（communion）における共同的・共通なもの（commun）をもたらす。ハイデガーのいう共同相互存在は〜と共（avec）にの集合体であり、『真理』を囲むことで、それは本来的形式をまとって姿を現す。それは共通な（commun）何かを囲む集合体なのだ。」（*EE*, pp. 136-137）

「同類」と訳したsemblableを初めとして、「模倣」「融合」などきわめて重要な術語が含まれているが、何よりも目を惹くのはcommunという語の多用であろう。かつてこの一節を読んだとき、筆者は不覚にもそこに疑問を感じることはなかった。しかし、「共通なもの」とはいかなるものだろうか。理想にせよ所作にせよ、そうしたものを「共有する」とはどういうことだろうか。「共通なもの」はここでは媒介的「第三項」とみなされているが、Aという項とBという項にとってCという項が「共通なもの」であるというのはどういう事態だろうか。「共通なもの」の有無はなぜ、多分に空間的含意を有した前置詞によって表現される配置の相違をもたらすのだろうか。なぜ「共通なもの」は最終的に「融合」に向かうのだろうか。

　どれひとつとして自明の事態はない。そうであってみれば、このような「集合体」との差異によって「対面」の観念が提起されている以上、「対面」の何たるかも改めて疑問に付されざるをえない。レヴィナスの言説のなかで、「共通なもの」が十全に解明されないまま前提になっているのではないかというこの疑問は、いまひとつの疑問につながっていく。今度は『全体性と無限』を見てみよう。そこでもたしかに、「共同性・共通性」を一切排したものとして「宗教」が捉えられている。例えば次のような箇所だ。

「われわれは、概念のいかなる共同性にもいかなる全体性にも至ることのない、下界のここなる存在と超越的存在との関係――関係なき関係――に、宗教という語を充てる。」（*TI*, pp. 78-79）

　ところが今度は、レヴィナスは単に「共同性」を斥けているだけではない。「概念の共同性」は排しているとはいえ、その一方で「言語によって創設される人間的共同体」（communauté humaine qui s'instaure par le langage）（*TI*, p. 235）を積極的に打ち出しているのだ。それも決して「対面」に背馳することなき関係性として。だが、そのためには「共同性」の不在から「共同性」を何らかの仕方で可能にしなければならない。レヴィナス自身書いているように、「言語は、関係の諸項の共同性が欠けているところで、共通平面が欠けていてそれを初めて創設しなければならないところで語られる」（*TI*, p. 70）のだ。では、どのようにして、そもそも不在で欠如しているものを創設することができるのだろうか。それを語ったのが次の箇所である。

「発語は与えることで、現象を所与〔与えられたもの〕として呈示することで初めて共同性を創設する。そして発語は主題化しつつ与える。それは文という事態なのである。」（*TI*, p. 101）

先に「集合体」が棄却された際には、「共通なもの」はすでに存在していて、その周囲に「集合体」が形成されると言われていた。今度は「共同性」は存在しておらず、贈与によってそれが初めて創設されるのだが、そもそもなぜ、いかにして「贈与」は「共同性」を創設できるのだろうか。また、「贈与」はなぜ、いかにして「主題化」と連動しているのだろうか。因みにここには、以前は気づかなかったけれども、後にジャン＝フランソワ・リオタールによって考察される「文」(phrase) という観念が登場してもいる。それにしても、例えば私が何か事物を誰かに贈与するとき、何がどのように共有されるのだろうか。私が誰かに対して何か言葉を発するとき、何がどのように共有されるのだろうか。「語の一般性 (généralité du mot) が共通世界を創設する」(*TI*, p. 189) とも記されているが、ここでも、レヴィナスの説明は決して十分ではない。

今仮りに、「贈与」によって「共同性」が創設されたとしてみよう。では、こうして創設された「共同性」は、先に斥けられた「集合体」を産み出すのだろうか。そうであってはならない。しかし、そのためには、贈与によって創設される「共同性」と、第三項として他の項をそこへと融即 (participer) させる「共同性」という、二つの「共同性」が区別されなければならない。いずれもが「共同性」である限り、果たしてそのようなことは可能なのだろうか。先に「言語によって創設される人間的共同体」というレヴィナスの表現を引用したが、まずこの「共同体」がどのようなものであったかを見ておこう。

「言語によって創設される人間的共同体——そこでは対話者たちは絶対的に分離されたままであり続ける——は類の統一性を構成しない。この共同体は人間たちの親族性 (parenté) と言われる。すべての人間たちが兄弟であるということは彼らの類似によっては説明されないし——、ひとつの型から造られたメダルのように彼らを生んだ共通の原因 (cause commune) によっても説明されない。父性というものは、諸個人が不可思議な仕方でそこに融即し、それに劣らず不可思議な作用によって連帯の現象を定めるようなひとつの原因性には帰着しないのだ。」(*TI*, p. 235)

言語によって創設される「人間的共同体」は「共通・共同の原因」に由来するものではなく、「親族性」「父性」

という語が示しているように、「家族・部族」の観念と結びついている。この点についてまず指摘しなければならないのは、「愛撫」をめぐる「エロスの現象学」の考察では、「共同性・共同体」という語が積極的に援用されていることである（ただし、捕囚期の手帳には、性的関係が「共同性」ならざる「集団性」と規定されている箇所がある〔*cf.*, OE, I, p. 142〕）。

「エロス的主体性は、感じるものと感じられるものとの共同活動（acte commun）のなかで、〈他人〉の自己として、まさにそれによって〈他人〉との関係の只中で、顔との関係の只中で構成される。このような共同性（communauté）のなかではたしかに曖昧さが働いている。〈他人〉は自我自身によって体験されたものとして、自我による享楽の対象として供されるのだ。」（*TI*, p. 304）

この点には後で立ち戻るが、こうして「人間的共同体」は、「エロス」を経て、「父の共同性」（communauté du père）、「人間的兄弟性」（fraternité humaine）と化していく。これまたきわめて重大な箇所であるが、まずはそれを引用しておこう。

「人間的兄弟性は二つの側面を有している。それは複数の個体性を含んでいるが、これらの個体性の論理的位格はひとつの類のなかの究極的差異には帰着しない。それらの特異性は各々が自分自身に準拠していることに存する（ある個体が他のある個体と共通な類を有していても、それでは両者は十分には隔たることがないだろう）。人間的兄弟性は他方で、あたかも類の共同性では十分に近づけないかのように、父の共同性を含んでいる。顔がそこで私による迎えに現前するような直行性〔廉直〕――近さの最たるもの――に見合ったものであるためには、社会は兄弟的共同体でなければならない。」（*TI*, p. 236）

『全体性と無限』と『存在するとは別の仕方で　あるいは存在することの彼方へ』とのあいだで生じた複雑な変容についてここで論じることはできないが、この変容を貫いて、第二の主著にも、「兄弟性は類の共同性に先立っている」（*AQE*, p. 247）という言葉が記され、「類の共同性」が「自然の共同性」（communauté de nature）と呼ばれてもいる。「自然の」と形容される「共同性・共同体」にさえ先立ち、それとは根底的に異質な「兄弟的共同性・共同体」。一方でレヴィナスは、ローゼンツヴァイクを論じつつ、それを「宗教的共同体」（communauté religieuse）とも「信者たちのユダヤ的共同体」（communauté juive des fidèles）とも呼び、「集合体」という語さえ用いてそのような「集合体の創設」を語ってもいる。「対面」の観念が錬成される過程で一旦は放棄された語彙がこうして、「対面」の展開過程の幾つかの局面で復活しているのだ。では、その間に、「共同体」「共同性」の観念はどのように変容したのだろうか。

しかし、それだけではない。レヴィナスは社会の成員たる「市民」への「兄弟的共同性」の「反転」をも語っているからだ。いまだどのように解釈してよいのか分からない箇所だが、この「反転」（retournement）についてはこう書かれている。

「神のおかげ（grâce à Dieu）でのみ、〈他人〉と比較不能な主体たる私は他者たちにとっての他者として、言い換えるなら『対自的に』接近される。『神のおかげで』、私は他者たちにとっての他者である。神は、いわゆる対話として『問題になる』のではない。相互的相関性は私を、超越の痕跡のなかで、彼性（*illéité*）のなかで他の人間に結びつけるのだ。神の『過越し』（passage）について私はこのように加護や恩寵に言及する以外の仕方で語ることができないのだが、それこそがまさに比較不能な主体から社会の成員への反転なのである。」（*AQE*, p. 247）

「第三者」（tiers）との関係は近さの非対称性の不断の匡正であり、顔（visage）は脱‐顔化する（se dé-visager）」（*AQE*, p. 246）とあるように、この「反転」には「痕跡」としての「彼性」のみならず、面前の他人の傍らにいる「第三者」もが係わっていた。また、「兄弟的共同性」における比較不能な主体が「自然の共同性」において同一の型の複製のごとき個体と化すという意味では、「反転」はこれら二つの共同性のあいだでも生じることになる。こうしてレヴィナスの哲学のなかで、「自然共同性・共同体」と「市民社会」がいずれも、起源にさえ先立つ「兄弟的共同性・共同体」の「反転」として位置づけられる。

これまで辿ってきたようなレヴィナスの思考過程を貫いているのは何だろうか。「顔」が「脱‐顔化」して「表象」と化す過程を記述した次の一節に、その回答が見出されるように思われる。

「しかしながら、悲惨にして痕跡にして自分自身の影にして告発である顔が現れることならびに公現と化すのである。認識されたものの平面がとにもかくにも究極的なものであり、認識が包括的なものであるかのように、顔は認識に対して現出する。そうなると、顔は同時に表象と近さのうちにあり——同時に共同性にして〈差異性〉（communauté et Différence）なのだろうか。共同性は〈差異性〉のうちで、〈差異性〉を還元することなく、いかなる意味をまとうことができるのだろうか。」（*AQE*, p. 241）

共同性ないし共通性にして差異性。何も驚くべきことではない、と思われるかもしれない。ある個体と別の個体とを比較するとき、どこかで異なっているがどこかで共通しているというのは自明のと言っていいような事態であるし、そのとき、共通性といっても同一性でない限り差異性を含んでいるし、差異性といってもつねに共通な何かをいわば地として差異性が語られているにすぎない。しかし、このような物言いそれ自体がある認識論や論理学を前提としているのかもしれないし、レヴィナスが大文字でDifférenceと書き記すことで言わんとしているのは、そのようなものが存在するのかどうか、また、そのようなものを仮定せざるをえないことの当否は別として——、まったく共通なものをもたない絶対的差異——それはもはや差異ではないかもしれないが——である。おそらく「同一性と非同一性との同一性」というヘーゲルの定式を意識しているのだろうが、レヴィナスは、「同一性」を「共通性・共同性」に、「非同一性」を〈差異〉に置換しながら、「同時に」という表現は温存しつつも、両者の背反を「同一性」として「止揚」することなく、「と」という接続詞で両者を併置したのだろう。

「比較不能なものの比較」（comparaison des incomparables）もそうだが、何よりも、non-indifférence〔無関心・無差異ならざること〕という二重の接頭辞を冠した表現こそ、「共通性・共同性と〈差異〉」というあり方を表すものだったのではないだろうか（inという接頭辞には、否定に加えて「内」という意味も含まれている）。残念ながら筆者はこのような仕方でレヴィナスのこの造語を解釈することがこれまでなかったし、また、正直言って、「共同性・共通性」という視点からレヴィナスの思考展開を辿ることもなかった。けれども、絶対的差異、他者性の哲学者と呼称されることの多いレヴィナスの思考を貫く問題が「共通性・共同性」であったことは今や明らかであろう。しかし、ここまで何度か示唆してきたように、レヴィナスは「共通性・共同性」について十全な解明を行いえたのだろうか。いずれにしても、この問題系はレヴィナスおよびその近傍を別様に読み直すことを促しているのではないだろうか。

2 瓦礫

レヴィナスの二つの主著の訳者であるアルフォンソ・リンギス（Alphonso Lingis, 1933-）は慧眼にも、レヴィナスの読解を通じて、「何も共有しない者たちの共同体」（Community of those who have nothing in common）なるものを構想した。先述したように、リンギスのこの表現は、「共同性と〈差異性〉」というレヴィナスの定式の含意を見事に伝えたものだ。リンギスの同名の著作については後で取り上げるが、それにしても、「父」「兄弟性」「家族・部族」といった血縁を想起させる語がレヴィナスにあって「言語的共同体」と連動していたのはなぜだろうか。また、これらの語を「何も共有しない者たち」と言い換えることに抵抗をおぼえる者は少なくないだろう。とはいえその一方で、例えば「兄弟性」（fraternité, Bruderschaft, brotherhood）の訳語として「博愛」が疑問なく受け入れられたり、血縁には限定されない様々な集団や組織に適用されていることもまた事実である。まず、前出のローゼンツヴァイクをレヴィナスがどのように読んだかという視点からこの問題を考えてみよう。

「全体性の観念への反対がフランツ・ローゼンツヴァイクの『救済の星』のなかでわれわれを驚嘆させた。『救済の星』は本書の随所に現前しているので枚挙に遑がないほどだ」（*TI*, p. 14）と、レヴィナスは『全体性と無限』の序文で振り返っている。このような言い方のせいで、レヴィナスが『救済の星』のどの箇所をどのように解釈したかの詳細はむしろ今日に至るまで明確化されないままとどまることになった。筆者自身、幾つか交錯点を試みに示したことがあるとはいえ、いまだ十全な解明にはまったく至っていない。しかし、『全体性と無限』第四部で呈示された「家族・部族」の観念にも、両哲学者の微妙な関係が反映されていたと考えられるのだ。

それを論じるに先立ってひとつ言っておくと、まず、準拠している箇所を正確に呈示することなく他の哲学者への評価を語るというレヴィナスの様式は、なにもローゼンツヴァイクに限って実践されたわけではない。ジャック・ロランが『神・死・時間』の註で指摘しているように、それはむしろレヴィナスの定石であった。例えばオーギュスト・コント。「存在論は根源的か」（一九五一年）でのわずか一度の言及であるとはいえ、レヴィナスはコントの『実証政治学体系』（*Système de la philosophie politique*, 1851-1854）に言及したのみならず、『全体性と無限』発表後ポワチエ大学の講義でもコントを取り上げている。「人類教」への関心をそこに見るだけで更に調査を進めることを筆者自身は怠ってきたが、『実証政治学体系』第二巻第一部「社会的静態学」の第三章はほかでもない「家族」（famille）と題されており、そこでコントは「女性的なもの」「子供」「父と息子」「父性愛」「夫婦愛」「兄弟愛」などを「社会性・社交性」（sociabilité）の核をなすものとして挙げているのである。

清水幾太郎によると、『実証政治学体系』は、その題名とは裏腹に「道徳と宗教」の探求で、コントが求めていたのは、「打算的な契約当事者間の人間関係でなく、感情的結合を含む全人間的な結合、即ち、道徳的集団としての共同体であって、そのモデルが「家族」に求められると同時に、数学から社会学に至る六つの科学を超えた第七の真の人間科学として「道徳学」が掲げられたのである（清水幾太郎『オーギュスト・コント』ちくま学芸文庫、一九五一一九七頁参照）。もちろん、変えるべきものは変えなければならないけれども、コントの継承者レヴィナスという意想外な像がこうして結ばれてくるのではないだろうか。

コントのこの試みはナポレオンへの敵対をその動機としていたと云われるが、そうであるなら、ナポレオンを「世界霊魂」と呼んだヘーゲルとも、ヘーゲルを論じたマイネッケ、ローゼンツヴァイクともそれは無縁ではなかった。ローゼンツヴァイクはマイネッケの『世界市民主義と国民国家』の第十一章「ヘーゲル」に強く触発されたようだが、そこにはこう書かれている。

「国家（Staat）と民族（Volk）とは、彼〔ヘーゲル〕にとっては、非常に緊密な統一をなしているので、一民族の存在のなかには、一つの国家であろうとする実体的な目的がすでに存するかと思われ、国家形成を行わない民族は、実はなんの歴史ももたないのである。それによって、たしかに彼は、どんな国家も一つの歴史をもつべきであるならば、国民的統一国家を形づくらなくてはならない、と考えているのではなくて、明らかにわれわれのいわゆる保守的国民国家思想の意味で、一般に民族精神から、それにふさわしいなんらかの国民生活が生まれなければならない、と考えているのである。」（邦訳I、岩波書店、三〇〇頁）

では、ビスマルク的統一国家の形成はこの考えを実現するものだったのだろうか。少なくともローゼンツヴァイクにとっては、まったくそうではなかった。『ヘーゲルと国家』の「結論」には、『法の哲学』から一〇〇年を経てこの「夢」が波浪に呑まれ、世界という建築も、それを生み出した数々の思想も、それを取り巻く夢も「瓦礫」の下に埋もれてしまったとの慨嘆がすでに見られる。一九二九年の出版に際して新たに書かれた序文にも、「瓦礫の街が、かつて国家が立っていた場所をしめしている」と記されている。「瓦礫」が大戦による破壊とつながっているのは言うまでもない。佐藤貴史が指摘しているように（安酸敏眞、佐藤貴史「トレルチ、マイネッケ、ローゼンツヴァイク――歴史主義の問題をめぐって」参照）、「瓦礫」という語はまた、「一九一三年の出来事」――キリスト教への改宗寸前でローゼンツヴァイクは「ユダヤ教徒にとどまる」（Ich bleibt also Jude）決意をした――を指し示すために彼自身が用いた「崩壊」（Zusammenbruch）という語に対応してもいた。

それにしても、「ユダヤ教徒にとどまる」とはどういうことだろうか。それはローゼンツヴァイクにとって、大学教授になることのできる歴史家から「哲学者」への移行でもあり、この移行について彼はきわめて印象的な叙述を遺している。

「本質的なことは、私にとって学問がもはやまったく中心的な意味をもっていないということであり、それ以来、私の生は『暗い衝動』（dunkler Drang）によって規定されているということです。私はその暗い衝動に『私のユダヤ教』（mein Judentum）というたった一つの名前しか最終的には与えられることができないことをはっきり意識しています。」（Franz Rosenzweig : *Gesammelte Schriften* I, Martinus Nijhoff, 1979, S. 680）

「国家」ならびに「世界史」の崩壊によってあらわになったこの「暗い衝動」としての「私のユダヤ教」とは何なのか。キリスト教への改宗を不要のものとみなした後でも、ローゼンツヴァイクはキリスト教とユダヤ教との相補性をむしろ積極的に唱えた。それでもやはり、この崩壊はローゼンツヴァイクにとって全面的にキリスト教的な「文化」の崩壊でもあった。のみならず、「歴史学」の博士論文という「書物」の崩壊でもあった。ただ、決定的な断絶がここにあっただけではない。これはレヴィナス自身がヘーゲルの『精神現象学』で注目した箇所なのだが、「瓦礫」「崩壊」と連動した「地下的なもの」にローゼンツヴァイクもまた『ヘーゲルと国家』で注目している。アンティゴネーが体現する「家族」という「自然的社会」の倫理がそれである。「家族」とはちがって、「国家」は法的連関に服した人間たちの社会なのだが、ここで「家族」と「国家」との対立を媒介するものとして登場するのが「民族」なのである。

「『家族が民族へと拡大され、国家が民族と完璧に一致するなら、それは大いなる僥倖である』とヘーゲルは書いているが、その直後に続く『解明』はそれが大いなる僥倖以上のものではほとんどなく、国家にとって不可欠な条件では決してないことを示している。」(*Hegel et l'Etat*, PUF, 1991, pp. 230-231)

事後的に見ると、ここに『ヘーゲルと国家』から『救済の星』への転回点があったと言えるかもしれない。なぜなら、マイネッケの言うように「国家」と「民族」が不可分な統一を成しているなら、「国家」の崩壊と共に「民族」も崩壊せざるをえないが、「家族」の「拡大」としての「民族」は、「国家」にとって不可欠な条件ではないがゆえに、「国家」の崩壊後も存続する可能性を持つことになるからだ。「国家なき民族」であるがゆえに逆に、「国家」の崩壊にもかかわらず存続しうるのだ(「国家」と「民族」をこのように対立的に捉える視点については、ローゼンツヴァイクはそれを誰よりもニーチェから学んだと考えられる)。それはまた、「国民」ないし「市民」として「国家」という全体の一部と化すことで最高度の人格性を得ることなき者として存続する可能性でもあって、「私のユダヤ教」というローゼンツヴァイクの先の表現はまさにこの永続性と特異性を併せて言い表していると解釈できる。『救済の星』では、かかる二重性を表すものとして「血」(Blut)という語が用いられることになる。

世俗の諸民族は「大地という確かな基盤に根ざす」ことを求めるが、「ユダヤ民族」だけは「大地」(Erde)と「祖国」(Heimat)なき「血縁共同体」(Blutgemmeinschaft)として生きる。前者の場合、「大地」だけが存続して「民族」は消滅する危険がつねにありうるが、それに対して、「ユダヤ民族」はというと、自分の肉体のなかを流れる血液によって連綿と続く世代の永続性を生きることができる。名――「死んだ父祖の名」――の継承が示すように、「ユダヤ民族」はつねに過去の証言（Bezeugen）にして未来の「産出」（Erzeugen）なのである。「繁殖性」（fécondité）というレヴィナスの観念がここに由来することは明らかであろう。それにしても「血」とは、「血縁共同体」とは何だろうか。「血と地」（Blut und Boden）の一方が消去されたとしても、ローゼンツヴァイクの主張は、アーリア人種の健全な男女による交接と繁殖というナチスのイデオロギーをまさに予告するものではないだろうか。そうした例を出すまでもなく、「血縁共同体」なるもの、そもそもそのようなものが可能だとしてだが、いやたとえ不可能だとしても、だからこそ至る所でそれが様々な排除と差別と確執の温床となってきたし、今もなっていることを私たちは身をもって知っているのではないだろうか。ローゼンツヴァイクの言う「血」は今なら「遺伝子」と呼ばれるものを指しているのだろうか。それとも、気質や生き方などの隠喩なのだろうか。しかし、ローゼンツヴァイク自身、「心の割礼」に「身体的割礼」を対置するかのように、はっきりと「精神の共同体」（Gemeinschaft des Geistes）に対立したものとして「血縁共同体」を呈示している。疑問は尽きないが、「何も共有しない者たちの共同体」から始まった本節の考察はこうして逆説的にも「血」の共有という事象に逢着した。それにレヴィナスはどのように反応したのだろうか。

この時点でレヴィナスがローゼンツヴァイクの『救済の星』を読んでいたのかどうか分からないが（因みに筆者はすでに知っていたと仮定している）、「ヒトラー主義哲学に関する若干の考察」（一九三四年）を改めて読むと、当時のヨーロッパに生まれた「新たな人間観」――「ヒトラー主義」はその代表のひとつである――の根底にあるものとして、レヴィナスが「血縁共同体」を考えていたことが判然とする。「身体」からの「精神」の自由とは逆に、「血の神秘的な声、遺伝と過去の呼び声」の謎めいた運搬者たる「身体」への「繋縛」が唱えられるに至った、というのである。精神のかかる血肉化からは、「血縁を基礎とするような社会が帰結する。かくして、人種（race）が存在しなければ、それを捏造しなければならなくなるのだ！」（『レヴィナス・コレクション』ちくま学芸文庫、一〇三

頁）

では、先に示唆したように、ローゼンツヴァイクは何とレヴィナスにとっても「ヒトラー主義」の予告者だったのだろうか。この驚天動地の帰結は一笑に付してよいものではない。どういうことだろうか。以前に指摘したように、「身体への繋縛」という事態そのものは、『存在と所有』などで展開されたガブリエル・マルセルの哲学にも見られるもので、レヴィナスはマルセルを先駆者として継承した人物のひとりであった。のみならず、「――への繋縛」（rivé à…）という表現は一九三〇年代のレヴィナスが多用した表現であった。例えば『逃走について』（一九三五年）では、「私が私である」という事態が断つことのできない「繋縛」と表現され、そこからの不可能な逃走欲求が語られていた。この論考と同年に『平和と権利』誌に発表された「同盟の宗教的霊感」では、「人種という野蛮で原始的な象徴をもって［…］ヒトラーがユダヤ人はユダヤ教から逃れられぬことを思い知らせてくれたとき以来、われわれは眩暈のするような虚空を覗き込んでいる」とある。

「ヒトラーが思い知らせてくれた」という部分は、『ユダヤ人問題についての若干の考察』でのサルトルや『啓蒙の弁証法』の「反ユダヤ主義の諸要素」でのホルクハイマーとアドルノが語るような、「反ユダヤ主義者」による投影もしくは「倒錯したミメーシス」と呼ぶ操作に対応している。みずからの「血の純潔」を仮構するために他者を不純な寄生虫たらしめるのだが。しかし実は、この他者は「血の純潔」のモデルであるがゆえに「転移の特権的対象」として選ばれたのである。しかし、ここで重要なのは、「眩暈のするような虚空」、「逃走」、更には「マイモニデスの現代性」（一九三五年）でユダヤ教を語るために用いられた「世界の外に出る能力」といった表現である。どういうことだろうか。

鏡像と鏡像が互いに互いを映し合うようにして、アーリア人種とユダヤ人種なるものが捏造され、また、サルトルのような哲学者にとってはユダヤ人が眼差しの「客体」として成立するような次元――レヴィナスはそれを「事実性」の次元と呼ぶ――とは異質な次元を、これらの表現でレヴィナスは語ろうとしていたのであり、後年「存在するとは別の仕方で」（autrement qu'être）と呼ばれることになるこの次元への「繋縛」こそがユダヤ人のユダヤ教への「繋縛」だったのである。「ユダヤ教徒にとどまること」、ヘーゲル的「世界史」とは無縁な「血縁共同体」としての「永遠の民族」といったローゼンツヴァイクの所論を、一九三〇年代のレヴィナスは、ローゼンツヴァイクの名を挙げることなくすでにこのように解釈していた、というのが筆者の仮説である。

『全体性と無限』でのレヴィナスは、「血」という語も「ユダヤ人」という語も用いることなく、また、「ユダヤ人の母親の子どもはすでにしてユダヤ人である」(『救済の星』みすず書房、五一〇頁)といった言葉を記すこともなく、その一方で「父の共通性」というこれまた実に誤解を招きやすい言葉を使用しながら、ローゼンツヴァイクが描き出した「共同体」を「家族・部族」として提示したと考えられる。このような推論の裏付けとして、レヴィナス自身の二つの論考を挙げておきたい。ひとつは一九五九年にフランス語圏ユダヤ知識人会議で発表されたローゼンツヴァイク論「〈二つの世界のあいだで〉」、いまひとつは、一九七五―七六年度の講義でレヴィナスが『精神現象学』とそのアンティゴネー論を取り上げた箇所である。前者は『全体性と無限』執筆過程での発表であり、同書における「血」への言及の不在をめぐる一種の釈明とみなすこともできる。

「ローゼンツヴァイクは血の永遠性という危険な語を使用しているが、それを人種主義的な意味に取ってはならない。なぜなら、いかなる時にもこの用語は、人種差別の技法や支配の人種的優越を正当化する概念を意味することはなく、まったく逆に、歴史の流れとの阻隔、自己自身への根づき(enracinement en soi-même)を意味しているからだ。」(*DL*, p. 270)

シモーヌ・ヴェイユ論などでは否定的に用いられている enracinement という語がここでは、歴史の流れとの「阻隔」への「根づき」として肯定的に用いられている。けだしローゼンツヴァイクそのひとが Verwurzelung im eigenen Selbst と言っているからだろうが、「ユダヤ教思想が自分のうちに閉じ籠って、諸国民との協働を拒否する限り、離散は完全には成就されない」とレヴィナスが言っていたのを思い起こすなら、soi-même をどう解釈するかにすべてが懸かっていることになる。ただ、例えばフランスに「同化」せるユダヤ人こそ、精神の自由ゆえに古のラビ文献の価値を認めうるとレヴィナス自身が明言している以上、「血」を単に諸国民からのユダヤ人の「阻隔」(etrangeté)

の「隠喩」もしくは「象徴」とみなして事が済むわけではないように思われる。極端な言い方をすれば、ナチスが自分たちの言う「血」は人種的意味をもたないと主張することも可能なのだ。実際、田辺元が「種の論理」を「血と地」に基礎づけたとき、彼はナチズムの「血と地」とは根本的に異質で人種差別的な意味合いを持たざるものとしてそれを提示しえたと考えていたのである。

ここで思い起こされるのは、ミシェル・フーコーが『性の歴史』第一巻『知への意志』で、「血の象徴論」(symbolique du sang) から「性の分析論」(analytique de la sexualité) への移行、殺す権力から生かす権力への移行を指摘しながら、両者の微妙な交わりのうちに、後の人種主義の淵源を認めていることである。ローゼンツヴァイクの議論にせよそれを承けたレヴィナスの議論にせよ、フーコーの描き出した構図と少なくとも無関係ではありえない。

「血の主題系が、その歴史的な厚みすべてをもって、性の諸装置を通して行使される型の政治的権力を賦活し下支えするよう求められたということが一九世紀後半に起こった。この地点で人種主義(国家的で生物学的なものと化した現代的人種主義)が形成された。人口、家族、婚姻、教育をめぐる政治の全体ならびに日常生活がそのとき、血の純潔を護り、人種を勝利させようとする神話的配慮の色合いを帯び、そのようなものとして正当化された。ナチズムはおそらく、血の幻想と規律的権力の発作との最も巧妙でかつ最も素朴な——最も巧妙であるがゆえに最も素朴な——結合なのである。」(Michel Foucault : *Histoire de la sexualité I, La volonté de savoir*, Gallimard, 1976, pp. 196-197)

第二に、『神・死・時間』に収められたヘーゲル講義でレヴィナスは再び「血」という語を用いている。それと同時に「共通な」という語が使用されている点にも留意されたい。

「国家に対立するのは神的法であり、血ならびに性差を伴う連関によって結ばれた家族である。家族が国家と異なるのは、家族が共通であるもの (ce qui est commun) から生じるのに対して、国家は普遍的法によって共通なもの (commun) に向かうからである。」(*DMT*, p. 96)

「家族における血と地の神秘」とも云われているが、出自の共通性をこのように指摘した後で、レヴィナスは、アンティゴネーの物語を辿るかのように、家族固有の倫理として死者たちの埋葬を挙げる。そして実に含蓄深い一節でこの講義を締め括っている。

「国民〔市民〕であることなく、ある普遍的本質を有している者、それは死者である。影〔亡霊〕(ombre) との関係のなかに家族固有の徳がある。死者たちへの義務は彼らを埋葬する義務であり、まさにそれが家族固有の徳をなしている。埋葬するという行為は死者との関係であって死体との関係ではない。」(*DMT*, p. 98)

例えば戦没者を誰がどのように弔うかといった問題とも係る一節であろう。「影」「死体」などレヴィナスの重要な措辞が用いられている点にも注目しなければならないが、二つのことを指摘しておくと、レヴィナスはここで一度もアンティゴネーの名を挙げていない。オイディプス——死に場所を明かさなかった——への言及も見られない。因みに、レヴィナスは「存在論は根源的か」でライオスとオイディプスの悲劇に触れたことがあるけれども、一貫してオイディプス・コンプレクスとは無縁なものとしてユダヤ教における父子関係を呈示している。これとは別の箇所でレヴィナスはアブラハムによるサラの埋葬に言及して、それを人間的行為の根幹と呼んでいるが、興味深いことに、アブラハムがサラのために買い求めた墓所は、カナン地方のヘブロンの畑の洞穴であった。アンティゴネーが生きて埋め込まれ縊死した洞穴を思わずにはおれない。その意味では、モーセが神によって葬られ、誰も彼が葬られた場所を知らないということも、オイディプスの例を連想させて興味深い。

誰が誰を葬るのか。この点で筆者の脳裏に焼きついているのは『困難な自由』に収められた「成年の宗教」の感動的な一節である。第二次世界大戦中ユダヤ人たちを庇護したムスリームのモロッコ国王、パリの聖アウグスティヌス教会に掲げられたアンナとサムエルの絵に言及した後、レヴィナスは戦時にあって、「話すことができ、誰かに聞いてもらえる可能性」を甦らせた経験として、ブルターニュ地方の前線捕虜所で北アフリカの捕虜たちと「兄弟的な拘留生活」(détention fraternelle) を送っていたときの出来事を挙げている。死去したユダヤ人捕虜がナチスによって「犬のように」埋葬されたとき、カトリックのシェスネ神父が「セム的な祈り」を捧げたというのである。

「家族」だから「家族」を葬るのか。葬るから「家族」になるのか。これと関連して第二に指摘しておきたいのは、ここでは、埋葬されるのが「死者」であって「死体」ではないと云われていることである。「死体、それは恐ろしいものだ。死体はすでにそのうちに自分自身の亡霊を宿している。戻り来る幽霊、亡霊が恐怖の構成要素そのものなのだ。」(*EE*, pp. 86-87) ——これは『実存から実存者へ』で「ある」(il y a) が語られる場面に記された言葉であり、「死体」がレヴィナスの他者論のなかでもいかに重要な役割を果たしているかについては村上靖彦が『壊れものとしての人間』(河出ブックス) などで示したとおりであるが、ここで筆者が挙げたいのは、『サムエル記 下』二一章で描かれた、サウルの側妻でアヤの娘リッパによるその息子たちの埋葬である。これに関してレヴィナスは言っている。

「この女性、この母、アヤの娘リッパは、自分の息子ならざる者たちの死体に混じった息子たちの死体の歩哨に六ヶ月間立ち、人間たちと神の容赦ない正義の犠牲者たちを、死体を空の猛禽たちと野の獣たちから護ろうとした。」(*QLT*, pp. 63-64)

現代の鑑定技術をもってすれば、驚くほど微小な破片や微量の液体からも個人を特定できるのかもしれないが、腐食し分解していく死体と死体、その切れ端と切れ端、骨のかけらとかけら、血と血、体液と体液、細胞と細胞、それをどのように識別するのだろうか。「国家」の瓦礫のなかでも永続する「血縁共同体」としての「民族」は、「血」をその孤絶の象徴とするような「家族」と「埋葬」の倫理を経て、こうして、「家族」と「家族ならざるもの」との識別困難な瓦礫へと導かれた。敢えてこの瓦礫を筆者は「死体的類似」(ressemblance cadavérique) という、ブランショがレヴィナスに触発されて案出した語で呼びたいと思う。

3 言 語

ローゼンツヴァイクの『救済の星』では、「血縁共同体」をめぐる節に続いて、「諸民族とその精神の言語」、「聖なる言語」と題された節が置かれている。先に、なぜ『全体性と無限』では言語によって創設される共同体が兄弟的共同体と連動しているのかと問うたが、この連結もまた『救済の星』の構成に即したものであったことが分かる。では、ローゼンツヴァイクは言語についてどのようなことを言っていたのだろうか。

「民族共同体」（Volksgemeinschaft）を支える拠り所は「血」と「地」だけではない。「言語」（Sprache）もまた「民族共同体」の不可欠な拠り所である。「言語」は民族と共に生まれ、年齢を重ねて変容し、民族と共に死んでいく。と同時に、「言語」はバベルの塔の崩壊以降多様なものと化しており、ユダヤ人たちは、そうした多様な言語を話す諸民族とその国家に寄留している。そして、例えばドイツのユダヤ人はドイツ語を、フランスのユダヤ人はフランス語を、東欧のユダヤ人は「イディッシュ語」を話している。「永遠の民族」は「永遠の言語」を話しているわけではないのだ。

「こうして、永遠の民族はおのれ自身の言語を失い、どこにおいてもみずからの外的な運命が課す言語を、たとえば客人として寄留する民族の言語を、語ることになる。しかも、永遠の民族は、客人としての保護を受ける権利を要求せずに、閉ざされた入植地で自立した生活を営むばあいでも、みずからがそこに移住してきて、入植する力をそこから得てきた民族の言語を語るのである。永遠の民族は異国の地にあるときには、言語をおのれ自身のものとしてもつのでもなければ、たんに自分自身の血のつながりにもとづいてもつのでもなく、つねにただどこからかさすらい渡ってきたものとしてのみもつにすぎない。」（『救済の星』四六八頁）

ユダヤ人にとって言語はつねに「他者の言語」である。彼がいかに巧みに、いかに多くの言語を操ろうとも、それは彼のものではないし、彼にとってのいわゆる「母語」でもない。もし彼が誰かとある言語を共有し、それを用いて対話するとしても、この言語への彼の姿勢は、それを自分のものあるいは「母語」と思い込んでいる者とは異なる。先に引用したように、言語は関係する諸項の共通性が欠けたところで語り、対話者は絶対的に分離されたままである、言語は類の統一性を成さないとレヴィナスが記したのはそのためである。あるいはレヴィナスは『救済の星』の次の箇所を参照したかもしれない。

「言語とは、本来は創造主から人類に与えられた朝の贈り物だが、それでいて同時に、人の子のそれぞれが個別に分け前にあずかる共有財（das gemeinsame Gut）でもあり、最後に、人間における人間の目印である。言語は最初から完全なものであり、人間は、言語を口にしたときに人間となった。だがそれでいて、こんにちにいたるまで、いかなる人類の言語（Sprache der Menschheit）もまだ存在しない。むしろそのような言語は終末においてはじめて存在するだろう。これにたいして、始まりと終わりのあいだに身を置く現実の言語は、万人に共通で（gemein）ありながら、各人にとって別個のものである。現実の言語は結びつけると同時に切り離す（sie verbindet und trennt zugleich）。」（『救済の星』一六六頁）

レヴィナスはこの箇所の後半部、それも結合と分離の同時性というよりもむしろ、分離と非共通性の先行性を強調しているように思える。「語の一般性」や「文」と「共通性」の創設との連関についてレヴィナスは十分な説明を与えているとは決して言えないが、そこにも「文法と語」（Grammatik und Wort）というローゼンツヴァイクの視座が反映されているのかもしれない。しかし、何よりも重要なのは、レヴィナスが、創造主の「贈り物」（Gabe）が「共通財」となったという展開を人間的共同体にも適用して、「共通性」なきところで「贈与」が「共通性」を生み出すと主張していることである。なぜ「贈与」が「共通性」を生み出すのか、それはきわめて難しい問題だが、「共通なもの」をすでに与えられたものとみなす立場をレヴィナスは斥けていると言えるだろう。『実存から実存者へ』で批判された「集合体」にとってはまさに「共通なもの」は「所与」だったのであり、共通の尺度にもとづく交換にせよ何かの共有分配にせよ、レヴィナスにとっては贈与がそれらに先立たねばならなかったのだ。

ローゼンツヴァイクは、「始まりと終わり」に人類共通の言語を想定している。では、ユダヤ人はそれとどのように係るのだろうか。この始原と終末の言語がいかなるものなのかをめぐって、例えばモリス・オランデールの『エデンの園の言語』（法政大学出版局）が論じているように、きわめて複雑な議論があったのだが、ともあれそれは「聖なる言語」（die heilige Sprache）とローゼンツヴァイクが呼ぶものと無関係ではないだろう。ユダヤ人と「聖なる言語」について、ローゼンツヴァイクは言っている。

「ユダヤ民族固有の言語は、太古の時代以来もはや日常生活の言語ではなくなっているが、それにもかかわらず、それが日常生活の言語をつねに支配してきたことだけからしてもすぐにわかるように、死語とはまったく異なる。その言語は死んだ言語ではなく、ユダヤ民族自身がそう呼ぶように聖なる言語なのである。」（同上四六八頁）

では、「聖なる言語」はどのような効果を及ぼすのだろうか。ユダヤ民族はこの言語ゆえに「日常生活」から気を逸らされ、生活の自由闊達さを奪われてしまうのである。神と語るときの言葉は、他の人間たち――それが「兄弟」（Bruder）であっても――と語るときの言葉とは異なっている。いや、「ユダヤ人はそもそも自分の兄弟と語り合うことができない。彼は語よりも眼差しによってのほうが、兄弟とよりよく意思疎通することができるのであって、語の力への究極の不信と沈黙の力への心からの信頼ほど、より深い意味でのユダヤ的なものはない」（同上四六九頁）のだ。いわゆる言語のなかでユダヤ人はつねに異邦人であり、ユダヤ人の「言語的故郷」（Sprachheimat）はつねに「他所」に、「失われた文書」（Schrift）、「文書の黙した記号」のうちにある。

何をここから引き出すことができるだろうか。まず、「兄弟性」の二重性として先に、相互の「分離」と「父の共通性」が挙げられていたが、「父の共通性」はここでは「聖なる言語」とそれを贈った創造主であり、その「共通性」が「兄弟性」の「分離」をもたらす。「兄弟性」とその共同体はある言語の何らかの共有を前提とすることもそれに至ることも決してない。face-à-face という語は「対面」とも「討論」「対談」とも訳しうる語であるけれども、それは言語の共有を不可欠な前提としないのみならず、何らかの視点から見て言語が共有されていても、また、通訳ないし翻訳によって疎通がなされるかに見えても実はそこに共通性はないのである。

こう書きながら思い起こされるのは、ドナルド・デイヴィドソン（Donald Davidson, 1917-2003）の言葉である。森本浩一の著書（『デイヴィドソン』NHK出版）から引用しておく。いまだ単なる印象にすぎないが、識者のご教示を仰ぎたい。「言語が、多くの哲学者や言語学者が考えてきたようなものだとすれば、そのようなものは存在しない。つまり、学習されたりマスターされたり、あるいは生まれつき持っていたりするようなものは何もない。言語使用者が習得し、現場で適用している明示的に定義された共有の構造という観念は、諦めなくてはならない。」（一一一一二頁）

レヴィナスが一貫して、言語は「種の壁」を破ると言い続けたが、それはここにいう言語が「文も語もないコミュニケーション」（*EDE*, p. 229）であり、「接近」（approche）にして「近さ」（proximité）にして「接触」（contact）だからである。黙した諒解を能弁より尊ぶところが日本人にもあるが、レヴィナスのいう「接近」や「接触」が、決して一致に至ることなく、むしろ近づけば近づくほど大きく口を開けるような裂け目をつねに伴い、微温的な妥協と合意を排していることは忘れてはならない。ともあれ、言葉を異にする者、言葉を失った者、言葉を忘れた者、話せない者、聞けない者とのあいだに、逆説的にも言語的共同体はそのつど創設されるのである。ただ、だからこそ、たどたどしく外国語を語る者の困惑や困難、言葉が通じないと一般に云われる事態、喃語期をめぐる考察はレヴィナスにあっては希薄にならざるをえない。

第二に、今「文も語もないコミュニケーション」という表現を引用したが、そこでは、『全体性と無限』に登場するものとして先に挙げた「語と文」が否定されている。そして、『存在するとは別の仕方で』では、前者は〈語ること〉（le Dire）、後者は「名詞ないし記号の体系」とも「述定命題における動詞」とも呼ばれる〈語られたこと〉（le Dit）と化す。だが、〈語ること〉の底なしの根底は語られることがないので、それは語られてはすぐに〈語り直されねばならないのだ。正直言うと、筆者は「語られたことなき語ること」といったレヴィナスの言い方に少なからず抵抗を覚えてきたが、今や、〈語ること〉がローゼンツヴァイクのいう「聖なる言語」に対応していることは明らかだろう。近年公刊された未公刊文書は、大戦直後のレヴィナスが「隠喩」（méta-phore）について考察を重ねていたことを明かしてくれたが、「彼方への移行」という語源的意味で〈語ること〉は「隠喩」なのである。ディヴィドソンに加えてベンヤミンの言語論との比較が要請されるところだろうが、「父の共通性」という表現とは裏腹に、「最初の語ること」（premier dire）をレヴィナスは délire とみなしてもいる。delirare すなわち「畝から逸れる」「逸脱」という意味の語である。

第三に、ローゼンツヴァイクは失われた「聖なる言葉」を Schrift という語で言い表していた。エクリチュールであるが、そうだとすれば、『存在するとは別の仕方で』の最後に、つねに「彼」（il）であるような「痕跡」を表しために用いられた「口に出しえないエクリチュール」(écriture imprononçable) という表現も、ローゼンツヴァイクの先に引用した表現のまさに翻訳であったことになるだろう。とすれば、「パロール」によって創設される共同体の底あるいは底なしが「エクリチュール」であることになる。しかし、少なくとも『全体性と無限』では、デリダとは逆に、「パロール」を「エクリチュール」の優位に置く『パイドロス』の主張を積極的に援用していた。レヴィナスの未公刊草稿の出版は、「口頭のものと書かれたもの」(Oral et Ecrit) についてのレヴィナスの思索について新たな分析を要請しているのかもしれないが、それはさておき、レヴィナスが単に「パロール」を「エクリチュール」の優位に置くプラトン的伝統に身を連ねているのでないことは言うまでもない。そこには、「口伝トーラー〔律法〕は、たとえそれが書かれたトーラーの数々の章句と文字をいじりまわしているように思えるときにも、『精神と真実において』(en esprit et en vérité) 語っている」(*SS*, p. 10) というラビ的釈義の伝統をも、いやそれをこそ踏まえた主張であった。このことをレヴィナスは別様に言い換えてもいる。「今この瞬間、私はそこから血を逆らせるためにテクストを切磋していると聴衆の皆さんは思い至ることでしょう。」(*QLT*, p. 102) ここでは「血」は「精神」でありその「隠喩《メタフォール》」であるが、このように考えてくると、言語も何も共有しない「兄弟性」の「共同体」はやはり「血の共同体」「血縁共同体」であることになるのではないだろうか。

4　システム

時間のなかに存在する者たちは生成と変化を経験する。習慣や慣習が新たに形成されては古い習慣や慣習に取って代わる。首長や王など主権者も交替し、それに伴って掟あるいは法も変化する。しかるに、永遠の民族にとっては、土地や言語と同様、このような時間もまた存在しない。彼らにとっては、「瞬間」は次の「瞬間」へと移行するものではなく、それ自体で凝固しており、永遠性へのいわば「タラップ」のような役割を果たす。いかなる革命によっても変わることのない永遠の掟が、民族の慣習、その成員各々の習慣と一致するような無時間的な生存。ひたすらそれだけを信じて他の何も信じないこと。これがすでに先述したユダヤ民族の「自己自身への根づき」であった。

「われわれの生はどのような外的なものとも織りあわされてはいない。われわれはおのれ自身に根を降ろしている。われわれは大地のもとでは根無し草（wurzellos）であり、したがって永遠の放浪者だが、それでもやはりおのれ自身のうちに、おのれ固有の肉体と血のうちに深く根を降ろしている。そして、おのれ自身のうちに、おのれ自身のうちにのみ根を降ろしているということが、われわれの永遠性を保証しているのである。」（『救済の星』四七三頁）

このように外的なものとの関係を断ち切り、自分自身が諸国民にとって外的なものとなることで、ユダヤ民族はいったい何をなそうとしているのだろうか。いかなる使命がそこにあるのだろうか。「個別的（Einzelnes）でありながらすべて（Ganze）であろうとする欲求」、というのがローゼンツヴァイクの回答である。「個別的である」ということは通常は何らかの「全体」の「部分」であることだから、「部分」は「全体」であることはできない。にもかかわらず、「個別的なもの」が「全体」であるためには、それは他の諸「部分」との関係を断ち切り、諸「部分」の総和たる「全体」からのこの分離によって、逆に自己自身のうちに「全体」を「集める」（versammeln）ほかなく、この分離と集摂は諸「部分」との新たな係わりを創設するものでもある。この事態をレヴィナスは、一九八二年に発表された「フランツ・ローゼンツヴァイク――現代ユダヤ思想」で、「境界なき分離によって分離され、いかなる国民も境界づけることなく、ユダヤ性は万人との連合ならびに万人との接触を生きる」（Séparé d'une séparation sans frontière et qui ne délimite aucune nation, le judaïsme vit l'union de tous et le contact avec tous）（*HS*, p. 88）と言い表している。しかし「境界なき分離」とは何だろうか。

frontière は Grenze に充てられた訳語で、ローゼンツヴァイクは「境界（Grenze）というものはすべて二つの側面をもっている。あるものは境界を設定されることで、ほかのものと境界を接することにもなる（Indem etwas sich abgrenzt, grenzt es sich an etwas anders an）」（同上）と書いている。もしこのような「境界」によって限定されるなら、ユダヤ民族は他の様々な民族のなかの一民族になってしまう。そうならないためには、ユダヤ民族は「みずからを境界内に閉じこめる（einschließen）ことが許されず、むしろその境界をみずからのうちに含ま（einschließen）なければならない」（同上四七四頁）。先と同じローゼンツヴァイク論のなかで、このことをレヴィナスは「ユダヤ教の本質はいかなる人間的な境（aucune limitrophe humaine）によっても定義されず、内部から（de l'intérieur）定義される」（*HS*, p. 94）と要約している。

limitropheという語をレヴィナスは少なくとももう一度用いたことがある。『全体性と無限』の第一部で、である。不覚にも筆者は今の今までそこにローゼンツヴァイクの痕跡を感じ取ることができなかったのだが、次の一節は『救済の星』の先の箇所の翻訳と言ってもよいものだったのだ。

「このような〈他〉の他性は〈同〉を限定することがない。なぜなら、〈同〉を限定することで、〈他〉は厳密には〈他〉でなくなるからだ。境界の共通性（communauté de la frontière）によって、〈他〉はシステムの内部にあってなおも〈同〉であろう。／［…］言語が成就する連関にあっては、諸項が関係しつつも境を接する（limitrophe）ことはなく、〈他〉は〈同〉との連関にもかかわらず〈同〉にとって超越的なものにとどまる。」（*TI*, pp. 28-29）

このように「境を接する」ことなき「接続」〔出会〕（conjonction）は、ローゼンツヴァイクによって「根源語」（Urwort）として挙げた「と」（und, et）によって表される。ただ筆者は、「境界の共通性」ということでは否定的に用いられている事態が改めて問われねばならないと考える。この点については後述するとして、ローゼンツヴァイクの語る「個別的なもの」への「全体」の集摂、「境界」の内包について更に考えてみたい。

まず、「全体」の一部であるはずの「個別的なもの」が「全体」であるという逆説は、数学者のリヒャルト・デデキントによる「無限」の定義を彷彿させる。ガブリエル・マルセルの『ロイスの形而上学』（*La métaphysique de Royce*, L'Harmattan, 2005）から引用する。「ロイスは、デデキントが無限のシステムに与えた定義から着想を得ているが、この定義は次のように言い表せる。すなわち、「システムSは、それがそれ自身の一部と同等である（その一部と一致していると言ったほうがいいだろう）ときに無限であるとされる。」（p. 81）ジョサイア・ロイスを援用したのは、ロイスのいう「自己表象的体系」（self-representative system）なるものが、「境界を内に含む」という事態と関連があると思われるからである。「自己表象的体系」とは、例えば英国の完璧な地図を英国の地表に書くとするとこの地図はそれ自身をも含まねばならず、更に自分自身を含んだこの地図をも含まねばならず、以下同様のことが際限なく続くという自己言及の無限過程であって、この無限過程は、ある集合が境界によって限定されるやこの境界を内包するより大きな集合を設定し、またこの集合を限定する境界を内包する更により大きな集合を設定する過程と同型とみなすことができる。ローゼンツヴァイク自身は、A（普遍性ないし全体）とB（個別性）という記号を用いて、A＝B（B∈A）ではなく、B＝A（A∈B）という世界のあり方を「メタ論理的」と呼び、また、個別であり全体であるというあり方についてはそれを「極性」（Polarität）と名づけているが、それはバートランド・ラッセルの発見したパラドクスに近いものだったのである。

ただし、それを語るローゼンツヴァイクから筆者が感得するのは、ラッセルに見られたようなパラドクスへの困惑ではなく、むしろ、そのような事態がなくてはならないという強い思いである。それはこんな言葉に似ている。『悟性の有限性』の語は、そもそもまったく不適切なものである。人間の本性が実際にどれほど制限されたものであろうとも、無限者の多くの側面が、人間の本性と分ち難く結びついているからであって、さらにそれどころか、私は次のように信じてさえいる。すなわち、もし人間の本性が多様な関係においてそれ自身無限でなかったとするならば、絶対者（すなわち、それのうちで、我々すべてが自己を一体のものとして知る当のもの）の存在に対する信頼と確信とを説明しえなくなってしまうであろう、ということである。」（ゲオルク・カントール「一般多様体論の基礎」、季刊『哲学』哲学書房、一九八八年冬号、二八頁）

レヴィナスにおいては、一方で、〈同〉（Même）それ自体がB＝A（A∈B）であることが〈同のなかの他〉（Autre dans le Même）という構図あるいは〈自己〉（Soi）によって示され、その一方で、任意の個別的他人もまたB＝A（A∈B）であることが「顔」という観念で示され、そのようなBとBのあいだに「と」という「関係なき関係」が創設される。『全体性と無限』では、「自我」（B＝B）と「顔」（B＝A（A∈B））との非対称性が強調されたが、『存在するとは別の仕方で』では、それと同じ事態が、〈自己〉への「再帰」（récurrence）として語られる。「再帰」はおそらく、ニーチェ（更にはストア派の）のいわゆる「等しいものの永劫回帰」をも踏まえて提起された観念で、自己言及の無限過程を指しているが、その限りなさが「彼性」の「痕跡」への果てなき「逸脱」（delirare）として捉え直されるのである。

こうして、ユダヤ人にとっては「おのれ自身への愛がそのまま隣人への愛となるのである」（『救済の星』五一五頁）。また、諸国民とユダヤ民族との分離について言われたことは自己相似的にユダヤ民族の成員たちの関係についても言われうる。「贖罪の日」に、会衆のなかのある「個人」が「われわれ」（Wir）という言葉を発する。しかし、「この〈われわれ〉はこの〔贖罪の〕日には歴史的民族の〈われわれ〉ではない。〈われわれ〉が許しを求めて叫ぶ罪とは、この民族を地球上の諸民族から分かつような法を侵犯したということではない。そうではなく、これらの日においては、単独者は直接にそのむきだしの単独者のままに、端的に人間そのものの罪を負ったものとして、神の前に立つのである」（『救済の星』五〇七頁）。

けだしレヴィナスはこの「罪」をFelix culpa〔幸福なる罪〕と呼んだのだろう。また、対面する「あなた」の目のなかから「私」を見つめる「第三者」を「人間・人類」（humanité）そのものと同定しつつ、レヴィナスは「われわれ」（nous）なるものを「第三者」ならびに「家族」を通じて定義しているが（cf., *TI*, p. 313）、「われわれ」にローゼンツヴァイクが充てた名称、それは「単独者の共同体」（Gemeinschaft der Einzelne）であった。

このように、ユダヤ人という語をまったく用いることなき『全体性と無限』の筆記のなかに、ユダヤ人をめぐるローゼンツヴァイクの考察は見えない水路のごときものを黙々と刻んでいたのだが、ローゼンツヴァイク自身『救済の星』を「単なる哲学学説〔システム〕」と呼び、レヴィナスも同書がユダヤ教論考でも宗教論考でもないことを度々強調している。「新しい哲学」ないし「新しい思考」の全貌をここで紹介する余裕もその力も筆者にはないけれども、「システム」というものを作り替えたいという強い志向をそこに感じ取ることができるし、「全体」と「部分」という視点からのユダヤ民族論もそこから導き出されたものであった。「全体性の断絶」（rupture de la totalité）とレヴィナスが呼ぶ出来事を描いた箇所をまず引用しておこう。

「われわれは〈すべて〉(All) を粉砕してしまっており、いまやそれぞれの部分がそれ自体でひとつの〈すべて〉である。われわれは、われわれの知識のこの継ぎ接ぎ細工 (Stückwerk) に沈潜するがゆえに、母たちの国〔ゲーテ『ファウスト』でのメフェストフェレスの言葉を参照〕への放浪の旅にあってもなお、この最初の命令、沈潜せよという命令の奴隷である。上昇すること、そしてそのなかで、継ぎ接ぎ細工が一体となって新たな〈すべて〉(neues All) を完成することは、のちにはじめて登場するだろう。」(『救済の星』三七頁)

それぞれが「全体」であるような諸部分の総体 (Ganze)、それが「メタ論理的世界」である。もっぱら「全体」が諸部分を決定するような視点から見ると、「メタ論理的世界」は無秩序な様相を呈するが、そこでは、個々の部分から他の部分や来たるべき「全体」へと無数の通路が走っており、このような「多次元性」(Vieldimensionalität) が多次元性とその逆説を失うことなく新たな「世界システム」(Weltsystem) たらしめることがローゼンツヴァイクの課題なのだ。一九一七年一二月一日にルドルフ・エレンブルクに宛てた書簡のなかで、ローゼンツヴァイクは、名著『ゲシュタルトクライス』の著者ヴィクトール・フォン・ヴァイツゼッカーに触れてこう書いている。

「ヴァイツゼッカーのシステム概念はまさに私が考えているものであり、また、おそらくローゼンシュトックのそれでもあるでしょう。私はそれをこう要約します。システムというものは、数多の石が建物を構成し、石が建物のために(ただそれだけのために)存在するような建築術ではありません。そうではなく、システムが意味しているのは、各々の個別者が他のすべての個別者との関係に向けての衝動と意志を持っているということなのです。〈全体〉は各々の個別者の意識的視界の限界の外にあって、各々の個別者はカオスしか目にせず、そこにみずからの触手を伸ばしているのです。ヘーゲル的システムでは、各々の個別者の位置は全体のうちに固定されるだけである(つまり、先立つものと後続するものという他の二つのものによって)。」(*cf.*, Reiner Wiehl : Experience in Rosenzweig's New Thinking, in *The Philosophy of Franz Rosenzweig*, University Press of New England, 1988, pp. 42-43)

実際、ローゼンツヴァイク自身例示しているように、ヘーゲル的システムでは、「社会」〔市民社会〕がそれに後続する「国家」およびそれに先立つ「家族」とに挟まれて存在する。そうであってみれば、ローゼンツヴァイクのユダヤ民族論はこのようなシステム概念のまさに解体をめざすものだったと言えるだろう。すべてがそれぞれ「全体」としてすべてと関係し合うようなシステム、カオス的と形容することもできるだろうし、ランダム・ネットワークとも呼びうるようなシステムを作り上げること、それが「救済」という人間の使命であり、みずから創造したわけではない世界を一元的システムに還元してしまった人間は、世界の被創造性、言い換えるなら神の無限性に気づくこと（啓示）によって、その使命に目覚めるのである。

ローゼンツヴァイクに改宗を踏みとどまらせた「暗い衝動」の正体がこうして明かされたわけだが、そうだとすれば、ユダヤ民族の「分離」、「自己自身」への根づきはそれだけで完結する事象ではないことになる。カオス的システムという「脱構築」はいまだ終わっていない。しかも、その方途はあらかじめ描かれているわけではない。だからこそ、ローゼンツヴァイクは「哲学の終焉」を「経験する哲学」（erfahrende Philosophie）の始まりとして宣言したのである。

方途が示されていないわけではない。しかし、驚くべき方途だ。「全世界におけるものごととすべての肉における精神との支配者〔神〕のまえに共に跪くことが、共同体に、そして言うまでもなく、共同体とそれに属する個人〔単独者〕に、普遍共同体（Allgemeinschaft）への通路（Heraustritt）を開くのである。そしてそこでは、だれも（jeder）がだれもでも知りあいであり、無言で——顔と顔を合わせながら（von Angesicht zu Angesicht）——挨拶を交わしうのである。」（『救済の星』五〇五頁）レヴィナスのいう「対面」、彼が「こんにちは」のような挨拶を極度に重視することの意味がここから豊かに伝わってくるだろう。

それだけではない。ローゼンツヴァイクの「血縁共同体論」はここに至って、法外な射程を有したものとして私たちの前に現れる。かねてより筆者は、ローゼンツヴァイクにおける根源語「と」を、アドルノの言う「パラタックス」のみならず、ドゥルーズ／グァタリが『アンチ・オイディプス』で語った「と」（et）によるマシニックな接合とも結びつけてきたが、「分離」を「逃走線」（lignes de fuite）、「経験する哲学」を「経験論」、「根づき」を「リゾーム」ないし「錯綜体」、新たな「世界システム」を「カオスモーズ」と置き換えることさえ決して不可能ではないのである。海の水滴のひとつひとつに言及したドゥルーズの『差異と反復』の最後の言葉は、筆者には『救済の星』の次のような一節と確実に呼応していると思われるのだ。

「永遠性の橋は、われわれの永遠の生の流れの源であった啓示の山の上にアーチを描く約束の星空から、この流れが注ぐ海――あの流れの満々たる水のように大地が主を知る知識で満たされるときに、いつの日か救済の星が立ちのぼることになる海がそれへと打ち寄せる約束の無数の砂粒へと架けられるのである。」(『救済の星』五四三頁)

しかし、この可能性はローゼンツヴァイクの継承者によって強く異議を唱えられてもいる。例えばレヴィナスは、おそらく生涯の筆記のなかで一度だけ「欲望する機械」(machines désirantes)という表現を書き記しながらこう言っている。「神の死は近年、衝動であるような欲望への価値論の従属に行き着いた。そしてこの衝動は、ある言い回しによると、人間がそれであるような欲望する機械のなかで整序される。」(*DD*, pp. 22-23)共存可能なのかそうではないのか、この点をめぐる不決定性はなぜ生じるのか。それを最後に考えてみよう。

5　貨　幣

先に、ローゼンツヴァイクにおけるユダヤ教とキリスト教との相補性ということを語った。ユダヤ民族が他の諸民族との連関を断って自己自身のうちに籠もるのに対して、宣教の歴史が如実に物語っているように、キリスト教は逆に「あらゆる外部を通っての拡張」(Ausbereitung durch alles Außen)をその本義としている。ユダヤ民族の自己への根づきを語ったときとはちがって、この拡張が、「自己」の喪失につながること、また、「限界」(Grenze)の逆説とでもいうべきものが問題としてそこに残されることを、ローゼンツヴァイクは指摘している。因みに「ヒトラー主義哲学についての若干の考察」でレヴィナスはすでにこのような「拡張」の観念に言及している、と筆者は考える。このような「拡張」にとっては、

「対立的なものが外部に残っていてはならないのである。むしろここでもまた〔ユダヤ民族の根づきの場合と同様に〕、あらゆる対立はなんらかのしかたでそれ自身の限界のうちに引きいれられねばならない。だが、おのれ自身のうちに根ざしている〈自己〉がおそらくもっていたようなそうした限界こそはまさしく、外部へのこの拡張にとってはまったく無縁であり、それどころか、考えもつかないものである――際限のないもの、あらゆる限界をくりかえし突き破るものが、どこに限界をもつというのだろうか。そのようなもの自体は、つまり拡張は、もちろん、そのような限界をもっていない。たしかに、それへ向かって拡張がなされる外部のほうは、限界を、つまり〈すべて〉の限界（Grenzen des All）をもっているかもしれない。」（『救済の星』五四五―五四六頁）

ユダヤ教が無限者との関係をそれがいかに逆説的であろうと強度的に圧縮してそれを「自己」たらしめているのに対して、キリスト教は「絶対的限界」を到達不能なものとみなして、「相対的限界」を不断に乗り越えていく。そこには永遠はなく、未来は明日ではないにしてもつねに明後日である。ローゼンツヴァイク自身の文章にはない「絶対的限界」「相対的限界」という『アンチ・オイディプス』の鍵語を用いたのはほかでもない、ローゼンツヴァイクの語っている動きが、ドゥルーズとグァタリの描く「資本主義」の動きとまったく同じだからである。別の術語を用いるなら、「脱領地化」と「再領地化」という二重の動きが果てなく繰り返されるのだが、それではいつまでたっても、内包できず対立せざるをえない外部が残るとローゼンツヴァイクは言いたいのである。「絶対的限界」の存在について、「～かもしれない」と断定を控えるような言い方がなされているが、これを、現存することがないとされた「分裂症者」に比すことができる。もっと言うなら、彼自身「無理数」という語を用いているように、ローゼンツヴァイクは「絶対的限界」を永遠の民族のあり方として「脱領地化」「再領地化」とは異質な次元にまずは位置づけたのである。

このような読解が妥当なものか否かは読者の判断に委ねたいが、少なくとも『救済の星』には資本主義についての考察も貨幣についての考察もまったく見られない。もっとも、「血」が「貨幣」なのだと云われるかもしれないが。そして、「貨幣」こそローゼンツヴァイクとレヴィナスを分かつ問題のひとつだったのである。イスラエル国建国直後、イスラエルよ聖地の「金庫番」たれと呼びかけたポール・クローデルの論考が引き起こした論争や、それに対するレヴィナスの応対については他の場所で幾度も論じたので、ぜひそれを併せ読んでいただきたいが、もうひとつこの点でレヴィナスにとって重要な準拠となったもの、というか人物を挙げておく。レオン・ブロワであり、なかでも彼の『婚約者への手紙』である。

捕囚の日々に綴られた手帳の一冊〔手帳6〕には『婚約者への手紙』からのかなりの分量の書き抜きがある。以前、「身代わり」を意味するsubstitutionと「売春」を意味するprostitutionが同義語であることを指摘したことがある。どうしても非常にデリケートな問題に波及せざるをえないし、おそらくそれゆえにレヴィナスも明言は避けているのだが、レヴィナスはボードレールにもクロソウスキーにもつながるブロワの言葉を引用している。

「君に知らせるべきだったのは、私の手紙でたえず使われている、売春という言葉の用法だ。女の側で、愛のない自己贈与が結婚において成し遂げられることがあるなら、それはおぞましいことで、冒瀆的に汚らしいことだ。それに比べれば、絶望による売春婦の状態など、主天使や熾天使の聖潔(sainteté)に似ている。」(『レヴィナス著作集I』法政大学出版局、一八六頁)

クロソウスキーであれば「生きた貨幣」(monnaie vivante)と言うところだろう。ブロワ自身は「貨幣とは貧者の血」であると言っており、「血」と「貨幣」がこうして結びつくことになるのだが、レヴィナスは実際、「〔ブロワにとって〕実存全体が、神的なドラマのうちに統合される。いくつかの例。女性器——キリストの幕屋。貨幣(argent)——(そのためにキリストが売られ買われた)——友情のしるし(signe de l'amitié)、等々」(同上一八二頁)と書いている。著作集第一巻を更に読み進んでいくと、「一九五一年」との記載の直前に、「貨幣」をめぐる断章が置かれていて、その冒頭には、「人間を買うことを可能にし、それゆえ卓越した活動を表のと同時に、貨幣は人間〔人格〕の承認でもあるのだが、しかし貨幣は、意志がすでに自分を裏切り、他人と裏切り者として扱うところに入り込む」(同上三九六頁)とある。後で立ち戻るが、貨幣の機能がそこで「秘密裡の所有」(possession secrète)、「隠すこと」(dissimuler)に求められているのは興味深い。「貨幣は、それを変動や公開性から保護するような形態のなかに避難する」（同上三九七頁）、というのだ。

このような過程を経て、一九五四年発表の「自我と全体性」の末尾で、レヴィナスは「貨幣」（『レヴィナス・コレクション』ちくま学芸文庫、四三〇―四三三頁参照）をひとつの「哲学範疇」たらしめることになる。すでに先の引用文で示唆されているように、「貨幣」においては「量をもたぬものの一般化、量をもたぬものの方程式」が形成されるが、すでに先の引用文で示唆されているように、そこで人格が維持されると同時にそれが取引の対象にされてしまうという意味で、「貨幣」は「両義的な媒体」である。言い換えるなら、貨幣は諸個人を全体の外に置くと同時に全体のうちに包摂するのだ。ただ、この論考では、「貨幣の両義性（ambiguïté）によって可能となった人間の数量化による新たな正義を予告してもいる」という点が強調されるに至っている。「贖い（rachat）の正義」とも言われているが、そもそも「量も補償もない正義などありうるのか」という点が問われねばならないし、仮にそのような正義があるとしても、暴力と復讐、復讐と赦し、赦しによる悪の鼓舞という地獄の循環ないし悪循環を永続化させるのではないだろうか。

その後、レヴィナスはベルギーの銀行家たちに招かれて一九八六年一二月、ベルギー貯蓄銀行連盟主催の講演会で「貨幣」をめぐる一連の考察を披露、その記録は『エマニュエル・レヴィナスと貨幣の社会性』〔邦訳『貨幣の哲学』法政大学出版局〕としてロジャー・ビュルグヒュラーヴによって出版されているのだが、今改めてレヴィナスの仕事を振り返ってみるとき、ここに最も重要な問題があったのではないかとの思いを抱かざるをえない。また、世界がその様々な平面で直面している最も困難な問題のひとつもそこにあるのではないだろうか。

まず「貨幣」の発生について、レヴィナスは「厳密に言うなら、事物は自同性をもたない。事物は他の事物に転換可能であり、貨幣となることができる」（*TI*, p. 148）と書いているが、ある事物が貨幣と化すことを「第三者・第三項」（tiers）の観念と結びつけて説明する一方で、他方では、ラビの釈義に即して、『創世記』一・二「神の霊が水面の上を漂う」にいう「水面の上」と、『創世記』二四でリベカが与えたとされる水瓶の水とを結びつけつつ、リベカないしシケルという「貨幣」の役割を説明している。別の場所で示したように、「水面の上」（au-dessus de la surface de l'eau）という奇妙な平面は「存在すること」に対する「存在するとは別の仕方で」（autrrement qu'être）の位相を表しており、この「内存在性の利害からの脱出」（dés-inter-essement）に、マルクスが語ったような、交換される事物の系列からのある事物のいわゆる「命懸けの飛躍」が重ね合わされるのである。これまでの考察は更に、この過程が、ローゼンツヴァイクの描いたユダヤ民族の他の諸民族からの「分離」と「自己への根づき」と同一の過程であることを示している。「自我」の「自己」への退却と言い換えてもよい。

ここでレヴィナスはマルクスのことを考えざるをえなかった、と筆者は思う。フィリップ・ネモとの対談（一九八二年）で「マルクスにも〔ハイデガーと同様〕許せない多くの点があります」（*EI*, p. 40）と発言する一方で、彼はビュルグヒュラーヴとの対談（一九八六年）では「マルクス主義には愛があります」（『貨幣の哲学』六一頁）と強調してもいる。「貨幣はイスラエルの嫉妬深い神であり、その前には他のいかなる神の存立も許されない。［…］貨幣はあらゆる事物に普遍的な、それ自身として構築された価値である。だがそれは、全世界から、人間の世界からも自然からも本来の価値を奪ってしまった」（『マルクス・コレクションI』筑摩書房、二二八頁）といった『ユダヤ人問題に寄せて』の言葉にも、また、「貨幣は一般的な娼婦である」（同上四三二頁）という、シェイクスピアの詩句を踏まえたマルクスの指摘にもレヴィナスは反撥したのかもしれないが、と同時に、ローゼンツヴァイクならびに自分自身の議論との同型性に気づかざるをえなかったのではないだろうか。

愛がある、という点に関しては、「貨幣は和合しそうにないものの和合であり、たがいに矛盾しあうものを無理やりキスさせる。／人間であるかぎりでの人間と、人間的な関係であるかぎりでの人間の世界にたいする関係とを前提とすれば、君がたとえば愛と交換できるのは愛とだけであり、信頼を交換できるのは信頼とだけである」（同上四三四頁）といった箇所が思い浮かぶが、レヴィナスはマルクスとはちがって「貨幣」を否定することなく「愛」を、「新たな正義」を語った。そのためにはどうすればいいのだろうか。

そのためには「貨幣」は、一方では「同じ秩序に属するA-B-C-Dの他性とは別の他性」（同上九四頁）でありつつも、他方では、このように諸項と「分離」した超越的審級として諸項を全体化し差異を還元する自身の動きを妨げる動きを含んでいなければならない。「所与」としての「共通な第三項」への融即による「集合体」の形成をレヴィナスが強く拒んでいたこと、また、それに代わって彼が「共通なもの」と「贈与」を結びつけていたことをここで想起していただきたい。「貨幣」を語りつつもレヴィナスが、「交換」に対する「贈与」の先行性を強調するのもそのためである。そしてここにもブロワが介入していたのだ。

「われここに（*me voici*）はふんだんに与えることへの、身体性への繋縛である。身体は与えることならびにそれが要するものすべての条件そのものである。そこに貨幣の意味がある。レオン・ブロワは、自分にお金をくれる者を友人と呼ぶことができた。」（*DMT*, p. 216）

「貨幣」の「秘匿性」がここでは、私的所有と私財の蓄積としてではなく、派遣されるべき、贈与されるべき「私」の「特異性」として捉えられており、「一は‐他の‐ために」（l'un-pour-l'autre）という筋立ては、「贈与」が「比較されるべき比較不能なもの」としての「他者」の「特異性」に向かうものであることを告げている。ここに経済的共同体を超えた「共同体」が成立する。「共同体」という語を用いているのはレヴィナス自身である。

「予測不能ではあるがつねに閉じられている、この経済（économie）という広大な秩序の閉塞と監禁に対立するのは、唯一者から唯一者への超越であり、まさに異邦人であるがゆえに類の共同体を持たない異邦人たちのあいだの超越である。［…］類の共同体以上に良き共同体であり、一者が他者に対して無‐関心‐ならざることである。」（『貨幣の哲学』一〇一‐一〇二頁）

『存在するとは別の仕方で』の主張が「貨幣」に依存したものであることがこうして明らかになったわけだが、先に「両義性」という語が使われていたように、貨幣は「存在すること」と「存在するとは別の仕方で」、「経済」と「唯一者から唯一者への超越」という相反するものを共存させる力を持っている。この逆説的共存――ドゥルーズ／グァタリであれば「共存立」（consistence）と言うだろう――を表すために、「交替」（alternance）や「曖昧語法」（amphibologie）という語が用いられることもある。その結果、一方では、例えばカントのように「尊厳」を市場価格なきものと単純に捉えることはできなくなるが、他方では、「同害刑法」（loi du talion）についてのレヴィナスの解釈――眼を損なえばその目を返さねばならない――が言うように、「貨幣」の全能が「貨幣」によって否定されるのである。

今引用した箇所で、「経済」という広大な領域を形容するために使用された表現は、「脱領地化」しつつも「再領地化」し、「相対的限界」を押し広げつつ新たな「相対的限界」を設定する動きとして捉えることができる。そして、ローゼンツヴァイクの場合と同様、ここでもまた「絶対的他性」との「対面」が「絶対的限界」――無限――として機能していると言ってよい。こうして、資本主義社会のなかでの倫理、資本主義と倫理という視点からレヴィナスの思想を捉え直す可能性が開かれたわけだが、『アンチ・オイディプス』の資本主義／分裂症論とのこのような同型性は、すでに示唆したように、背反性でもある。一方が絶対的な「内在平面」を語るのに対して、他方にあっては、そのつどの「対面」が絶対的「超越」の経験であり、神ないし「彼の痕跡」の絶対的先行性が先の「両義性」を階層化し、「贈与」「慈愛」という一方の項ならびにそれを担う者、任意の自我でもあればユダヤ民族でもある者の起源化をもたらしている。

それにしても、「政治」ならびに「市民社会」についてと同様、資本主義的経済についても、そこで不可避的に生起する不正を「贈与」と「犠牲」のいわば「メタ経済的」とも言える倫理によって問い質すというこの構図を今私たちはどう考えればいいのだろうか。ベルクソンの言葉を使うなら、それは「よりよきもの」(meilleur) へ向けての審問であるよりもむしろ、二つの次元の「二重狂乱」(double frénésie) をもたらすのではないだろうか。この点については「状況篇」で論じることにしたい。(ひとつだけ付記しておくと、「貨幣」を論じる過程で、レヴィナスは「贈与」「交換」に加えて「分かち合い」〔partage〕という語を用いている〔『貨幣の哲学』六五頁参照〕)。

ここで問われていることに関しては、「境を接する」という事態、「境界の共通性」をどう考えるか、この点にすべてが懸かっているように思われる。「貨幣」の「命懸けの飛躍」は、「貨幣」がひとつの「商品」として他の「貨幣」との不均衡的動態を成すことの起源であるよりもむしろ、この動態のなかのひとつの動きではないだろうか。離散し他の国家に寄留するにせよ「ユダヤ人国家」を持つにせよ、ユダヤ民族なるものはつねに他の人々と境を接してきたし、今も境を接しているし、これからも境を接し続けるのではないだろうか。しかも、この境界は「ユダヤ民族」と呼ばれるもののなかにも幾重にも引かれているのではないだろうか。レヴィナス自身、ローゼンツヴァイクが経験しなかった事象として、「ユダヤ人」国家の創設とそれを通じてのユダヤ人の「世界史」への（再）記入を挙げていたが、それもまた境界の複雑化を示す現象のひとつであろう。

6　「共通概念」

「境を接する」という事態に注目した哲学者のひとりにスピノザがいる。スピノザにとって、どんな「個体」も「複合体」であり、そこでは、それ自体が「個体」であるような部分同士が何らかの仕方で接触して、それ自体がある「個体」の部分であるような新たな「個体」を合成する。例えば乳漿とリンパから血液ができるように。接触面の大きさによって、スピノザは接触する物体を「剛」「軟」「流動的」に分類しているが、接触は、レヴィナスがまさに「接触」(contact)について指摘するような裂開と相容れないわけでは決してない。あるギアと別のギアが嚙み合うように、異なる諸「個体」がある「個体」を合成するわけだが、この合成は必ずしも首尾よく成就されるとは限らない。例えばある器官が増殖したり逆に損傷したり、その機能が異常に嵩じたり減じたりすると、合成や協働どころか、他の器官も破壊され、それが次々と伝播してくことになる。また、合成や協働と言っても、それはいわゆる安定と調和であるわけではなく、不均衡、ずれ、齟齬をつねに伴っている。

このような考え方の背景には、いかなる「個体」も、数的区別は実在的区別ではないという視点から「ひとつの」と言われる「実体」の「ある程度の表出」であるという発想がある。「ある程度の表出」を「分有」(partage)と言い換えることができる。しかし、「実体」は絶対的に無限なものであるから、この「分有」は大小様々な「個体」（複合体）を構成しつつも、類比的位階を成すことがない。「自己の及ぶ限り」と表現される「自己保存の努力」、それをスピノザは「徳の唯一の基礎」とみなしたが、ここでは、「努力・傾動」（コナトゥス）は、すでに確定された「個体」の維持ではなく、ある複合体のそのつどの、暫定的な強度的統一であって、それ自体が諸個体の接触的協働の所産であり、またそれゆえ、相互の触発を通じての、他の個体との接触的協働の模索たりうる。「私のために」の最大が「他のために」の最大でありうるような構制がこうして形成される。そこでは、ある個体の「特異性」と絶対的差異は諸個体の「共通性」と背馳するものでは決してない。このような物体的接触の「観念」が「共通観念」ないし「共通概念」(notiones communis)であるのだが、かくして、「共通概念」による「第二種認識」から、絶対的無限のなかでのある「個体」の位置とその特異性の直観たる「第三種認識」への移行が可能となるのだ。この点についてドゥルーズは、「第二種と第三種の認識とのあいだには断絶はなく、神〔自然、実体〕の観念の一側面から他〔の側面〕への移行があるにすぎない。」(『スピノザ――実践の哲学』平凡社ライブラリー、一〇九頁)

レヴィナスもまたスピノザと同様「数的ならざる多様性」を探求した。が、「共通性」の不在としての「特異性」から特異な者たちの「共通性」の構築へというレヴィナスの歩みとは逆向きの歩みがここにある。「思考と自由は分離ならびに〈他人〉の顧慮から到来する――この主張はスピノザ主義の対極にある」(*TI*, p. 108)と書いたとき、レヴィナスはこのことを意識していたように思われる(「スピノザ主義の対極」というこの表現については、筆者自身すでに様々な解釈の可能性を提示してきたので、是非ともそれを参照していただきたい[1])。レヴィナスにとって、スピノザのいう「実体」は〈他〉なき〈同〉であり、そこでは絶対的他性はありえず、「糧」のような「他なるもの」(autre)が語られるとしても、それは〈同〉に同化吸収されるものでしかなかった。「経済」(エコノミー)について、レヴィナスが「〈同〉の分肢にすぎない」と言っていることも付け加えておく。そのレヴィナスにとって〈同〉であるもののなかで、無数の「様態」がそのつど特異な複合体として相互に接触しつつ動態的変動を続けているのである。それは紛争の、戦争の、侵略の、恐慌的変動の、移動の連続かもしれない。しかし、だからこそ、「ノアの裔」(Noachide)のような、ユダヤ人と非ユダヤ人との共存を可能にするかもしれない重要な掟も、スピノザにとっては、あくまでこのような騒乱のなかでの「共通概念」の形成として追求されねばならないのであって、マイモニデスの言うようにモーセの啓示を通して受け取らねばならないわけではないのだ(スピノザ『神学・政治論(上)』

光文社、二五〇―二五二頁参照)。この掟の解釈ひとつを取っても、レヴィナスが一方で「世俗性」にこだわりつつ、他方でマイモニデス、ヘルマン・コーエンの系譜に身を連ねる限り[2]、「共同体」をめぐる問いは、「スピノザ主義」との新たな対決を不可避のものとしてレヴィナスの哲学に促しているのではないだろうか。

註

＊レヴィナスの著書については以下の略号を用いて示した。

TI *Totalité et infini*, Martinus Nijhoff, 1971.〔『全体性と無限』〕
DL *Difficile liberté*, Albin Michel, 1973.〔『困難な自由』〕
AQE *Autrement qu'être ou au-delà de l'essence*, Martinus Naijhoff, 1974.〔『存在するとは別の仕方で　あるいは存在することの彼方』〕
EDE *En découvrant l'existence avec Husserl et Heidegger*, J. Vrin, 1974.〔『フッサール、ハイデガーと共に実存を発見しつつ』〕
SS *Du sacré au saint*, Minuit, 1977.〔『聖なるものから高潔へ』〕
EE *De l'existence à l'existant*, J. Vrin, 1978.〔『実存から実存者へ』〕
EI *Ethique et infini*, Fayard, 1982.〔『倫理と無限』〕
DD *De Dieu qui vient à l'idée*, J. Vrin, 1982.〔『観念に到来せし神について』〕
HS *Hors sujet*, Fata Morgana, 1987.〔『主体の外へ』〕
EN *Entre nous*, Grasset, 1991.〔『われわれのあいだで』〕
DMT *Dieu, la mort et le temps*, Grasset, 1993.〔『神・死・時間』〕
QLT *Quatre lectures talmudiques*, Minuit, 2005.〔『タルムード四読解』〕
OE *Œuvres 1*, Grasset, 2009.〔『著作集』第1巻〕

（1）拙論「「スピノザ主義の対極にて」?-」（合田正人編『顔とその彼方』知泉書館、二〇一四年、所収）などを参照。

（2）この点については拙論「現代ユダヤ教倫理学をめぐるひとつの系譜学的対位法」（『CISMOR ユダヤ学会議』第四号、二〇一〇年、三二―四二頁）を参照。

Ⅱ

増田一夫

忌避される共同体

デリダと主権の脱構築

私はあまり共同体という言葉が好きではありません。それが示す物が好きかどうかさえ自信がありません。[1]

ジャック・デリダ

差延、脱構築、音声ロゴス中心主義、肉食－ファロス－ロゴス中心主義など、新奇な用語を提案したジャック・デリダは、他方でエクリチュール、痕跡、正義、友愛、喪、贈与、赦しなど数多くの言葉について、それらの伝統的な意味をずらし、新たな意味を装塡して独自の思考を展開してもいる。しかし「共同体」は、そのような語からは漏れている。「共同体」は、脱構築を進めるうえで重要な役割を与えられたこともなければ、脱構築すべき対象――少なくとも主要な対象――となったこともない。とはいえ、稀にしか現れない語だというわけでもない。後ほど見るように、デリダは、共同体をめぐって他の思想家――同時代人では、とりわけジョルジュ・バタイユ、モーリス・ブランショ、ジャン＝リュック・ナンシーなど――が展開した系譜を肯定的に引きつぎ、それに対する負債、しかもけっして軽微ではない負債を認めている。にもかかわらず、自分からは積極的に共同体について語ることはない。そればかりか、冒頭の銘にもあるように、あからさまに距離を取るような姿勢を示している。例えば「来たるべき民主主義」を提唱する際には「民主主義」という呼称を残したのに、共同体については、これまでの諸規定を脱構築しながら、「来たるべき共同体」というかたちで新たな「共同体」の可能性を模索しようとはしないのである。

どうしてだろうか。この姿勢を、長年にわたるデリダの読者であり、彼の著作と対話もしくは対決してきたナンシーも指摘している。彼ら二人、そしてフィリップ・ラクー＝ラバルトが共に顔を合わせる最後の機会となった鼎談のなかで、彼は次のような言葉を直接デリダに宛てている。「この人民〔peuple〕の問題系のようなものが君にはないだけでなく、君はpeupleという語を使おうとすらしない。それは僕が使う言葉の一つなのだけれど、君はというと、使いたくないと一度ならず僕にはっきり申し渡した。共同体という語と同様に」[2]。

なぜ、「人民」や「共同体」を使うことを避けるのか。何が問題なのか。ナンシーはここで、ハイデガーの *Volk* との連続性において語っている。「人民」でもある *Volk* の危険性、それが「民族」と理解され、自民族中心主義的ひいては人種主義的に用いられる危険性を想像することはさほどむずかしくない。だが、「共同体」はどうだろうか。「共同体」に差異を持ちこみ、「共同体」を外へと開き、必然的に他者を含むような共同体概念を打ち出し、歓待の法のもとにそれを置くことはできないのか。「共同体」が含意してしまう閉鎖性を放棄させ、未曽有の意味をその語に与えることはできないのか。従来了解されてきたのとは異なる意味をある語に盛り込む作業を、デリダは何度もおこなってきたはずである。冒頭に列挙した語たちも、それを経験している。しかし、「共同体」はそのような対象から外され、その語の使用を避けたいという意思が一度ならず表明されている。何がその語の忌避を動機づけているのか。その忌避に何が賭けられているのか。

以下では、デリダにおいて「共同体とは何であるか」、そして「なぜ共同体が忌避されるのか」という点について若干の考察を試みてみたい。先取りするならば、「共同体」と友愛、兄弟愛、主権、決断、戦争といった問題系との関わり、そしてカール・シュミットという両義的な思想家に対する構えがそこから浮かんでくるはずである。

1 困難な帰属

「共同体という言葉が好きではない。それが示す物が好きかどうかさえ自信がない」とデリダは言う。彼独特の話法の一つなのかもしれないが、やや不思議な発言である。ふつう、「物」に対する警戒や嫌悪がまずあって、その次に「言葉」に対する警戒や嫌悪が生じると考えがちではないだろうか。デリダが「人民」や「共同体」という語さえ使わないというナンシーの指摘も、「物」から「言葉」への順序を想定しているように思われる。もっとも、ここでのデリダの発言は、「人が言うように『物』と『言葉』を分けるならば」という暗黙の前提が付いているのであって、彼の思考においてつねにこの区別が見られるわけではない。その点を断ったうえで、彼の身振りに倣い、「言葉」と「物」の区別と順序を尊重することを一つの読解手順《プロトコル》として考察を進めたい。ただし論述に際しては、彼の基本姿勢に関わる順序――なぜ基本姿勢であるのかをここで示すことはできないが――を逆転して、共同体という「物」に彼がどのように関わってきたのかについてまず触れ、次いで「言葉」について見てゆくことにする。

一九九一年の『割礼告白』は、当時の多くの読者にとって意外な文章であった。そこでは、「色黒でとてもアラブ的な小さなユダヤ人」(3)が、一九四二年にアルジェ近郊のベン・アクヌーンのリセから追放されたことが明かされている。後の著作で展開される「最後のユダヤ人」（*Circonf.*, 178）という自己表象が初めて現れるのも、この文章においてである。ある時期までみずからの画像を公開しようとしなかったため、デリダは生身の存在を感じにくい、いささか神秘的な存在であった。また、凝りに凝ったエクリチュールの駆使と、「テクストの外部はない」(4)といった大胆な発言のため、現実を捨象し、書かれたもののみを思考の対象とする思想家という短絡的なレッテルを貼られていた。一人称単数で語られる『割礼告白』の伝記的事実は、そのような思想家の身体性を、過去を、帰属を明かし、ようやく著者と現実との結びつきを保証するもののように思われたのである。

文芸や人文学を扱うジャーナリストたちも、その著者を読解する鍵を読者に提供しようと、くり返しその伝記的要素を本人に確認することになった。冒頭に引用した文言が発せられたのも、そのようなインタビューのなかだった。話題はデリダのアルジェリア時代、高等師範学校時代、そして彼の著作へ、さらに書き手から読み手へと移ってゆく。独特のエクリチュールが駆使されたその著作を誰に対して宛てているのか、受け手たちの読書の仕方を変えようとしているようだが、それと同時に、「読者の共同体」のようなものを作るよういざなっているのではないのか……。それに対する答えが、自分は共同体という語も、そしてその物も好きではないという文言であった。「でも、それを用いたのはあなたですよ」と指摘するインタビュアー。それには直接に答えず、デリダは共同体をめぐる考えの一端を述べる。「しばしばそうであるように、共同体という語でもって一つの調和的な全体〔ensemble〕、すなわち不一致や戦いの現象の下にあるコンセンサスや根底的な合意を暗に了解するなら、私はあまりそれ〔=共同体」を信じないし、そこに約束と同じくらい脅威を予感するのです」（*PdS*, 366）。

不一致や戦いという直接目に見える現象の下に調和的な全体があるという構図。「〜がある」は、形式上は事実を確認する発言である。だが、この事実確認的な発言を、無条件に、額面通り受け取ることはできるだろうか。対立や分裂に満ちた現象の下に実は不動の均質性や統一性・単一性があるとしたとき、どのような力学が発生するのだろうか。いずれにせよ不動の全体があるのだから、現象上の不一致や戦いは放置しておいても構わない、という自由放任の力学とはかぎらない。むしろ上記の構図は、すぐさま、そのような全体があらねばならないという態度への転化を促す可能性を孕んでいる。さらに、そのような全体があらねばならないという要請から発して、現象においても調和を実現する要請、不一致や不和を制限し、抑圧する要請を発動しかねない。全体の名による秩序への復帰および一致団結への呼びかけ、造反分子の弾圧、他者の排除。それは、ある時期からデリダが「自己免疫」と呼ぶようになったメカニズムにほかならない。防衛機制が暴走し、おのれのうちに芽生える新たな要素、他なる要素を攻撃して、外部への、来たるべきものへの開けを封じ、おのれの未来を閉ざしてしまうという悲劇。一致団結して輝かしい目的を目指すという共同体の約束は、つねにそのような悲劇に脅かされているという。たしかに、歴史をふり返れば、その具体例は枚挙にいとまがないだろう。そうした「自己免疫」の脅威は、共同体にはつきものである。「共通に課せられた自己免疫性〔*com-mune auto-immunité*〕としての共同体、つまりみずからの自己免疫を、すなわち自己防衛（自己の無傷の保全の維持）の原理を破綻させてしまう自己破壊の原理を維持しない共同体など存在しない。そしてその維持は、なんらかの不可視で亡霊的な生－存〔sur-vie〕を目指しておこなわれるのである[5]」。

この文の含意をここで展開することは断念せざるをえない。ただ、個々の構成員よりも上位にあるとされた、超越的な、亡霊のごとき全体性の保全や存続を目指すあまり、自己を破壊してしまう力学が語られているのは見て取れるだろう。引用部分の直前には、「いかなる共同体の内にも沈黙裡に作用している死の欲動」という文字も読まれる。共同体は、共生の希求ではなく死の欲動によって成立している。「読者の共同体」についてインタビュアーから問われた際のデリダの回答は、そこまで否定的ではない。彼は言う。そのような共同体があるとするならば、「その限界はその開放性〔ouverture〕です」（PdS, 366）。直感的に表象するのがむずかしい定式化である。共同体は開かれているべきであって、それはみずからの開放性を限界として持つ。ところが、通常、「限界」は内と外とを分ける。しかし、ここで語られている限界は内と外とを通じさせる開放性にほかならないため、両方の場を分ける閉鎖や分割の機能を有することはない。むしろその否定である。それは、限界もしくは境界線から見ると、一種の反意であり、それを含む命題も撞着語法である。開放性という、限界を無効化するような限界を持った共同体。そのような共同体もまた、従来の共同体をめぐる了解に安住することはできない。次の発言は、読者たちの共同体をめぐるものであるが、共同体一般に関する考え方としても妥当するだろう。「共同体を創設する喪と約束の経験、それはまた共同体が結集するのを禁じるものであり、別の仕方で、まったく別の契約に署名をするだろう他なる共同体を予備として保持している」（PdS, 366）。共同体は、つねに他の共同体をその胎内に宿していなければならない。だが、来たるべき他の共同体もさらに他の共同体を宿している……。だから、共同体という語に執着することにあまり意味はない。「共同体」という語を用いるよう強いられて、デリダはそう述べているかのようである。

共同体という「言葉」にではなく、その「物」に彼がどのように関わったかに戻ろう。一九九二年の講演をもとにして書かれた『他者の単一言語使用』には第二次世界大戦中の出来事が語られており、なかでもユダヤ系の人々が、市民権の剥奪によって無国籍状態を強いられ、二年あまりしてようやくそれを回復したことが述べられている。[6]デリダ自身も、そのような憂き目に遭った一人であった。当時、アルジェリアにナチの軍勢が押し寄せてきたわけではなかった。フランス本土の北半分が占領され、それ以外の地域はヴィシー政権の統治下にあったとはいえ、「アルジェリアでは、ドイツ軍の制服など一着も見られなかった」（Monoling., 36／三二）。ユダヤ系の人々に対する仕打ちは、純粋にフランス人によって決定され、遂行されたものであった。「彼らはまったく独自に、自分の頭で考えて、そのことを決定した。連中はずっと前からそのことを夢みてきたに違いなく、まったく独自にそれを実行した」（Monoling., 35／三一）とデリダは述べ、自分の市民権がかくまで「不安定な、日の浅い、脅かされた、かつてないほど人工的なもの」（Monoling., 33／二八）だったことを悟ったと述懐する。このような経験をしてしまった後では、フランスという共同体に対して癒やしがたい不信感を抱くことになっても不思議はないだろう。
だが、フランス共和国――もしくはヴィシー政権が用いていた名称「フランス国」――という共同体から排除された段階で、デリダは他の共同体を自分にとってより本来的とみなしてその一員として振る舞おうとはしなかった。彼は、より自然であるとされたユダヤ人共同体への帰属を割り当てられ、そこへと投げ返される。公立の学校から追放され、世界ユダヤ連盟が運営していた学校の生徒となっても、規則正しくそこに通うことはなかった。ユダヤ人共同体のその機関に背を向け、両親にも告げずに一年近く学校をさぼり、従兄弟が経営する小さな時計店に行って、「味方」の兵隊が売春宿の前で列を作るのを見ていたという（*Circonf.*, 164）。

ユダヤ人共同体のなかで、彼は息の詰まるような閉塞感を覚えたようである。そこに安住を見いだすどころか、そこにおいてこそ「生涯を通じて『共同体的』経験に不向きにし、どこそこへの帰属を享受できないようにした災禍、不快、不満を我が身に背負うようになったのではないにしても、［…］そういったことを認識し始めた[7]」という。差別から身を守り、差別に対抗するために、特定の人種への指定を引き受けて集団を形成すること。それは、被差別側が差別の根元に働く当の原理に――ある時点で自分たちも差別する側になるというリスクも引き受けつつ――訴えることを意味する。デリダは、その逃れがたい逆説をすでに感じていた。不意に市民権を剥奪されたという衝撃、国家への不信、そもそも国籍剥奪以前からフランス人共同体に受け入れられていなかったという発見。それでも彼は、ユダヤ人共同体へと十全に所属することはできなかった。共同体形成のなかに、あまりにも国家による排除と対称的な暴力を感じてしまったからである。もちろん、迫害という状況において、共同体的な自己防衛に頼るのを告発したり非難したりできないことは彼も認める。「しかし私はそこに欲動〔pulsion〕を――すなわち、あまりにも対称的なやりかたで応答し〔répondait〕、実は追放〔expulsion〕に相当する＝応答し合う〔*correspondait*〕集団的強迫〔*compulsion*〕を強く感じざるをえなかった[8]」。彼の自伝的記述を信じるならば、安定した帰属を不可能にする「アイデンティティ・トラブル」（*Monoling.*, 32／二八）は、その時期に由来している。

帰属とアイデンティティをめぐるデリダのトラブルは、しばしば指摘されている。エヴリーヌ・グロスマンは、

「周知のように、彼は何かに所属できたためしが……または長期にわたって所属できたためしがけっしてない人だった。いかなるグループにも、いかなる制度にも、いかなる権力の場にも」[9]と述べている。そのあり方は、ミシェル・フーコーとある意味で逆だという。たしかにこの思想家もある種の反逆を体現していたには違いないが、両者の反逆は完全に同じものではなかったというのである。有力出版社ガリマールと権威ある高等教育機関コレージュ・ド・フランスの中心に長期にわたってあったフーコーの経歴を顧みるとき、納得できる指摘であろう。

だが、ことさら共同体との関係に着目したとき、さらに好対照をなす思想家がいるように思われる。エマニュエル・レヴィナスである。彼は、少年デリダが背を向けた世界ユダヤ連盟の教育担当職員であり、後にはフランス語圏ユダヤ知識人会議の常連ひいては中心的なメンバーであった。そこで彼がおこなった講演の一部は、『タルムード四講話』[10]として刊行されている。その会議には名の通ったユダヤ知識人のほとんどが登壇しているが、デリダはその例外であった。彼の登壇があまりにもありえないように思われたためか、あるレヴィナスの伝記には、「数あるユダヤ系フランス人哲学者のなかで、〔その会議に〕デリダの姿が見られることはけっしてないだろう」[11]と未来形で記されているほどである。そのデリダが、レヴィナスが時折するように、「われわれユダヤ人〔nous autres juifs〕」と読者や聴衆に呼びかけることは考えにくい。共同体への帰属を強いるようなトーンで「われわれ」と言うのを、彼は執拗に拒むのである。

「われわれ」からの排除と、「われわれ」への包摂。いずれの場合も何らかの暴力が働く。その「われわれ」をいとも気安く用いる人々に対して、デリダは違和感ばかりでなく、恐れやおののきまでも覚えることがある。その一例を『アーカイヴの病』[12]に見ることができるだろう。その著作で彼が取り上げるのは、ヨセフ・ハイーム・イェルシャルミの『フロイトのモーセ――終わりあるユダヤ教と終わりないユダヤ教』[13]であるが、その著者が精神分析の創設者フロイトをユダヤに帰属させようとする身振りがとりわけ問題になっている。学術的な文書においては、フロイトに三人称単数を充てるのが通例である。しかしイェルシャルミは、著作の第五章を構成する「フロイトとのモノローグ」で、フロイトに「あなた」と呼びかけることからはじめ、ある時点から自分と合体させるかのように

「われわれ」へと移行する。なぜ一人称複数を用いるのかについて、著者は次のように説明する。「ここで問題になっており、そもそもこの本を通じて問題になっていたことについて、われわれは二人とも、ユダヤ人として同じ賭け金を有している」(*MdA*, 67／六四)。われわれは二人とも、ユダヤ人として。他者の言わんとしていることの、自信に満ちた、有無を言わせぬ我有化。語らぬ死者に対する、絶対的な非対称性。ユダヤ人としての賭け金は必然的に共通であり、ユダヤ人たるものはユダヤ性の本質から発して考え、語っていると言わんばかりの無条件的な前提。共著者でさえないフロイトはこの「われわれ」を希望しただろうか。ユダヤ人として、さらには同じユダヤ性から発して語ることを望んだだろうか。「おまえはユダヤ人だ」という一方的な宣言は、忌まわしい記憶を思い出させないだろうか。

そればかりではない。イェルシャルミの著作で問われているのは記憶の問題であるが、彼はフロイトが慎重に区別する生物学的な形質と獲得形質との区別を解消するような身ぶりも見せている。『思い起こせ』という命令が一民族すべてにとって宗教的命令となっているのはイスラエルだけであり、他の民族には見られないことである」(*MdA*, 121／一二七)という発言は、その好例だろう。この発言を、デリダは受け入れることができない。彼は、おののきながら、それがイェルシャルミの言う記憶としての正義なる思想と合致するのかどうか自問してしまう。「私がおののきつつその文が正しい〔justes〕かどうかと自問してしまうのは、まさにこの正義について考えながらである。これらの文は、そのものとしての未来と過去、希望(「未来への特殊な希望の先取り」)と記憶の義務(「思い起こせという命令」)を、イスラエルに割りあてる。それは(「イスラエルにおいてのみであり、他のどこにも見られない〔only in Israel and nowhere else〕」、「一民族全体への宗教的命令として〔a religious imperative to an entire people〕」とあるように)、唯一イスラエルによって、民族〔*peuple*〕としてのイスラエルおよび全体〔*totalité*〕としてのイスラエルによって、感じ取られるという役割指定なのである」(*MdA*, 121／一二八)。民族という全体とその本質とを規定すること、記憶の義務は自動的、ほとんど遺伝的な仕方、準生物学的な仕方でその民族全体に共有され、他のどこにも見られないとすること、それは恐れとおののきに値する。その論法と、ユダヤ人と呼ばれる人々に未曽有の災禍を被らせることになった論法との類似を思わずにいられるだろうか。その話法に法外な暴力が潜むことを否定するのはむずかしい。

精神分析の父権的もしくは家父長的な形象としてのフロイト。しかし、死せるフロイトは、その権威をもってしても「われわれユダヤ人」への回収に抵抗することができない。「彼は、提案された〔proposée〕と同時に押しつけられた〔imposée〕この共同体を拒絶できない。彼は、この契約に対して『然り』としか言えず、この契約にもう一度入らなければならない」（*MdA*, 67／六五）。デリダが「もう一度」と言うのは、フロイトが生後七日目に割礼を受け、ユダヤ人共同体の一員とされていたからである。そこでもすでに、彼の同意なしに共同体への包摂が遂行されていた。死せる家父長の亡霊は、かつての新生児と同じ仕打ちをこうむったわけである。亡霊と新生児、この文脈でこの両者は、絶対的な無力と他律性の状況に置かれ、「共同体的非対称性の暴力」の対象となる。デリダが括弧のなかで語る部分であるが、重要なことを述べていると思われる以下のくだりを引用しておこう。

（［…］この共同体的非対称性の暴力は、法外であると同時に、まさしく、きわめて共通の＝共同なる〔*commun*〕ものにとどまる。その暴力は共同なるものの源であり、われわれが誰かに話しかけるたびにそのつど生じている。すなわち、「われわれ」を想定しつつ〔*supposant*〕、ということは「われわれ」を押しつけつつ〔*imposant*〕、したがってそのようにして他者を亡霊的と同時に家父長的な乳児というあの状況へと組み入れ〔＝書き込み〕つつ呼ぶたびに生じているのである。）（*MdA*, 68／六五―六六）(14)

法外な帰結をもたらしかねないこの暴力は、あまりにも一般的であり、それを回避することは不可能に近い。ところで、イタリック体で書かれている二つの語に語源的な意味が込められていると疑ってみよう。Supposer と imposer にはそれぞれ、「下に置く」、「誤って帰する」という意味がある。すると、他者とのあいだに「われわれ」という共同体の下地を想定し、他者をそうした共同体の一員に帰することは誤りである、そのようにも読めないだろうか。いずれにせよ、共同体に対するデリダの警戒がうかがわれる一文には違いない。

2 共に生きること

共同体という「言葉」も「物」も好きではないと宣言したとき、他者との共生はどうなってしまうのだろうか。単独性や独異性という価値を強調する点で、デリダとナンシーは一致しているはずである。しかし冒頭の鼎談では、単独性や独異性の共存や共生という点で彼らは意見を異にするように見える。「peuple〔人民〕」の問題系がないと指摘するとき、ナンシーはデリダに共存や共生の次元がない、もしくは主題化されていないと考えてはいないだろうか。共存や共生の次元は顧みられる必要はないのか、端的に省略してもよいのか、そして人は孤独の生に運命づけられるのか、というわけである。

事実は、おそらくその逆であろう。「いかに共に生きるか?」は、デリダの中心的な関心事であった。先に言及したフランス語圏ユダヤ知識人会議、「デリダの姿が見られることはけっしてないだろう」と予言されたその会議に、ついに彼が登壇する日がやってくる。それは、一九九八年一二月八日のことであった。全体テーマの「共に生きること〔vivre ensemble〕」を踏まえて彼がおこなった講演は、「告白する——不可能なこと（を）」と題されていた。[15] そこで彼は、平和的な共生を強く訴えている。

Il faut bien vivre ensemble. 講演の、いわば進行役となる一文である。発音する際のトーンの違いによって bien に両義性が生じ、文の意味が変わる。詠嘆を帯びたトーンで言われたときは、「否応なしに共に生きなければならない」と、そこから逃れることができない運命を表し、より前向きに、決然たるトーンで言われた場合は、「共に善く生きなければならない」という決意もしくは命法となる。そして、この二つの意味は矛盾するどころか、一種の連鎖をなしているようでもある。共に生きることが運命ならば、善く共に生きるすべを模索すべきだというふうに。

Bien という語がなす単位、単語という一つの全体は、唯一にして不可分の意味を持っているわけではない。それは文脈に応じて意味を変える。文という全体同様、語という全体も分裂や争いを宿している。これは、ensemble という単語にも妥当する。Vivre ensemble〔共に生きる〕という二語は互いにおあつらえの、お似合いの語のように見えるが、実は第二の語を単独で取りだすと、その一つの語のなかで、副詞としての ensemble〔共に〕と名詞としての l'ensemble〔全体〕がせめぎ合っているとデリダは指摘する。そこには、ある「対立＝離婚〔divorce〕」(*Avouer*, 19) が予告されているというのである。共に生きることへの希求と、その道を塞ごうとする全体との戦い。副詞「共に」がその十全たる意味と尊厳を見いだすのは、それがもう一つの ensemble、すなわち「全体」が確定しようとする閉域を破り、超え出ようとするかぎりにおいてにほかならない。均質な、一枚岩的な、自己同一的な全体や体系のなかに、「共に」はありえない。「全体〔*ensemble*〕の権威は、いかなる「共に生きる〔vivre ensemble〕」にとっても、つねに第一の脅威であることだろう」(*Avouer*, 21)。人々が逆境にあり、自衛を試みるとき、しばしば「つながれ！」、「一つになれ！」という命法が響きわたる。そして、ある名、あるアイデンティティ、ある共同体、ある全体の名のもとに、時には一糸乱れぬ規律に従って結集することが求められる。そこに、危機を克服するための力が生まれることがある。だが、デリダはむしろそのような結集が必然的に伴う排除の力学という、否定的な側面に注目しているように思われる。なぜだろうか。

ここで「今日」について触れなければならない。現前や現前性、または現在を脱構築する思想家が「今日」を持ちだすことを疑問に思われるかもしれない。だが、この「今日」は厳密な哲学的概念ではなく、あくまでもいわゆる同じ共時性、同じ世界を生きる、「同時代人と呼ばれる人々」(*Avouer*, 15) にとっての「今日」として捉えられている。その「今日」において「共に生きる」を考えた場合、「ある告白＝打ち明けること〔aveu〕が最初の命令＝戒律〔*commandement*〕として告げられるだろう」(*Avouer*, 16) とデリダは言う。(「今日」と「法」もしくは「命令＝戒律」のこの強調は、それらの語が繰り返し登場する「モーセ五書」最後の書、「申命記」へと送り返していないだろうか。「わたしが今日あなたたちに授けるこのすべての律法のように、正しい掟と法を持つ大いなる国民がどこにいるだろうか」(四・8、強調は引用者)。これは、カナンへの進軍、そして他の種族を無慈悲に打ち滅ぼすことを命じるこの書に読まれるモーセの言葉である。その言葉を踏まえたうえで、デリダはそれを反転させ、「今日」における、平和と共生の命令＝戒律へとすり替えているように思えてならない。）

今日——講演の時点から見て「この三〇年来」（*Avouer*, 17）——起こっているのは、まさに世界規模の打ち明け＝告白の展開だという。告白と強い相関関係にある「赦し〔pardon〕」について、本稿で述べることはできない。ただ、真に告白の名に値するのは「告白できぬもの〔l'inavouable〕、すなわち告白できぬまでに不正なもの、正当化できぬもの、赦しえぬものを申告すること」（*Avouer*, 16）だとだけ述べておきたい。デリダの目の前で展開される、以前は想像すらできなかったようなそうした告白の舞台とは何か。一九七〇年に、当時の西ドイツ首相ブラントがワルシャワ・ゲットー蜂起の記念碑に跪いたことが一つの始まりであった。順不同にあげるならば、シラク大統領が第二次世界大戦中のユダヤ人大量検挙におけるフランスの責任を認めた。東アジアでは村山談話が発表された。クリントン大統領が奴隷貿易におけるアメリカの責任を認めた。南アフリカで真実和解委員会が組織され、チリやアルゼンチンにおいても同様の委員会が活動をはじめた。これらは、デリダの知るかぎり、「人類史、そして国家や国民国家の歴史にまったく前例のない出来事」（*Avouer*, 46-47）なのであった。

「世界で今日起こっていること」（*Avouer*, 43）。すなわち、随所で見られる「一種のゲネプロのようなもの、告白、回顧、悔恨の舞台ひいてはそれらの演劇化」が彼をして現にその講演でおこなっているように語らせている、とデリダは述べる。それは、種々のレベルで境界線の浸透性を増し、その通過を促す動きだという。共同体どうし、市民社会と国家のあいだ、主権国家と国際法と非政府機関のあいだ、倫理と法と政治、公的なものと私的なもののあいだ、ナショナルな市民権とインターナショナルな市民権ひいては市民権を超えるものとのあいだ、要するに、家族、ネーション、国家といった多様な全体〔ensemble〕を横断しその境界線を通過する社会的絆の形成がいたるところに見られる。それは、政治的なもの、法的なものの歴史における「異論の余地なき断絶の契機」（*Avouer*, 43）をなしているというのである。

この世界観はあまりにも楽観的だろうか。そうかもしれない。混迷する中東情勢だけを見てもそれは明らかである。三大一神教が誕生した地で、その地の所有を目指して、はるか以前からくり広げられる戦い、破られ続ける幾多の協定や決議、ますます閉じこもり、反発し合う共同体。内部での軋轢や対立を抱えながら、民族や宗教の名において対立するその姿、越えがたい境界線を画定し、不可分な全体として外部の敵と戦うその力学はまさにデリダが批判するものである。出口なきこの状況がつねに彼の関心事であり続け、彼が考え、語り、書く際の動機の一つとなっていることは想像に難くない。また、とりわけユダヤ人の聴衆が想定されるとき、彼は中東情勢について語らなければならない、と心に決めていたようでもある。そうだとするならばなおさら、なぜ、過去の情勢からの根本的な変化が期待できるような断絶があるというのだろうか。

もう一度、デリダの語る「今日」がわれわれの今日ではないという点に戻ってみよう。中東では、まだ第二次インティファーダは起きていなかった。アメリカ本土に対する九・一一の連続攻撃もおこなわれていなかった。一九九三年にオスロ合意が成立したものの、一九九五年のラビン暗殺で状況が急速に悪化していることは否めなかった[16]。だが、二〇一六年から見ると信じられないような出来事も起こっていたのである。デリダの講演がおこなわれる数日前の一一月二七日には、アメリカ大統領ビル・クリントンの中東訪問が発表された。実際にイスラエルばかりではなく、一二月一四日にはガザを訪問している。イスラエル政府のたっての要請で大統領専用機の使用は見送られた。それでも、「国家」なき「地域」であるガザの国際空港には、パレスチナの旗と星条旗が掲げられ、長いあいだテロリストとされてきた集団の議長であるヤセル・アラファトと並んでアメリカ合衆国大統領が手を振る写真が、世界中に配信された。当時でも大きな象徴的意味をもったこの出来事は、二〇一六年の今日からはほとんど想像すらできないだろう[17]。

デリダの「今日」はこの流れのなかにあった。もちろん、アメリカ大統領がガザを訪問するという報道にも接していただろう。それでも彼の見方は楽観的にすぎると評価されるかもしれない。ただ、彼の発言〔intervention〕は客観的な状況分析ではなく、状況への介入〔intervention〕だという点は喚起しなければならない。講演のなかで、「否応なしに共に生きなければならない」、「共に善く生きなければならない」というふうに、「──ねばならない」という要請に重要な位置づけが与えられているのは、そのためでもあるだろう。クリントンのガザ訪問とデリダの思考との（ねじれを伴った）連接を示唆するために、アメリカ大統領がパレスチナ人たちに宛てたスピーチについて一言触れておこう。彼はそこで、マーティン・ルーサー・キングの「目には目をという古い掟は、万人を盲目にしてしまうだろう(18)」という言葉を引用している。しかし、赦しを説く、内容的には賢明なその言葉を受けて、拍手がわき上がることはなかった。同害報復の連鎖を打ち切ることが中東情勢の鍵であるにもかかわらず、である。そこに、和平に冷淡な態度を見るべきなのだろうか。

必ずしもそうではないだろう。ここでは、「誰が？」という問いを立てなければならない。誰が語り、決断し、決定力を持つのか。告白や赦しを語ることによって、デリダもまた、同害報復の放棄を説いている。だが、その言葉を優先的に宛てているのは、パレスチナ側ではなくイスラエル側である。「ピース・ナウ！」という市民団体に賛同するか否かとは無関係に、機が熟するのを待つのではなく、「今、平和を！」実現すべきだと彼は言う。そのためには、どうすればよいのか。権力を持った者たちが行動に移るべきである。「イニシアティヴをとる権力を端的に最も有している者たち、そのための国家権力を、経済的もしくは軍事的権力を、ナショナルまたはインターナショナルな権力を最も持った者たちが、まず賢明に一方的な仕方で」（*Avouer*, 26）必要なことをおこなった暁に、その暁に初めて、単なる停戦ではなく平和が来るだろうという。いかなる交換や相互性にも先だっておこなわれなければならないこのイニシアティヴは、最も強い者に帰される行為である。真の平和が訪れるまでは、強者の法が、そして強者の法のみが支配する。この思想は、『法の力(19)』（一九九四年）において提起された、法、正義、力の問題を喚起せずにはいない。それは、同じ年に刊行された『友愛のポリティクス』を横断したあと、ラ・フォンテーヌの寓話「狼と子羊」の有名な文言、「最強者の理屈はつねに最良のものである」が一度ならず唱えられる『獣と主権者』（二〇〇一年）においてあらためて前景化されるものでもある。強者による決断は、いかなる交換や相互性も期待することなくおこなわれなければならない。それはほとんど不可能な行為であるが、その行為こそ同害報復を断ち切るために不可欠なのである。

法と力との議論をこれ以上追うことを断念しなければならない。いずれにせよ、平和と他者との共生は、以下のくだりが述べるように、法や政治によって規定された境界線を超えるという必然性を伴う。

したがって、「共に生きること」の平和は、法ひいては政治的なものを超える。いずれにせよ、国家的なもの、国家の主権によって限定された政治的なものを超える。この「共に生きること」は、身分上のもしくは制度上の（法的、政治的、国家的な）絆には還元できないというまさしくその点で、同じ必然性において別の次元を拓く——だからこそ私は、他者、未知の者、身分上の協約をはみ出すまったき他者への歓待についで述べたのだ。「〈よく＝否応なしに〉共に生きること」の「bien」は、自然的な関係と同じく協約上の関係の中断を前提としている。それは、人が絶対的な孤独、分離、不可侵な秘密と呼ぶ、あの端的な断絶さえも前提としているのである。（*Avouer*, 33）

「国家的なものを超える」、「国家の主権によって限定された政治的なものを超える」という発言も覚えておこう。後ほどシュミットの名が登場したときに、有効な導きとなるはずである。しかしここでは、「同じ必然性の別の次元」という語、「関係の中断」に注目したい。越境の必然性は、単に法や国家のレベルにあるのではない。別の次元でもそれは必要だという。自然的、そして協約上の別の次元でも境界を越えなければならない。ここで言われる「関係の中断」とは、特権的な、それゆえ排他的な関係を中断することであろう。そうした関係をいったん宙づりにすること。それは、「まったき他者への歓待」へとみずからを、もしくは各自性〔ipséité〕を開くために、未曽有の関係を目指して、孤独、分離、秘密へと退くことにほかならない。本稿では、この「別の次元」について詳述することはできないが、ここで語られる共生は、次節で述べる一つの系譜、とりわけバタイユ、ブランショ、ナンシーの共同体論からさほど遠くないところにデリダがいることを示唆するはずである。

3 『友愛のポリティクス』――兄弟愛原則の彼方

先の講演において、デリダは「今日世界で起きていること」のために「告白」のテーマを選んだと述べている。そして、「今日」を優先し、共生の考察にとって重要な「二重の、深淵のような記憶」(*Avouer*, 43) に訴えることをみずからに禁じたと告白する。その二重の記憶とは、一つが、アリストテレス、ルソー、カント、ハイデガー、フッサール、マルクス、ニーチェ、レヴィナスから構成され、ブランショの「明かしえぬ共同体」やナンシーの「無為の共同体」にも引き継がれた記憶であり、他の一つが、共生をめぐるユダヤ思想の伝統であった。後者のユダヤ思想については、その後もデリダが本格的な読解を試みた形跡はない。それに対して、前者の哲学的伝統については、講演以前にすでに周到な考察がおこなわれていた。それを、『友愛のポリティクス』[20]に見ることができる。この著作は、一九八八―一九八九年度におこなわれたセミネールの初回をもとに書かれ、一九九四年に刊行されている。寄贈されたジョルジュ・カンギレムは、謝辞のなかで「傑作」[21]だと褒めちぎっており、日本語訳への「あとがき」に鵜飼哲は「一九九〇年代のデリダの主著とみなしうる」と記している。いずれも納得できる評価である。

『友愛のポリティクス』は、政治的なもの〔le politique〕と兄弟愛〔*fraternité*〕との不可分な関係を喚起することから出発している。政治的なものの言説において、祖先、種族、氏族、性、血、生まれ、本性=自然、民族への言及は常であり、国家は広い意味での家族として語られる。「親子関係の図式論」(*PA*, 12/I 四) とも呼びうるこの定式化から政治的なものを解放することはできるのか、それがこの書物を貫く主要な問いであろう。だが、政治と不可分な友という形象も、兄弟の、ということは広義の家族の、さまざまな特徴と結びついている。両者の結びつきはあまりにも緊密であり、友は「政治的なものの布置、家族的で、兄弟愛主義的で、それゆえに男性中心的な布置に、自然発生的に属する」(同所) と見えるほどである。友は兄弟なのか。今しがた述べた布置が含意する、ある特権的で排他的な関係性のなかにしか友はありえないのか。これも『友愛のポリティクス』を縦断する問いであろう。

言うまでもなく、デリダはそうした関係性から友を解放しようとする。「生まれを同じくする分身という近さを超えてゆくような友愛を夢想してみよう」（*PA*, 12／I 五）と彼は述べ、「こうした『兄弟愛原則の彼方』の政治とは、どのようなものであるかを問うことにしよう〔demandons-nous〕」と呼びかけるのである。

　だが、そのような政治はかろうじて思考しうるにすぎず、その姿をわれわれは知っているわけではない。したがって、著作の歩みはけっして平坦とはならない。「問うことにしよう」と呼びかけた著作は、事実、おびただしい数の peut-être[22]〔或いは〕をくり出し、自問〔se demander〕しつつ跛行することになる。現在の民主主義の姿を確認し、「来たるべき民主主義[23]」を遠望しようとする問い。とある共和国のスローガンにおいても兄弟愛＝博愛〔fraternité〕が掲げられていることからもわかるように、民主主義もまた、「兄弟的同業組合ないし兄弟的同僚関係なしに規定されることは稀であった」（*PA*, 13／I 六）ばかりでなく、政治体制のなかでも、とりわけ「兄弟化の可能性」（同所）を問う体制にほかならない。兄弟愛が共生のための揺るぎなき価値とされる状況に抗して「兄弟愛原則の彼方」の政治を問うことは妥当なのか。つまり、「その政治はなお『政治』の名に値するのか」（*PA*, 12／I 五）。不安に満ちた自問を重ねながら、デリダは、「友愛」を——だが兄弟愛とも、男性中心化された家族は民族をめぐる一切の形象とも無縁の友愛を——その中心に持ち続けるような体制、彼が「来たるべき民主主義」と呼ぶ政治を思考しようとするのである。

　友愛の兄弟愛化すなわち男性中心化を俎上に載せ、その性的指定からの脱却を図ること。この論脈は、『友愛のポリティクス』において最も顕在的なものだろう。しかし、この著作には絡み合ったいくつもの議論が展開されている。ここでは、「友愛」と「共同体」との分離、そして後者を排除するしぐさの一端のみを見てみたい。その際に手がかりになるのは、一つの註と括弧に入った数行の文である[24]。

　まず、一つの註。それは、本文中に引用された、バタイユの「共同体なき人々の共同体」という表現に付され、二頁にわたっている。そこでは、バタイユ、ブランショ、ナンシーの共同体論に対してデリダが負債を認めるのと同時に、彼らのキーワードである「共同体」から距離を取り、「友愛」を考察の中心に据える姿勢が素描されている。この「共同体なき人々の共同体」は、ブランショの『明かしえぬ共同体』(25)の冒頭にも銘としても掲げられており、ブランショの著作自体はナンシーの論文「無為の共同体」との対話の試みとして書かれ、その論文は、後に同名の著作として刊行されている。これらについて、デリダは「今日私にとって、たぶん最も大切なものに属する著作」と評している。だが、「共同体」をタイトルに掲げているにもかかわらず、この註においてそれらが「友愛についての本」と位置づけられていることは注目に値するだろう。

同じ註に述べられているニーチェという激震については、後ほど立ち戻ることにする。バタイユ、ブランショ、ナンシーの共同体論は、共生のために必要だとデリダが述べる「関係の中断」を遂行し、分離や孤独をそれぞれの仕方で考察している。そもそも、だからこそ「共同体なき人々の共同体」という、逆説的な表現が必要となるわけである。もちろんデリダもその点をしかと承知しているが、それでもなお彼らの共同体論のなかに見られる「兄弟愛原則」を指摘する。『明かしえぬ共同体』第二部終わりに読まれる「兄弟愛の心」や、『無為の共同体』に登場する、集められる「兄弟たち」、「兄弟愛的関係」が、それである。彼は「賛嘆に満ちた友愛の底から」その原則と縁を切る可能性を問う、または自問する。

> バタイユ、ブランショおよびナンシーにも、あるいは、なお、何らかの兄弟愛があるのであって、私は賛嘆に満ちた友愛の底から自問してしまう。それからも脱却するに値するのではないのか、また、そのような兄弟愛が、なお、例えば共同体なき共同体であれ、もしくは兄弟愛なき兄弟愛であれ、共同体の思考を方向づけるべきなのか、と。(*PA*, 57/I 八三、強調は引用者)

この註は、著作の比較的はじめに見いだされ、議論の方向性を示唆している。もう一つの文章、括弧に入れられた文章は、著作の逆の端、『友愛のポリティクス』本論の終わりから数えて三頁目に、先の註に呼応するかのように置かれている。そこでは、註の内容を確認するような自問が、今度は「賛嘆と感謝に満ちた友愛の底から」打ち明けられている。

（この一節を読んで、そしてつねに私をその著者に結びつけている賛嘆と感謝に満ちた友愛の底から、私は心中ひそかに、また他のいくつかの（一つ以上の）問いのなかで特に次のように自問した。なぜ、私にはこのように書けなかっただろうし、同意することもできなかっただろうというのか。他の基準に従ったなら、他の人々よりも私にとってのほうがより容易でありうるというのに。同じ道筋に従って私はこう自問した。なぜ（明かしうるまたは明かしえない、無為のまたは有為のいずれであっても）「共同体」という語を、こう言ってよければ私の責任で、私の名前で、一度も書くことができなかったのか。なぜなのか？ この否定的な留保〔réticence〕はどこから来るのだろうか？ そして結局のところこの留保こそ、私に本書を着想させた不安の本質的な部分〔pour l'essentiel〕ではないのか？ 〔…〕）（*PA*, 338／II 一六九－一七〇、強調は引用者）

これは、ブランショがユダヤ人たちは自分の兄弟であるとしたのを受けての発言であった。だから「他の人々にとってよりも私にとって」と言われている。共同体は兄弟愛によって方向づけられるべきかと自問した先の注に対して、ここでの自問はなぜ「共同体」と書くことができなかったかという点に関わっている。兄弟愛と「同じ道筋に従って」という表現から、この二つの語の扱いがほぼ同じであることがわかるだろう。ただし、ここでの態度はあくまでも「自問」であり、「立証」や「定立」ではない。なぜ自分はその語を用いることができないのか。否定的な留保の態度はどこから来るのか。理由が見つからぬまま、彼は問い続けるようである。

紙幅が限られているのを承知しながら、いま少しこの本論の結びの部分について述べなければならない。三〇〇頁以上の長きにわたって兄弟と兄弟愛について語っておきながら、そして「注意を促すにはあまりにも遅すぎる」（*PA*, 338／II 一七〇）と認めながら、デリダは、自分はけっして兄弟や兄弟愛に反対しているのではないという驚くべき発言をする。自己諧謔なのか自己否認なのか苦しむ発言である。だが、彼の言葉を信じ、理解を試みたときに浮かんでくるものがある。本稿の冒頭を思い出していただきたい。「私はその『言葉』が好きではないし、その『物』が好きだという自信もない」。「言葉」と「物」の区別を強調するかのようなこの発言は、とりわけ好きではないのは「言葉」であることを示唆している。以下のくだりからも、それが裏付けられるだろう。

> では問いはどこにあるのか。以下がその問いである。私が絶えず自問し、自問するよう人に求めるのは、人が「兄弟」と言ったり、誰かを「兄弟」と呼んだりするときに何を言わんとしているかについてである。そしてそこに、他者の他者性と同じくらい人間の人間性を要約したり包摂したりするときに。また、友愛の無限の値打ちをそうするときに。私が自問し、自問するよう人に求めるのは、人が言わんとしていないにもかかわらず、言ってはならないことを知りながら——というのも、あまたの不明瞭さを通して、それがどこから来たのか、深い不明瞭さをもったその言葉がどこへと導いたか知っているからだが——、言わんとしていることである。（*PA*, 339／II 一七一、「いない」以外は引用者が強調）

問題は、兄弟や兄弟愛ではない。それをなくすべきだというのではない。問題は、「兄弟」と言ったり呼んだりすることである。それは、確かに現実の兄弟や兄弟愛と区別されるべきであろう。しかし、だからといって単なる言葉だと片づけるわけにはゆかない。言語は行為となる。そして、思いがけぬ結果をもたらすことがある。「兄弟」が「どこへと導いたか」という文言は、そのような事態を指している。引用箇所に続けて彼は言う。そのような「言語の暗黙の政治学」は、はるか昔から存在し、「今日かつてないほど」広く作用している。それがどのようなものであるか自問し、他の人々にも自問するよう自分は求めている。「それだけなのだ」と。「他の数ある可能な語のなかから選ばれたこの語——たとえその選択が故意ではないとしても、そしてとりわけ故意ではないとしたら——、その語の政治的射程はどのようなものなのだろうか」。本論の末尾近くで、問いはあらためてこのように定式化されている。

語は無色透明ではなく、その選択は往々にしていわゆる言語外現実に作用する。そして古い名前を、それまで結びついていた他の名前と決別させることは容易ではない。したがって、ある名前を再定義し、その意味を変更したと宣言しても、それと連鎖する他の名前と分離できるとは限らない。バタイユ、ブランショ、ナンシーは、共同体や兄弟愛を伝統的な意味論から解放しようとしたはずであった。彼らの試み以前から、兄弟愛＝博愛は、その外延を際限なく広げられ、高邁で普遍主義的な歓待を示す語として用いられてきた。その点を認めながらも、デリダはそれらの語を避けたいという。「われわれはここで、最も深刻な難問の領域にいる」（*PA*, 264／II 七〇）と深い困惑を告白しながら彼が忌避の理由として提示するのが、新たな意味を付与された語が、再定義にもかかわらず持ちこんでしまう価値や概念である。

> それでは、われわれの否定的な留保〔réticence〕はどこからやって来るのか？　それは、兄弟愛を越えた兄弟愛、（字義通りの、厳密な、系譜上の、男性的等々の）兄弟愛なき兄弟愛を示すためにまだこの語を取っておくことは、われわれが放棄すると主張する当のものをけっして放棄しないことになるからだ——その際それは、数多くの仕方で、われわれがそのレトリックを解読することやその戦略の裏をかくことを学ばなければならないさまざまな症候や否認を通して再帰してくる。（*PA*, 264-265／II 七〇—七一、強調は引用者）

Réticence というフランス語には、しばしば、「ためらい」、「故意の言い落とし」という訳語が充てられている。しかし、その英訳は reluctance となることも多く、この語には「反対、不満、非難が入り混じった留保の態度」という日本語が充てられている。この引用でも、「否定的な留保」くらいにしておいた方がわかりやすいのではないだろうか。「兄弟愛」を打ち消すために、そこから家族や血統の意味論を払拭するために、「兄弟愛を超えた兄弟愛」、「兄弟愛なき兄弟愛」と言ったところで、これまで兄弟愛が含意してきた諸価値、祖先、種族、氏族、性、血、生まれ、本性＝自然、民族への参照がなくなるわけではない。それは、「共同体」も同じである。伝統的にそれと結びついた諸価値からの脱却を意図して「共同体なき共同体」と述べても、結局それらの価値は再帰し、共同体は何かしら家族的、血縁的な性格を帯びてしまう。これが、「否定的な留保」に対するデリダの説明のようである。

しかしこの説明は、読者を別の「深刻な難問の領域」に投げ込むものではないだろうか。古い名前のリスクという論点は十分に理解することができる。だが、古い名前に結びつく概念や価値のために、ある名前を救い出して使い続けることができないというのならば、別の文脈で「メシアニズム」という語はなぜ選ばれたのだろうか。確かにそれは、「宗教なきメシアニズム」[26]、「内容なきメシアニズム」だとされ、さらには「メシアニズムなきメシア的なもの」と形容詞化された。だが、その強力な宗教的含意は数々の疑問を呼び、デリダも一度ならずそれに答えるよう強いられたはずである。

「共同体」に対する「否定的な留保」の背後には何があったのか。「メシアニズム」の場合よりも不都合な概念や価値を持ちこむ恐れがあったのか。ここまでたどってきた議論からは、そう考えざるをえない。仮説の域を出ないが、この点について私見を述べ、本稿を締めくくることにする。

4 敵対と決断のポリティクス

「兄弟愛」と「共同体」をめぐる「否定的な留保」を語るにあたって、『友愛のポリティクス』が強調する、西洋の友愛論における「死」の重要性を十分に論じないことは重大な手落ちとなるだろう。本稿がその誹りを免れえないことを断ったうえで、さらなる確認や考察への道標をいくつか提示しておきたい。

「おおわが友たちよ、一人も友がいない」。モンテーニュがアリストテレスに帰すこの言葉が、著作を通じて執拗にくり返されている。一六世紀と古代ギリシアのあいだに位置する思想家として登場するキケロも、友愛は死を、死を超えることを前提としており、それゆえに、「比類なき希望」を与えるとしている。「死のせいで、またこの生を超える唯一の移行のせいで、友愛はわれわれに、希望という名以外には他のいかなる希望とも何の共通点もない希望を与えてくれる」（*PA*, 20／Ⅰ 一七）。絆を断ち、人を絶対的な単独性へと送り返し、共同体からの離脱へと導く死。だが、友愛はほかならぬその死を前提としており、それを必要とさえしているという。その伝統を受けるかたちで、『友愛のポリティクス』は、本論を締めくくろうという段になって、死とは「それなしにはいかなる友愛も陽の目を見ることがけっしてない、絆を緩める至高の試練」（*PA*, 328／Ⅱ 一五六）であり、そのような性質ゆえに「友愛はすべての生きた共同体を越えて妥当する」（*PA*, 328／Ⅱ 一五八）とあらためて述べている。

その書物が重視し、負債をこうむっている系譜、バタイユ、ブランショ、ナンシーの系譜では、そのような友愛を考えるために「共同体なき共同体」、「明かしえぬ共同体」、「無為の共同体」、そして一つならずの「XなきX」という語法が用いられていた。その撞着語法によって、「共同体」の通常の意味は打ち消され、「中性化」（*PA*, 330／Ⅱ 一五八）され、もはや——その概念や、「物」は——通常の「共同体」とは異質なものとなっている。そうした撞着語法によって織りなされる言説は、もはや所与の、実在する共同体を記述するものではなく、いわば来たるべき共同体への呼びかけだと言えよう。デリダは、兄弟愛や共同体をめぐるバタイユ、ブランショ、ナンシーの考察を賞賛しつつも、なぜ、なおも「兄弟愛」や「共同体」を使い続けるのかと問いかける。そこで語られている友愛は、もはや兄弟愛的な、共同体的な性質をとどめていないのではないかというのである。にもかかわらずそれらの語に頼り続けることは、語の伝統的な意味に由来するリスクのみを背負うことになりかねない。なぜなら、「肯定されるにせよ、否定されるにせよ、中性化されるにせよ、これら『共同体的』あるいは『共有的』価値は、つねに兄弟を回帰させるリスクがある」（*PA*, 331／Ⅱ 一六〇）からである。

兄弟の回帰。それは家族や血統をめぐる意味論をそっくり再帰させかねず、主体、エスニシティ、国民、国家、すなわち種々のレベルにおけるアイデンティティの問題を再帰させかねない。この懸念は、一九九〇年前後にデリダが見せた、ある再構造化と密接に関わっているように思われる。彼において、この頃、一種の転回があったことがしばしば指摘されているが、デリダ自身はそれが政治的もしくは倫理的転回であったことを否定している。新たに前景化された諸テーマは、以前から存在していたというのである。例えば、二〇〇三年一二月一二日におこなわれたインタビューでは、「アメリカで『倫理的転回』もしくは『政治的、倫理的‐政治的転回』と一部の人が呼ぶもの」に言及し、「それは転回ではない(27)」として退けている。政治的なものに関する「新たな舞台、新たな演出、[…]新たな強調」があったことは否定できない。そしてその強調は、「だいたい一二、三年前から」――ということは一九九〇年頃から――おこなわれているというのである。なお、同じ部分で、「私はもっか主権にとても興味を持っている」と述べていることも特筆に値するだろう。

先に予告したシュミットの出現は、この時期と重なっている。「政治」というキーワードの強調とともに彼の名が現れることはさほど不思議ではないかもしれない。だが、その出現に驚きの反応を示した読者は一人ならずいた。すでに紹介したカンギレムもその一人であった。先に紹介した謝辞のなかで、『友愛のポリティクス』が「傑作」であるとの賞賛に続けて、彼は「そこでシュミットに再会するのは驚きであった(28)」と述べている。

その『友愛のポリティクス』は、ニーチェの『人間的な、あまりにも人間的な』に読まれる文言を基点とするポスト・ニーチェ的な友／敵の系譜が存在することを指摘し、シュミットを登場させる論脈を準備している。

> 或いは〔*Peut-être*〕、そうしていつの日か悦びの刻もまたやって来て、誰もがこう言うかもしれない。
> 「友たちよ、一人も友がいない！」、死にゆく賢人はそう叫んでいた、
> 「敵たちよ、一人も敵がいない！」と生ける狂人である私は叫ぶ(29)。

「ある狂気が思考を見守らなければならない(30)」、「決断の瞬間は狂気である(31)」と発言するデリダは、「一人も敵がいない」という狂人の詠嘆を真面目に取り上げ、考察する。そして、ニーチェ的伝統のもう一つの側面、バタイユ以降の友愛論、共同体論があまり光を当てなかったかもしれぬ側面の読解を試みる。そこで最も体系的な思考を練り上げた人物として現れるのが、カール・シュミットにほかならない。デリダは、敵の現実的可能性を政治の可能性とする伝統、「友愛のポリティクス」ならぬいわば「敵対のポリティクス」の思考に「長々と、だが暫定的に」（P.4,

101／I 一四〇）立ち止まる必要があると述べ、実際に熱のこもった議論を展開するのである。

この「暫定的」の終わりが確認されることはついにないだろう。その長い対話ないし対決の中心にあった問いの一つが、「誰が決断するのか」という問いであった。一九八七年の『精神について』は、「ドイツ民族」およびその「精神」にヨーロッパの命運に関する「偉大な決断[32]」が委ねられていたという主張をハイデガーにおいて読み取っている。その著作が「決断」を取り上げているにもかかわらず、私の見落としでなければ、シュミットの名は登場していない。しかし、一九九〇年の講演が元となった「ベンヤミンの個人名」において、シュミットは突如としてハイデガーとベンヤミンとともになす「三角形[33]」の一頂点に位置づけられる。さらに、『フランスにおけるハイデガー』に収録されたインタビューのなかで、「私はハイデガーをシュミットに還元したいのではまったくありません[34]」という釈明がおこなわれている。デリダにおける前者の重要性を知る者にとっては、釈明の必要性を彼が感じること自体が驚くべきことであろう。ドイツの二人の思想家は、「政治的なもの」をめぐっては見解を異にするが、「決断、敵、戦争、国家、国民国家、主権[35]」をめぐっては「共通の空間」で議論をしているという。そしてデリダは、シュミットから発してハイデガーにおける国家、市民権、民主主義を読み直したいとも述べている。彼が、いかにシュミットを重要視するにいたったかがうかがわれる。

デリダが主な対話者または論敵とした思想家の輪に、シュミットが参入するのは比較的遅かった。しかし、セミネール最後のシリーズとなる「獣と主権者」でも彼との対決は続き、「暫定的」に立ち止まったはずの歩みがその論敵から離れることはない。フランスでおこなった講演では最後のものとなる、「至高善〔Le souverain bien〕」にもシュミットへの言及があり、次のような言葉が終わり近くに読まれる。「われわれは、主権の効果――主権が否定され、分割され、分裂しているにせよ――、私が言っているのは主権そのものではなく主権の効果のことですが、その効果が政治的に還元不可能であることを知っています[36]」。あたかも最期まで、「主権者とは、例外状況に関して決断する者をいう[37]」と定式化した思想家の影を振り切れなかったかのように。

だが、なぜだろうか。主権者は破壊衝動や死の欲動と切り離すことのできぬ存在であり、敵の致死を目指す者である。それはまた、法を超越する者でもある。だからこそ、例外状況に関して決断を下す。一九九〇年代をふり返ると、法に対する超越、およびその立場で採られる決断は、まさしくデリダが前面に押し出した新たな布置であった。「正義それ自体はというと、もしそのようなものが現実にあるとするならば、法＝権利の彼方にあり、そのために脱構築しえない」[38]と『法の力』は述べている。また、それゆえ「脱構築は正義である」という。法的秩序なる平時をいったん停止し、その彼方の正義、すなわち例外性における、計算不可能性や決定不可能性のなかの決断に真の責任を認めること、しかもその正義と脱構築とを同一視するかのような身振りをすること、それは、彼が排除しようとしている主権者の地位をみずから僭称する行為にも映りかねない。以前は決定不可能性〔indécidabilité〕がさかんに語られていた。その決定不可能性から決断〔décision〕へと力点を移し、そのうえ法を超えた例外性の次元で決断を語るとき、シュミットの決断主義と相似形をなすような布置が出現しかねなかった。そのために、主体および主権の脱構築はいっそうの緊急性を帯びてきたのではないだろうか。不可分な主体がくだすシュミット的な決断に対して、デリダは、決断のなかにも依然として決定不可能なものが残っていることを強調する。決定不可能なものは決断の条件であり、その条件を単純に超えたり、忘却したり、無化したりすることはできない。それは、決断を構成し続けるのであって、決断から分離されることはない。決定不可能性は、「決断を決定不可能なものにおいて、またそれを通じて、決定として産み出す」という。「学問や意識が決断の瞬間を規定することがあるならば、決断はあるプログラムの無責任な応用へと変形される、つまり、決断を主権的で自由な決断となすもの、決断を端的な決断――もしそのようなものがあるならば――となすものを決断自体から奪い去ることになる」(*PA*,247／II 四三)。

主権の不可分性、そしてそれが前提とする「自由で意志的な古典的主体の審級」(*PA*, 87／II 一一九)を、デリダはくり返し批判している。生ける狂人が示唆する「敵対のポリティクス」。その最も体系的な事例を真摯に分析しつつ、さらに別の狂気の助けを借りて、その政治学がなおも依って立つ良識的な哲学を暴き、その政治学の脆弱性を確認しなければならない。すでに述べたように、「ある狂気が思考を見守らなければならない」のだが、その狂気のまなざしでもって今度は決断を吟味しなければならないというわけである。シュミット的決断に対抗して考察しなければならないのは、「あらゆる哲学の良識から狂気やナンセンスとして排除されるしかない［…］受動的な決断、根源的に触発＝既存された決断」（同所）である。主体が自己同一性を保ち、計算可能性のなかにとどまって決断をくだしたとき、その決断は単なる偶発事と化してしまい、真の意味での決断となることはできない。デリダは強調する。「主体の理論はほんの少しの決断も説明する能力を持たない」（同所）。

主権と主体に対するこの批判は、一九九〇年代になって始まったのではない。一九六七年に発表された文章のなかで、すでに、バタイユの「主権」について、「主権〔＝至高性 souveraineté〕が古典的な主権の哲学、そしてとりわけあの主意主義［…］に捕らわれたままになっているそっくり一つの地帯[39]」を抽出することができると述べられている。「主権」という語は、必ずしもデリダが好んで用いる語ではない。だが彼が、「私が主権をもって決断する」と書くとき、もはやシュミット流の例外者がくだす決断を語っているのでないことは確かである。私は例外者となるには違いないが、それは、私が——伝統的な意味での主体としては——決断から除外され、例外とされるということにほかならない。ある他者、私の内なる他者が決断を下している。そこに支配しているのは、「他律性＝他者の法」（*PA*, 87／I 一一九）にほかならない。

シュミット的決断主義を、その決断主義に依拠した政治を脱構築した暁にどのような政治がなおありうるのか。この問題において、「誰が決断するのか」という問いがいっそうの緊急性を帯びる。『友愛のポリティクス』の「前書き」も、まさにその問いを予告している。

> そうすると、われわれは、決断とは何であるか、そして誰が決断するのかとわれわれに問う＝自問することになるだろう。そして、決断とは、人々がわれわれに言うように、能動的で、自由で、意識的で、意思による、主権的なものなのかどうか問うことになるだろう。もしわれわれがこの語とこの概念を保持しながらも、今述べた最後の諸規定を変更するならば、何が起きるであろうか？（*PA*, 15-16／I 一〇、最期の強調は引用者）

「誰？」そして「何？」。この問いは、すでに述べたように、デリダの最後のセミネールまで倦むことなく続けられることになる。

ある語や概念を保持すべきなのか否か。『明かしえぬ共同体』の冒頭で、ブランショは「共産主義」や「共同体」が、適切な、「しかるべき」意味を持たないにもかかわらず、拒絶もできない概念であると述べている。「辱められた、あるいは裏切られた概念というものは存在しない。あるのはただ、それ自体の――したがってそれ自体に背く放棄（それは単なる否定ではない）なしには『しかるべき』ものとはならない概念であり、そうしたものこそ、私が安穏と忌避したりしてすますことのできないものなのだ」[40]。共産主義や共同体は、通俗的な意味に捕らわれてしまった。適切な思考にみずからを放棄し、身を委ねなかったために、恐るべき災厄と結びつけられることになった。しかし、両語を拒否したり忌避したりしてはならない。思考を通じて、それらの語にしかるべき意味を戻すべきである。これはまさしく、友愛や民主主義など、いくつもの語についてデリダがおこなったことにほかならない。にもかかわらず、兄弟愛や共同体にその扱いが適用されることはなかった。本稿ではその経緯を考えてきたが、「共同体」が忌避されることになった決定的な理由を提示することができたかどうかは定かではない。ただ共同体が、シュミットがその語に与える意味へと引き寄せられて理解されるようになったことはほぼ間違いないだろう。戦争によって制定される、「人間の戦闘共同体、戦う集団性（kämpfende Gesamtheit von Menschen）」（*PA*, 106／I 一四五）。つねに戦争を現実的可能性とする全体〔ensemble〕。共同体は、この全体の力学に貫かれている。そして、すでに見たように、名詞としての ensemble は、副詞としての ensemble〔共に〕の前に立ちはだかり、共生への道を閉じてしまうのである。

あまりにも多くの論点を踏破しようとした本稿は、より詳しく論ずべき点をいくつも残している。最後に一つだけ、ナンシーがデリダに対して「人民」も「共同体」も使わないと指摘した箇所に戻ってみよう。その彼は、デリダを囲んでのコロック、「来たるべき民主主義」で、「人民主権」とでも題されうる発表をしたことがある。そこで彼は、「主権とは、非‐他律的な、すなわち神政政治的ではない政治概念である」[41]としている。「他律」を排するしぐさに、すぐさまデリダとの違いを認めることができるだろう。主権は、王政時代から相続された概念ではなく、みずからを構成する人民の、その起源からして民主的な概念だとナンシーは言う。さらに彼は、その語が孕むリスクを喚起し、「新たな仕方で」と断ったうえであるにせよ、「運命共同体」[42]という語も一度ならず用いている。その語調の違いをどのように理解すべきなのだろうか。

発表を閉じるにあたって、彼はデリダの発言として、次の文を引用する。

> 異邦人、交流と条約の法、歓待、平和、諸人民の主権は神聖なものである。自由な人民の祖国は、地球上のあらゆる人々に開かれている。[43]

しかし、これは一種の趣向であった。引用を終えたとき、発表者はこう告白する。「実際はデリダではなくサン＝ジュストです」。そして、つけ加える。「時に、声は分割されても似通っているのです」。彼は、主権者たる人民を顕揚する講演で、そして最後の引用で、何を言わんとしていたのだろうか。その急進性ゆえに若くして散った革命家サン＝ジュストとデリダのあいだに、そしてデリダと彼自身とのあいだに、深い思想的友愛もしくは共通性があるということだろうか。だが、デリダが、自分の名において、自分の責任で「人民」や「人民主権」、ひいては「運命共同体」を用いることは考えにくい。それは、あまりにもシュミットの「戦闘共同体」を思わせる。ナンシーは、本当に引用された文とデリダの思想を重ねうると考えていたのか。分割された声の下に類似があることを強調すること、それは友愛の念から兄弟愛的な誘惑に屈すること、または現象的な相違を共通性＝共同体に回収することとは無縁だろうか。少なくともそれは、本稿がデリダを読む際に不可欠と判断した読解手順《プロトコル》──「言葉」と「物」の区別と順序──とは異質の手続きによった身振りではある。その点に注意しつつ分析を進めたとき、両思想家のあいだに、共通性よりも、深い相違、架橋できぬ深淵が明らかになる可能性も排除できない。友愛と共同体＝共通性〔communauté〕。その二つは深く異なるのではないかと問うデリダ。その問いは、ここ、すなわち、デリダとナンシーという二人の友人についても、一方の死を超えて、提起されているように思われる。

註

（1）Jacques Derrida, «Une folie doit veiller sur la pensée», in *Points de suspension*, Paris, Galilée, 1992, p. 366.（Entretien avec François Ewald paru dans un numéro de *Magazine littéraire* consacré à Jacques Derrida, 286, mars 1991.）以下では、本文中に *PdS* と略記し、頁数を示すことにする。強調は引用者による。

（2）«Dialogue entre Jacques Derrida, Philippe Lacoue-Labarthe et Jean-Luc Nancy», *Rue Descartes*, «Penser avec Jacques Derrida», n° 52, 2005, p. 89.

（3）Jacques Derrida, «Circonfession», in Jacques Derrida et Geoffrey Bennington, *Jacques Derrida*, Paris, Seuil, 1991, p. 57. ただし、デリダが一人称単数で自分のことを語り始めたのが『割礼告白』においてだという意味ではない。一九八三年九月には、「不服従者デリダ」というインタビューがおこなわれており、すでに自伝的な発言が見られる。«Derrida l'insoumis», entretien avec Catherine David, in *Le nouvel observateur*, 983, 9-15 septembre 1983. 後に以下の著作に収められた。«Desceller («la vieille neuve langue»)», in *Points de suspension. Entretiens*, Paris, Galilée, 1992, p. 123-140. なお、この著作の頁数を指示する場合、以後、*Circonf.* と略記し、本文中に記すことにする。

（4）Jacques Derrida, *De la grammatologie*, Paris, Minuit, 1967, p. 227.〔『根源の彼方に――グラマトロジーについて 下』足立和浩訳、現代思潮社、一九七六年、三六頁〕本稿を執筆するにあたっては、手許に日本語訳がある場合は参照させていただいた。ただし、文脈等に応じて適宜訳文を変えたところもあることをお断りしておく。

（5）Jacques Derrida, *Foi et savoir. Les deux sources de la «religion aux limites de la simple raison»*, Paris, Seuil, coll. Points, 2000, p. 79.

（6）Jacques Derrida, *Le monolinguisme de l'autre ou la prothèse d'origine*, Paris, Galilée, 1996, p. 34-37.〔『たった一つの、私のものではない言葉――他者の単一言語使用』守中高明訳、岩波書店、二〇〇一年、二九―三四頁〕以下では、本文中の括弧内に *Monoling.* と略記し、算用数字でもって原書の頁数を、漢数字でもって日本語訳の頁数を示すことにする。

（7）Jacques Derrida, Elisabeth Roudinesco, *De quoi demain. Dialogue*, Paris, Fayard, 2001, p. 182.〔『来たるべき世界のために』藤本一勇、金澤忠信訳、岩波書店、二〇〇三年、一六二頁〕

（8）*De quoi demain. Dialogue*, p. 182-183.〔一六二頁〕

（9）Evelyne Grossman, «Appartenir, selon Derrida», *Rue Descartes*, 2006/2, n° 52, p. 10.

(10) Emmanuel Levinas, *Quatre lectures talmudiques*, Paris, Minuit, 1968.〔『タルムード四講話』内田樹訳、国文社、一九八七年〕

(11) Marie-Anne Lescourret, *Levinas*, Paris, Flammarion, 1994, p. 170.

(12) Jacques Derrida, *Mal d'archive. Une impression freudienne*, Paris, Galilée, 1995.〔『アーカイヴの病――フロイトの印象』福本修訳、法政大学出版局、二〇一〇年〕以下では、本文中に *MdA* と略記し、算用数字と漢数字でそれぞれ原書／日本語訳の頁数を示すことにする。

(13) Yosef Hayim Yerushalmi, *Freud's Moses : Judaism Terminable and Interminable*, Yale, Yale University Press, 1993.〔『フロイトのモーセ――終わりあるユダヤ教と終わりないユダヤ教』小森謙一郎訳、岩波書店、二〇一四年〕

(14) ちなみに、この種の暴力をこうむるためには、新生児であったり死者であったりする必要はないのかもしれない。シンポジウムの主題〔sujet〕もしくは対象〔objet〕としていわば祭り上げ、そこに臨席していてもそのリスクは残る。デリダ自身も一度ならずそのような経験をしたはずである。次のシンポジウムの記録からもそのように思わざるをえない。*Judéités. Questions pour Jacques Derrida*, sous la direction de Joseph Cohen et Raphael Zagury-Orly, Paris, Galilée, 2003.

(15) Jacques Derrida, « Avouer – L'impossible : « retours », repentir et réconciliation », in *Comment vivre ensemble? Actes du XXXVIIe Colloque des intellectuels juifs de langue française*, Paris, Albin Michel, 2001, p. 179-221. 後に以下に収録された。Jacques Derrida, *Le dernier des Juifs*, Paris, Galilée, 2014. 以下では後者を参照し、本文中に Avouer と略記して引用箇所の頁数を示すことにする。

(16) Charles Enderlin, *Le rêve brisé. Histoire de l'échec du processus de paix au Proche-Orient* (*1995-2002*), Paris, Fayard, 2002.

(17) クリントンのガザ訪問については、例えば、以下を参照。http://www.nytimes.com/1998/12/15/world/clinton-mideast-overview-clinton-watches-palestinians-drop-call-for-israel-s.html（二〇一五年六月一〇日に閲覧）

(18) 註17の記事を参照。

(19) Jacques Derrida, *Force de loi. Le « Fondement mystique de l'autorité »*, Paris, Galilée, 1994.〔『法の力』堅田研一訳、法政大学出版局、一九九九年〕*Séminaire. La bête et le souverain volume I* (*2001-2002*), Paris, Galilée, 2008.〔『獣と主権者 I』西山雄二、郷原佳以、亀井大輔、佐藤朋子訳、白水社、二〇一四年〕『友愛のポリティクス』については、次の註を参照。なお、本稿で考察したのはすでに刊行された文献のみであることをお断りしておく。

(20) Jacques Derrida, *Politiques de l'amitié*, Paris Galilée, 1994.〔『友愛のポリティクス 1、2』鵜飼哲、大西雅一郎、松葉祥一

訳、みすず書房、二〇〇三年〕この著作からの引用等については、書名を*PA*と略記し、本文中の（ ）内に、算用数字で原典からの頁数を示し、日本語訳についてローマ数字で巻数を示したうえで、漢数字で頁数を示すことにする。

(21) ジョルジュ・カンギレムからデリダへの手紙。一九九四年秋、日付なし。Benoît Peeters, *Derrida*, Paris, Flammarion, 2010, p. 578, n. 39〔『デリダ伝』原宏之、大森晋介訳、白水社、二〇一四年、六四九頁〕に引用されている。

(22) この語に対する訳語は大きな問題である。デリダの邦訳ではたいていの場合「おそらく」となっている。しかし、フランス語peut-êtreは、蓋然性がかなり低い事柄に用いられる。「おそらく」の方が適切な場合もあることを認めたうえで、ここでは試みに、êtreに通じる「ある」の響きをとどめられることを期待して、「或いは（〜かもしれない）」という訳語を採用する。この語に関するデリダ自身の説明については、*PA*, 46-48, 58-59／I 五四―五七、六九―七〇を参照。

(23) Jacques Derrida, *Spectres de Marx*, Paris, Galilée, 1993, p. 268.〔『マルクスの亡霊たち』増田一夫訳、藤原書店、二〇〇七年、三四七頁〕

(24) 『友愛のポリティクス』には、友愛が兄弟愛の秩序のみでなく、共同体の秩序にも属さないことを示そうとする試みも読まれる。そこではとりわけ死が決定的な役割を与えられているが、その部分は割愛せざるをえなかった。例えば*PA*, 329-331／II 一五八―一六一を参照。

(25) Maurice Blanchot, *La communauté inavouable*, Paris, Minuit, 1983〔『明かしえぬ共同体』西谷修訳、ちくま学芸文庫、一九九七年〕; Jean-Luc Nancy, *La communauté désœuvrée*, Paris, Christian Bourgois, 1986.〔西谷修、安原伸一朗訳、以文社、二〇〇一年〕

(26) Jacques Derrida, *Spectres de Marx*, p. 102, 110.〔一三九頁、一五一頁〕

(27) Jacques Derrida, «Une vérité blessante», in *Europe*, numéro spécial «Jacques Derrida», n°901, mai 2014, p. 12〔「傷つける真理――言語の格闘」逸見龍生訳、『現代思想』「緊急特集 ジャック・デリダ」、二〇〇四年一二月号、六一頁〕

(28) Benoît Peeters, *Derrida*, p. 578, n. 39〔六四九頁〕。索引を信じる限り、『デリダ伝』ではこの箇所にしかシュミットの名は登場しない。

(29) *PA*, 68.〔I 八七〕何度もくり返されるこの文言のまわりに織りなされる重層的な議論は、別途取り上げられる必要があるだろう。

(30) 冒頭に掲げた文言が読まれるインタビューのタイトル。註1を参照。

(31) Jacques Derrida, *L'écriture et la différence*, Paris, Minuit, 1967, p. 51.〔『エクリチュールと差異』合田正人、谷口博史訳、法政大学出版局、二〇一三年、六一頁〕

(32) Jacques Derrida, *De l'esprit*, Paris, Galilée, 1987, p. 73.〔『精神について』港道隆訳、人文書院、一九九〇年、七三頁〕

(33) Jacques Derrida, *Force de loi*, p. 111.〔一四五頁〕

(34) Jacques Derrida, «Entretien du 1er juillet et du 22 novembre 1999», in Dominique Janicaud (dir.), *Heidegger en France. II. Entretiens*, Paris, Albin Michel, 2001, p. 123.〔「ハイデガーをめぐる対談」西山達也訳、『現代思想』、「総特集　デリダ　一〇年目の遺産相続」、二〇一五年、二月臨時増刊号、三三―三四頁〕

(35) Jacques Derrida, *ibid*.〔同所〕

(36) Jacques Derrida, «Le souverain bien – ou l'Europe en mal de souveraineté», in *Cités*, nº 30, 2007, p. 140.

(37) Carl Schmitt, *Politische Theologie. Vier Kapitel zur Lehre von der Souveränität*, Berlin, Duncker & Humblot, 1996 (Erste Auflage 1922), p. 13.〔『政治神学』田中浩、原田武雄訳、未來社、一九七一年、一一頁〕

(38) Jacques Derrida, *Force de loi*, p. 35.〔三四頁〕

(39) Jacques Derrida, «De l'économie restreinte à l'économie générale. Un hegelianisme sans réserve», in *L'écriture et la différence*, Paris, Seuil, p. 392.〔『エクリチュールと差異』、五四〇頁〕

(40) Maurice Blanchot, *La communauté inavouable*, p. 10.〔一〇頁〕

(41) Jean-Luc Nancy, «  », in Louise Mallet (dir.), *La démocratie à venir. Autour de Jacques Derrida*, Paris, Galilée, 2004, p. 348. この発表は、フランス革命時に歌われ、現在も軍歌として用いられる Chant du départ「門出の歌」の、「主権者たる人民は進む」という三小節をタイトルとしている。

(42) Jean-Luc Nancy, «  », p. 353.

(43) Saint-Just, *Œuvres choisies*, Paris, Gallimard, 1968, p. 124. Jean-Luc Nancy, «  », p. 359 に引用。

坂本尚志

「他者とともにあること」の歴史性

フーコーと共同体の問い

はじめに

共同体の概念を考察の対象としなかったという意味では、フーコーは共同体の思想家ではない。とはいえ彼は、国家や社会といった共同体の問題系と密接に関わる対象を分析していた。本稿では、フーコーにおいてそれ自体としては思考されざるものであった共同体を取り巻く諸概念と多様な問いを明るみに出すことによって、フーコーの思想が共同体の思想に対して持ちうる可能性について検討したい(1)。

フーコー自身、「私の本は哲学論文でも、歴史研究でもなく、せいぜい歴史の作業現場の中のいくつかの哲学的断片なのです(2)」と言っているように、彼の思想は歴史と哲学という二つの領域を横断しつつ発展していった。彼の思想は方法や対象の大きな変化を幾度も経験しており、一貫性、体系性をそこに見出すことは困難である。

しかしながら、それはフーコーの思想が確固とした思考の基盤を持たなかったということではない。そこには、ある思想的・方法論的態度の存在を見出すことが可能である。それは普遍的なものに対する懐疑と普遍的なものを作り出している実践への関心であり、以下のフーコーの言葉はそれを端的に示している。

> 普遍的なものから出発し、具体的な諸現象をそこから演繹するのではなく、あるいはむしろ具体的諸実践を理解するための不可欠の枠組みとしての普遍的なものから出発するのではなく、私はこうした具体的な諸実践から出発し、普遍的なものを、いわばこれらの諸実践という枠組みを通してみたいのです(3)。

フーコーの親友でもあった古代史家ポール・ヴェーヌが述べるように、フーコーにとっては「自然なもの」「自明なもの」の存在こそが疑うべきものであった(4)。この懐疑は自然で自明に思われる対象が、実際には歴史の中の偶然性のはたらきによって形成されてきたことを示すことによって遂行された。狂気、臨床医学的まなざし、人間の形象、監獄、セクシュアリテなど、フーコーの著作の対象は多岐にわたる。フーコーが繰り返し強調しているのは、それらが属する知や実践の領域、そして時代区分の多様性にもかかわらず、われわれにとって自明で普遍的でさえありうるものが、歴史的な諸過程の偶然の産物にすぎないということである。フーコーの問いは歴史的‐哲学的なものである。たとえば彼は、監獄という刑罰の形式について、監獄という対象、概念の本質を定義するのではなく、それがいかなる歴史的過程によって形成されてきたかを示そうとする。その目的は、事物の起源にその本質や不変の同一性ではなく、その事物を作り出した「さまざまな出来事の増殖」を見出すことであり、「われわれが認識しているもの、われわれがそうであるものの根本には、真理や実在などではなく、偶然の外在性がある」ことを示すことである。[5] フーコーの系譜学とは、一見普遍的で強固なまとまりを持つように思える概念や制度などが、実際には雑多な要素の寄せ集めによって作り上げられてきたことを明らかにするための方法である。この意味で、フーコーの思想は、事物の歴史性に対する絶え間ない問いかけに他ならない。

このように考えるならば、「存在とは何か」「認識とは何か」といった、伝統的な哲学の問いがフーコーにとって意味がないものであることも理解できるだろう。これらの問いによって問われているのは、その事物の不変の本質である。しかし哲学が本質の探究でないならば、問いの形式それ自体を変容する必要があるだろう。フーコーはまさにこの変容を行った。彼の思想の中核をなすのは、「ある時代、ある場所において、ある対象がいかにして作られるのか」という歴史的‐哲学的問いであり、古典主義時代における狂人の閉じ込めから、古代世界における自己の技術に至るまで、この問いは常に投げかけられてきた。しかし、この問題提起は過去のある時期のある特定の事物のあり方を記述するだけに甘んじない。そこから現れるのは、われわれ自身もまた、歴史的かつ偶然的なやり方で形成されてきたものであり、ゆえに、われわれは今とは異なる存在として思考し、行動することも可能ではないか、という問題意識である。重要なのは、歴史的探究が現在のわれわれに変容の自由を与えてくれる可能性であり、この変容は、それが歴史的制約のもとで行われるという意味において、倫理的かつ政治的問題を提起しうるということである。すなわち、有限な存在であるわれわれが、今とは異なるやり方で生きる権利と可能性を認めるということであり、かつそうした生き方をいかにして他者との関係の中で主張するかを考察しうるということである。

では、フーコーの立場から共同体を問うとはいかなる作業であろうか。それは共同体の本質を明らかにするものではない。むしろ問題は、さまざまな時代、場所、知や実践の領域を横断しつつ、共同体が形成されるための歴史的諸条件を探求することである。本稿では、フーコーの思想に存在するいくつかの問題系を取り上げ、それらが共同体の歴史性という問いを考える上でいかなる意味を持つのかを考えていく。以下に考察の軸をまとめておこう。まず、『狂気の歴史』においてフーコーが分析した理性と非理性の分割を検討し、共同体の形成における他者の排除の役割に関するフーコーの見解を分析する（第一節）。次に、共同体の範型としての国家と社会について、フーコーがいかなる歴史性を見出していたのかを、七〇年代後半に展開した統治性の議論を参照しつつ考察する（第二節）。そして、西洋の権力の歴史における抵抗についてのフーコーの議論を検討する（第三節）。さらに、抵抗の最も先鋭的な形式である革命について、フーコーがいかに思考していたかを分析する（第四節）。最後に、フーコーの思想における「声」の位置づけについて考察しつつ、共同体の問題へのフーコーの貢献がいかなるものであったか検討する。

1　「他者」の排除と包摂——非理性と共同体

「他者とともにあること」が共同体に関する考察の中心的テーマのひとつであるならば、六〇年代初頭のフーコーの思想はこの問いに対して極端なアプローチをとっている。『狂気の歴史』第一部第二章冒頭で、デカルト『省察』の注解によってフーコーが示したのは、理性ならざるものの排除によって、理性はその同一性を確立するという基本的な図式であった。合理的に思考する主体は狂人ではありえない、というデカルトの結論は、フーコーによれば、理性がその他者を決定的に排除する身ぶりを象徴している。[6] この理性ならざるものにフーコーは「非理性 déraison」「狂気 folie」という二種類の用語をあてている。『狂気の歴史』においてそれらの使用法は一貫していない。[7] しかし、一方には理性の絶対的な他者（非理性）が存在し、他方には理性が精神医学という合理的認識の対象として切り取った非理性の一部（狂気）が存在するという図式は、近代における狂気概念の形成に関するフーコーの議論の基礎となっている。『狂気の歴史』初版への序文においては、理性、非理性、狂気の関係は以下のように描かれる。かつて理性と非理性は共通の言語を持っていた。しかし、理性はその外部に存在する非理性を拒絶し、それによって理性と非理性の間には乗り越え不可能な限界が打ち立てられた。それ以降、非理性は沈黙へと追いやられた。狂気に関する理性の言説は、非理性の本質の探究ではなく、「狂気についての理性のモノローグ」にすぎない[8]。狂気が理性にとって理解可能な「他者」として現れることによってはじめて、理性がそれ自身の歴史を持つ可能性が生まれる。

非理性という真正なる他者の排除は、理性の歴史的存在のための必要条件であるとここでフーコーは結論づけている。『狂気の歴史』は、非理性の排除という出来事以後、狂気と理性がいかなる関係を結んできたかを記述する。それは「非理性の歴史」でもあり、「狂気の歴史」でもある。つまり、「非理性」と「狂気」という二つの決して重なり合わない対象を描く二重の歴史である[9]。この歴史において、非理性と切り離された狂気は、それが理性ならざるものの本質であるかのように理解され、認識の対象となり、「自然」なものとしてわれわれの社会の中で機能し始める。

共同体は合理的主体によって構成されると定義できるならば、フーコーのこの指摘は、共同体が可能になるための条件を示したものであると言えるだろう。共同体の成立とは「他者」の排除の結果である。もちろんそれは共同体の内部において他者の問題が存在しえないということではない。むしろ問題は、共同体の外部にある他者としての非理性の排除と沈黙こそが、共同体の成員間の関係についての問いを可能にしているということである。

とはいえ、理性の絶対的な他者としての非理性の排除は歴史的過程の結果であり、かつ不完全なものであることを、フーコーは繰り返し強調している。ルネサンス期における狂気は、人間の本性や世界の奥深い真理を幻想という形式で表現していた[10]。狂気は逆説的に現れた理性の本質であり、その意味において、それがどれほど非道徳的であるとして非難されるべきであろうと、理性は狂気を排除しえない。[11]これに対して、一七世紀から一八世紀にかけての古典主義時代における狂人は、貧民、無業者、放浪者などとともに「非理性」の存在として監禁され、社会から排除されていた。[12]他の非理性の形態と同じく、狂気は社会的危険であり、人間性を失った存在として扱われていた。狂気は医学の対象であるというよりも、道徳的非難の対象であった。狂気が他の非理性の形式から分離されるに至ったのは、非理性を特徴づけている人間性の喪失が、狂気の場合には人間性の完全な欠如と動物性の露呈という極端な形で現れたためであるとフーコーは指摘する。[13]狂気は依然として社会的な危険であるものの、他の非理性の形式とは異なり、法的責任能力を持たないものとして扱われるようになる。[14]狂気についての医学的認識は、責任能力の判断のために要請される。古典主義時代における狂気は、法的には免責され、社会的には危険である矛盾した存在であった。この法的次元と社会的次元の統合は、精神病という観念の誕生によって行われる。それによって狂気は他の非理性の形式とは決定的に分離され、精神医学という実定的知の対象として存在し始める。近代における狂気概念は、このような非理性との決定的な分割の上に成立している。狂気は理性によって認識可能な対象である限りにおいて無制限な危険を社会にもたらすものではない。

しかし、理性が対象化した狂気は、非理性という広大な領域の一部にすぎない。そして、知の対象としては排除したはずの非理性は、さまざまな形で理性を脅かす。合理性に基づき構成された共同体である社会は、外部に存在するその他者によって絶えず危険にさらされている。非理性は特に芸術において現れるとフーコーは指摘する。たとえば、サド、ゴヤ、ゴッホ、アルトー、そしてニーチェが残した作品や言葉の中には、狂気の精神病理学的理解には還元しえない非理性の力が存在している。[15]

フーコーは『狂気の歴史』第三部冒頭で、ディドロ『ラモーの甥』の分析によって、理性と非理性、そして狂気の錯綜した関係を描き出している。「私」と「彼（ラモーの甥）」の対話によって構成されているこの作品が象徴しているのは、狂気という医学的概念が非理性から切り離されることによって形成されるという「事件」である。ラモーの甥は、二重の意味を背負っているとフーコーは考える。一方では、「彼」は「狂気と非理性がその中で一体となっている最後の人物」であり、他方では「分離の契機をもその中で指し示している」[16]。つまり、ラモーの甥は非理性と狂気の共存と分離を同時に体現している。とはいえ、非理性と狂気は理性にとってはまったく異なる位置にある。狂気は理性にとっての知の対象となる一方、非理性は理性に対して乗り越え不可能な限界を課す。この限界を越えて理性は思考できず、非理性はいかなる操作によっても消滅することはない。さらに、ラモーの甥は非理性を理性から排除することの不可能性も示している。理性が十分に把握することのできない非理性の象徴である「彼」は、理性によってはたどり着くことのできない世界の真理を倒錯した形で顕現させる。理性の象徴としての「私」と「彼」の間に対話が成立しているという事実は、彼が非理性の存在であるにもかかわらず社会の中に存在していることを意味している。また、理性が狂気を認識することは、理性が理性の完全なる不在に他ならない狂気を通じて、理性の真理に接近することである。そこに、理性の本性はそれ自体において知られるのではなく、理性の欠如としての狂気において知られるという奇妙な転倒が生じる。狂気の媒介なくして理性は認識しえない。非理性の社会への内在と、狂気の理性に対する本質的な関係は、理性の同一性を常に脅かし続ける。フーコーはラモーの甥の形象に、理性による非理性の排除と狂気の対象化・無力化の不可能さを見出している。理性が非理性を十全に理解することはありえない。それは絶対的な他性であり、言語化しえない純粋な否定性である。非理性は一方では心理学的、病理学的諸概念として認識の実定性の中で発展し、他方ではラモーの甥からルーセル、アルトーに至る文学的領域において、非理性と理性の限界に位置する言語によって受け継がれていく。

フーコーが『狂気の歴史』において示した理性と非理性の間の本源的に不安定な関係は、理性と合理的認識が、除去不能な他性によって常に脅かされていることを明らかにする。理性はこの脅威を認識の対象とすることによって理解し、無力化しようとする。しかし、そうした理性の働きは限定的な効果しかもたらさない。このように、『狂気の歴史』におけるフーコーは、他者の絶対性を強調する。他性の排除は共同体の形成可能性の存在論的・歴史的条件でありながら、この排除は決して完全な成功には終わらない。この他性との終わりのない対決が西洋社会のあり方を決定づけており、その意味で『狂気の歴史』は共同体の歴史的条件とその脆弱さを主題としていると言えるのである。

2　社会と国家——統治の共同体

『狂気の歴史』におけるフーコーは、非理性と狂気という理性の他者の歴史的分析を行うことによって、西洋社会の成立の条件を明らかにしようとした。これに対して、七〇年代のフーコーの思想においては、理性の絶対的他者としての他性というテーマに代わって、国家や社会の内部における合理性と権力行使の問題が中心となっていく。そこでは特に権力行使との関連において、共同体における他者という問題が潜在的に形成されている。

一九七八年から七九年にかけて、フーコーはコレージュ・ド・フランスの講義で国家の問題を扱っている。しかし、それは「国家とは何か」という問いに答えるためではなく、「国家」という概念、制度、それによって形成される共同体が実際にはそれとは異なるものによって作り上げられていることを示すためである。フーコーは国家に対しての両極端な評価について述べている。[17] 一方でそれはニーチェ的な「冷ややかな怪物」であり、誰も逆らうことのできない際限のない力という情動的で悲劇的な形式に他ならないという評価である。他方では、国家は生産関係の発展のようなさまざまな機能の寄せ集めにすぎないという、国家の力をできるだけ小さく見積もる評価である。この両者の評価は対照をなすものでありながら、国家の存在それ自体を疑うことはないという共通点が存在するとフーコーは指摘する。むしろこの偽りの自然性こそ疑うべきものである。「国家は寄せ集めの現実にすぎず、神話化された抽象にすぎない」とフーコーは言う。[18] ゆえに、われわれが国家であると思い込んでいるものが実際には何であるかが問われなければならない。

この問いは、ミクロ権力とマクロ権力の間の関係というフーコーのそれまでの考察を延長する形で提起された。『監獄の誕生』においてフーコーは、監視、管理、強制等の形式によって個人の身体に行使される規律‐訓練の権力の存在様式を明らかにした。これが権力行使のミクロのレベルであるとすれば、マクロのレベルは個人の集合としての人口全体に対して行使される生権力であり、生殖、公衆衛生、遺伝、生存などの領域がその対象である。この生権力は、『知への意志』において、セクシュアリテの問題をめぐり構想された。フーコーにとっての問題は、この権力の二つのレベルをいかに統合するかという点にあった。また、権力行使の問題はセクシュアリテの領域だけにとどまらないために、この統合はより広い文脈の中で行われる必要があった。そのような状況においてフーコーが対象としたのが、統治の問題であり、統治の合理性としての「統治性」の問題であった。フーコーが試みたのは、統治する理性がいかなる歴史的過程によって形成され、変化していったかを理解することである。国家という概念は、この統治の諸実践に対して与えられた名称にすぎず、決して自明のものでもなければ普遍的なものでもないとフーコーは考える。「国家は普遍的なものではなく、それ自体が、権力の自律的な源泉ではない[19]」。国家を出発点に権力行使の問題を考えることは、いわば原因と結果を逆転することである。統治という具体的な権力行使が国家という対象を作るのであり、国家が統治を可能にするのではない。フーコーは、「統治する理性」の多様な歴史的形式を描き出すことによって、権力行使の問題を、国家の理論を経由することなく考えることを目指している。フーコーはこの試みを「統治性の歴史」と呼ぶ[20]。「統治性」とは、「人口を主要な標的とし、経済学を知の主な形式とし、治安＝安全保障の諸装置をその本質的な技術的手段とするような」権力の技術の総体である[21]。同時に、「統治性」は、西洋社会においてこうした権力の形式が形成されていく歴史的傾向を指し示す用語でもあり、西洋において、国家の問題が統治の問題へと移行していく過程でもある。この時期のフーコーにおいては、『狂気の歴史』において扱われたような、理性の絶対的他者としての非理性という観念はほぼ消え去り、共同体の内部における諸実践が、いかなる合理的諸原則によって組織されているかが問われるようになる。後に見るように、他者は共同体の内部で抵抗し、服従を拒否するものとして現れる。

フーコーはこの統治性の歴史を、司牧権力、国家理性の理論、自由主義とそのバリエーションとしての新自由主義という三つの段階に分けて記述している。ここではその詳細に立ち入るよりも、この歴史が批判した国家という概念についてのフーコーの主張を見ていくこととする。

国家を出発点として権力行使の問題を考えることは、国家という表象によって隠されている、統治するものと統治されるものの関係の多様性を無視することに他ならない。国家をひとつの自然物であるかのように、すなわち「それ自体から発展し、その自然発生的力学によって、自動的なものとして、諸個人に認められるような存在」として考えることは誤りであるとフーコーは言う。[22] なぜなら、国家とは統治の実践によって作り上げられるものだからである。さまざまな統治の実践によって、いかにして国家が作り上げられているのか、そしてそれらの実践がどれほど歴史的な多様性を持つのかを知ることがフーコーの目的である。ミクロとマクロという権力の二つのレベルは、統治の諸実践の中で接合される。

このように、フーコーは統治というレベルの分析によって、国家と権力行使の問題を分離しようとしている。ここで問われている普遍的かつ自然的な表象としての国家は、その法的側面を特徴づけ、その一体性と連続性を保障する主権概念と密接に結びついている。ボダンによってその近代的意味が定義された主権概念は二重の意味で法的である。まず主権は法を制定し、破棄する権力として定義される。そして、この主権が法を制定する権能をなぜ持っているのか、という主権の正統性の問題が提起される。それに対する回答が、ホッブズによってその近代的意味が定められた社会契約の概念である。各人がその権利の一部を君主に譲渡するという契約を結ぶことによって、主権と国家の正統性は担保される。このような議論においては、統治（＝政府）は法を執行する権力としてとらえられ、立法する主権は理論的にも時間的にも統治に先立つものとして現れる。

国家の理論における主権の優位に対して、フーコーは統治と権力行使の分析を対置した。法的主権の観念は、国家の内部で生起し、それによって国家が存続している権力の諸関係を理解するためには不十分である。禁止という形で行使される法は、権力行使の一部にしかすぎない。身体へと行使される規律‐訓練の権力と、人口全体へと行使される生権力は、双方とも禁止に基づく権力ではなく、規範と規範化に基づいて行使される権力の形式である。フーコーはこのような権力の誕生を、マキャベリの思想に対する批判の中に見出している。マキャベリが、領土と臣民に対する君主の優越性に、君主がその権力を維持する資格を基礎づけたとするならば、反マキャベリの思想家たちは、統治を君主個人の能力と行為に帰するのではなく、国家と社会に属し、統治に関わる人々全体に関わるものと考える。考察の対象となっているのは、「統治術」と呼ばれる一連の技術である。[23] フーコーは一六世紀の著者ラ・ペリエールを引用しつつ、統治術の特徴を以下のように述べる。統治術は領土や臣民を対象とするのではなく、「人間とモノによって構成される複合体」に対して行使される。[24] 重要なのは、モノを然るべく配置することによって、個々のモノが達成すべき目的へと至ることである。政治、経済などの各領域に複数存在する目的を個別に達成すべく統治は行われなければならない。そこでは主権者が「法を万人に課す」ことではなく、「法ではなくむしろ諸々の戦略を用い、あるいは法を最大限戦略として使用する」ことが目指される。[25] 良き統治者とは、目的を達成する能力を持った統治者である。そのために不可欠なのが、国家に属する人とモノについての知であり、諸目的についての知であり、そして目的を達するためのモノの「配置」についての知である。この知が「国家の学」すなわち統計学となる。統治という権力の行使はこの知に基づいて行われ、権力行使はこの知の形成と発展の条件となる。人口概念とは、人とモノの相互作用の結果として形成されるものであり、その限りにおいて統治の作用に固有の対象となる。

このように、フーコーは統治という対象を出発点として国家における権力行使の実相を明らかにしようとする。この中で、主権の問題についてもある種の転倒が生起する。伝統的な政治哲学において主権が統治に先立っていたとすれば、統治の技法にとっての問題は、いかにしてそれが主権を定義し、基礎づけることができるか、ということである。統治の技法は社会契約のような法的仮構に支えられていないがために、そこから主権の単一の定義を導くことは困難である。逆説的ではあるが、統治の技法の誕生によって、国家と主権の問題にはより多様な答えの可能性が生まれたのである。

このような統治のフーコー的問題系からすると、共同体の問いは必然的に歴史的なものにならざるをえない。ゆえに、「欲望の体系」としての市民社会を乗り越え成立するヘーゲル的な国家像は、それが国家に普遍性を認めるという意味において、統治性の歴史にとってはまったく異質な概念である。さらに、ヘーゲルが乗り越えを主張する市民社会についても、フーコーはそれが普遍的なものではなく、歴史的なものであることを示そうとしている。

市民社会という概念は、古典的自由主義と密接に関わっている。フーコーはアダム・スミスに代表される古典的自由主義を、三つの特徴に要約している。第一に、交換の場である市場は、一種の自然的な対象であり、その活動を妨げないことによって、正当な価格などの真理が現れる場となる。統治行為の正当性は市場によって判断される。第二に、統治行為は、市場に対するその有効性の度合いに応じて制約を受ける。第三に、こうした交換の空間は、一国だけで完結するのではなく、ヨーロッパという世界内で互いに結びついており、経済成長はヨーロッパ世界に共通の、集団的なものとして起こりうる。個人はこの市場の中で経済的主体として自由に行動する。そこに問題が生じるとフーコーは指摘する。この経済的主体は、社会契約の主体たる法の主体とどのような関係を持つのか、という問題である。自然権の一部を放棄することに同意したという意味において、法の主体は「否定性を受け入れる主体」である。[26] それに対して、経済的主体は決して自分の利益を断念しない。しかし、この自己利益の追求は、他者の利益と競合することもあれば協働することもある。この利益の追求が行われる場が市場である。つまり、法の主体と利益の主体の対立は、契約と市場の対立である。

古典的自由主義における統治は、ここであるアポリアに突き当たる。統治は市場の自然な変動を損ねない限りにおいて、市場に介入することが認められる。しかし、経済の諸過程が自然的な地位にあるために、統治者がそれらを正確に予測することは不可能である。経済は統治する理性に不可避な限界を課す。統治がかろうじて対象とできるのは、利益の主体であり、それは「経済の諸過程の内部に存在しうる唯一の合理性の小島」である。[27] しかも、この利益の主体は同時に法の主体でもある。ゆえに問題は、法の主体であると同時に利益の主体である諸個人を統治可能にするような、介入の領域を作り出すことになる。それこそが「市民社会」であるとフーコーは考える。この概念を出発点として、統治の実践は「遍在する統治、法の諸規則に従う統治であり、にもかかわらず経済の特殊性を尊重する統治」[28] として現れる。ゆえに、市民社会とは「根源的で無媒介の現実」などではなく、「近代の統治技術に属している」。フーコーはファーガソンの『市民社会史』に拠りつつ、市民社会の定義をまとめている。第一に、社会関係は自発的かつ自然に生じる。第二に、市民社会における諸個人の統合は、主権の構築や臣従の契約によるのではなく、「社会関係それ自体における諸個人の満足の総和によって」保障される。[29]第三に、それは政治権力の自発的形成の永続的な母体である。第四に、それは歴史の原動力である。この点については、補足が必要だろう。市民社会においては、個人は単に各々の利益を追求する利己的な存在ではなく、「利己主義自体よりもはるかに広い無私無欲の利益のはたらき」の中にある存在である。[30]その意味において、市民社会の個人は経済的主体と同一視できない。また、経済的主体がグローバルな志向を持つのに対して、市民社会における個人は家族、村落、国民のような単位に従いまとまる、共同体的な志向を持つ。そこで経済は両義的な機能を持つ。一方では、経済はさまざまな利害が収束することによって、諸個人を結びつけるが、他方では、それは利害対立によって人々をばらばらにする。市民社会は諸個人の自発的結びつきと、経済的利己主義によるこの結びつきの解体の間の緊張関係をはらんでいる。各人は歴史の全体的過程を意識しないにもかかわらず、こうして歴史的変化は生じる。

このように定義される市民社会は、経済とも法とも異なる「社会的なもの」という対象とそれについての省察の領域を作り出す。古典的自由主義の統治の対象は、まさにこの市民社会であり、不可知で関与すべからざる自然である市場に介入することなく、いかに人々を統治しうるのか、という問題に答えるものであった。フーコーはこのように市民社会を統治の歴史的形態に関連づけることによって、市民社会という共同体の形式の歴史性を明らかにする。ヘーゲルが対立と止揚において思考した市民社会と国家は、どちらも歴史の中での創造物に他ならないとフーコーは指摘している。

フーコーによる国家と市民社会の考察は、共同体の形成と変容を、統治という視点から歴史的に理解しようとする試みである。そこでは、共同体という他者との共存の枠組みの形成の条件が、統治の形態の変遷という歴史的問題設定の中で明らかにされている。フーコーは、国家と市民社会という共同体の二つの形式の自然性、普遍性を問題にし、他者とともにあることが歴史的なものでしかありえないことを示している。

3　抵抗の歴史的諸形態――従属知、封印状、反操行

統治についての考察によって、フーコーは共同体の諸形式の歴史性を明らかにした。この考察は、統治の対立概念としての抵抗の問題と密接に結びついている。『知への意志』において、フーコーは「権力のあるところに抵抗はある。しかし、あるいはむしろまさにそのために、抵抗は権力に対して外部の位置には決してない」と述べている[31]。ここで権力と抵抗は不可分のものとして記述されている。しかしそれは一方に権力があり、他方に抵抗があるということではない。それらは二つの異なる実体ではなく、権力関係においてそれぞれの行為者が担いうる機能である。言い換えれば、ある権力に対して抵抗する者は、他者に対して抑圧の権力をふるうことも可能であるし、権力を行使する者が、異なる場面で抵抗の主体となることも考えられるだろう。また、統治性の歴史において先に見たように、統治する権力が歴史的条件によって規定されている以上、抵抗もまた歴史性を持つものでしかありえない。

『監獄の誕生』において、フーコーは以下のように権力関係を定義している。「認めるべきは、権力は所有されるというより行使されるということであり、それは支配階級によって獲得され、保持される『特権』ではなく、支配階級の戦略的立場全体が生む効果であるということである。また、この効果は、被支配者の立場が表出するものでもあり、時として、被支配者が撃退するものでもある[32]。」権力関係の特質は、流動的な関係性にあるとフーコーは考えている。しかも、ここでは抵抗という言葉は直接使用されてはいないものの、権力を行使される側も一方的に従属する立場にあるのではなく、抵抗の可能性を常に持っていることが示されている。

そのような意味で、フーコーにおける抵抗は個人や集団の行動の指針やイデオロギーによって規定されるものではまったくない。むしろそれは、権力との接触において生起する反応としての抵抗であり、体系的であるよりは散発的であり、全体的であるよりは局所的、個別的である。

フーコーのこうした抵抗の観念の形成には、七〇年代に入って活発になった政治参加の影響があることは間違いない。とりわけ、彼が主宰者の一人として一九七一年に結成した刑務所情報集団（Groupe d'information sur les prisons, GIP）は、刑務所や刑罰制度の全面的改革を主張するような運動体ではなく、受刑者自身の声をアンケートなどによって収集し、それを社会に向けて発信することを目指していた。(33) その背景には、一九七〇年九月以降フランスの刑務所で頻発していた受刑者の暴動があった。重要なのは「刑務所についての経験を有する人々に話してもらう」ことであり、それによって「これらの経験、これらの孤立した反乱が共通の知に、そして協調した実践に変化する」ことである。(34) フーコーたち知識人の役割は、他の人々の意見を代弁することではなく、「他の人々の話す権利に制約を課すことなく、他の人々が話すことを認める」ことである。(35) 知識人は、さまざまな知や闘争の記憶を出現させ、循環させる、仲介者の役目を果たす。

このような主張の背景には、求められる知識人像が変化しているというフーコーの考えがある。サルトルに代表されるような旧来の知識人像は「普遍的なものの代表者」であり「真理と正義の師」であった。このような知識人像をフーコーは「普遍的知識人」と呼ぶ。(36) しかし、理論と実践の間に新たな結びつきが生まれるとともに、今までとは異なる形態の知識人像が必要とされる。それは普遍的価値を代弁するのではなく、司法官、精神科医、医師、ソーシャルワーカー、研究者など、知のある領域の専門家として、社会や日常生活における具体的で局地的な問題に介入する役割を持つ知識人である。この新しいタイプの知識人を、フーコーは「特定領域の知識人」と呼び、「普遍的知識人」と対立するものと考える。(37) このような知識人の位置づけは権力の諸関係と切り離すことができない。なぜなら、知識人の知識もまた権力関係によって生み出されたものだからである。普遍的知識人が権力の外部に存在する真理に立脚していたとすれば、特定領域の知識人は、権力のさまざまな制約の中で、具体的で日常的な闘争に参加を可能にするような真理の効果を生み出す。自分自身の闘争を行うことによって、特定領域の知識人は他の専門家や人民とともに、知と闘争に関する横断的な関係を作り上げていく。しかし、このような活動によっても、特定領域の知識人は普遍的な視座を獲得するわけでも、他の人々の要求を代弁するわけでもない。このような形式の知識人は、権力関係のネットワークの中の一つの結節点にすぎず、そこで抵抗の機能を果たすのである。

これらの抵抗の実践的形態は、哲学的－歴史的考察にその基盤を持っている。一九七六年のコレージュ・ド・フランス講義『社会は防衛しなければならない』の初回講義で、フーコーはこうした抵抗の機能とその形式を考えるための方法論について論じている。彼は一九五〇年代半ばから六〇年代初めにかけて勃興した「従属知の蜂起」と彼が呼ぶ現象に言及する。[38]「従属知」には二つの意味がある。一方で、それは「形式的体系化の中に埋め込まれ、隠蔽された歴史的内実」のことであり、そうした知はたとえば刑務所において人間の身体を規範化するための一見普遍的な真理として、権力の行使に組み込まれる。フーコーのここまでの仕事は、精神医学や犯罪学、心理学など、こうした従属知の機能を明らかにすることを目的としていた。他方で、それは「庶民の局地的な知」と呼ばれる知の形態であり、こうした知は、知と権力の複合体によって構築される階層秩序からは排除され、忘却された知である。これらの知を歴史的探究によって掘り起こすことは、階層化された知の秩序に対する批判の機能を果たすとフーコーは考える。このような知の対象としてフーコーは、「精神病患者の知、病人の知、看護人の知、医学と並行的ではあるものの周縁的であるような医師の知、犯罪者の知」を挙げている。[39]

フーコーの系譜学は、普遍的であると考えられている知の対象、概念、制度、実践などが、実際にはさまざまな力の闘争と対決の場から、あるいは「支配の偶然的な関係」において生まれてきたということを示す。[40]この意味において、フーコーが対象としてきたのは、現在のわれわれの存在に影響を及ぼし続けている、第一の従属知であった。これに対して、第二の従属知は、それが既に排除され、忘れ去られた知であるという限りでは、こうした系譜学的な歴史探求の直接の対象とはなりにくいように思われる。しかし、第二の形式の従属知もまた、過去の闘争と対決の結果として排除されるに至ったという意味で、過去のある時点においての闘争の記録と記憶を伝えるものである。フーコーは、従属知の二つの形式をともに探求することによって、「さまざまな闘争についての歴史的知の構築」を行い、さらには「この知を現在の諸戦術において使用すること」を目指す。[41]ここでは系譜学は方法論と哲学的－政治的態度という二つの意味で使用されている。まず、方法論としての系譜学は、知と権力の絡み合う関係において、一見自明に思えるような対象、実践、制度が、闘争と対立の偶発的な結果として形成されてきたことを明らかにする歴史記述を目指す。そして、哲学的‐政治的態度としての系譜学は、このような闘争と対立において排除された従属知が、単にその荒唐無稽さや誤謬によって退けられたのではなく、不運な敗者でありえたかもしれないことを明らかにする。そして、それによって現在の政治的・社会的状況が決して必然の結果ではなく、変更可能であることを示そうとする。フーコーにおける「抵抗」は、現在の諸問題に対する、現在の人々の闘争であるだけでなく、過去の権力の諸関係において、人々がどのように闘い、敗れていったかを理解するために「敗者の歴史を書くこと」でもある。(42) こうした闘争の歴史は、決して権力対反権力といった二項対立に還元されることはない。なぜなら、闘争は知と権力の絡み合いのそれぞれの領域において多様な形態をとるために、この歴史記述は局地的なものにしかなりえず、異なる対象について、幾度も書かれるべきものだからである。フーコーはこのような抵抗の諸形態について、講義や著作において繰り返し述べている。ここでは封印状を利用した人々の抵抗の形態を例として見ておこう。

封印状は、絶対王政下のフランスで、国王の命によって市民を監禁する制度として存在していた。「汚辱に塗れた人々の生」において、フーコーは絶対王政による権力の恣意的濫用として理解されうるこの制度に、錯綜した権力関係を読み解こうとする。(43) そこに見出されるのは、国王による封印状が、実際には、監禁対象となる市民の家族や隣人など、近しい人間によって要請されることで発されているということである。監禁の要請は社会の下層から発しており、権力の介入は、その意味で望まれたものでさえある。

しかしながら、このような社会的、政治的条件において、監禁要請は庶民の日常生活の細部に至るまでを言説化し、権力のより効果的な行使に寄与していた。なぜなら、監禁の要請を正当化するためには、窮状を綿々とつづり、監禁こそが唯一の解決策であることを示さねばならないからである。要請を行うのはほぼ文盲の人々であり、要請は代書屋の「飾り立てた、不満をくどくどと申し述べる哀願調の言語」で著される。(44) 監禁を要請するために窮状を言語化することによって、日常生活は権力の諸関係の中へと組み込まれる。困窮した人々の生は、本来であれば何の痕跡も残さない。それが史料に見出されるのは、そうした生が「権力との邂逅」によって言説化されたからである。[45]この意味では、監禁要請は権力の諸関係の内部にある。

とはいえ、これらの要請が権力関係の内部に属しているということは、それが単なる権力の効果にすぎないということではない。周縁的な人々の生についての言説は、それ自身の力を権力関係の中で持っている。わずか数ページにまとめられた無名の人々の生は、その生を忠実に記述したものではない。むしろこの生の叙述は、誇張や欺瞞、ごまかし、嘘を織り交ぜつつ、強大な王権を自分自身の利益のために介入させるという戦術的役割を持っている。この言説は、日常生活のもめごとにおける武器として機能しており、監禁を要請する人々は、生が記録されることと引き換えに、権力の恩恵に浴している。とはいえ、この生の記録システムは、無名の人々の生についての真理を構築するわけでも、その現実を理解することも目指しているわけでもない。これらの言説は、生の実相の記録なのではなく、「無名の人々の伝説」であり、そこでは「虚構と現実のある種のあいまいさ」が生みだされている。[46]無名の人々の生は、これらの虚構の言説の効果として、権力関係の中に位置付けられる。この言説の戦略的目標とは、権力の介入によって、好ましからざる状況を変容させようとすることである。現実は、王権に働きかけるこの虚構によって、変化する。監禁の要請書は、真理と虚構と現実の重なり合う領域に存在している。人々の記録された生は、単なる権力の介入ではなく、権力関係の中で無名の人々が権力を利用し、現実に働きかけようとする努力の痕跡である。

このように、封印状をめぐる史料群の中に、フーコーは、力の複雑な絡み合いを見出している。それが示すのは、権力が庶民を抑圧するという単純な図式ではなく、権力関係の中のさまざまな地点において、名もなき人々自身が日常生活の中への権力の介入をうながし、それによってある種の権力を他者に対して行使しうる、という事態である。しかも、こうした権力の介入は、監禁要請という虚実ないまぜになった言説の力によって引き起こされる。事実に基づかないという意味で、それは不当な介入であるのかもしれない。しかし、介入は単なる抑圧ではなく、戦術的意図を持った庶民によって引き起こされたものである。そこでは、権力の効果は、庶民を抑圧するのではなく、むしろその立場を強化する役割を担っている。こうした庶民による権力の利用こそ、単なる二項対立に還元されない抵抗の形式であり、それが文書館の中で眠り続け、顧みられなかったという意味において、忘却された従属知なのである。

この闘争の系譜学は、六〇年代のフーコーの思想における非理性、外部、他者の問題の位置づけの変容を示している。一九七〇年、いわゆる系譜学の時期には、かつて理性の外部に見出されたこれらの要素は、封印状をめぐる庶民と王権の間の対立‐共犯関係のような現実の闘争へと移し替えられている。かつてのフーコーにとって、非理性がその絶対的な他性によって合理的認識を脅かしていたとすれば、系譜学的枠組みにおいては、非理性のこの危険は、理性あるいは合理的認識が、服従しないものを支配しようとする歴史的平面の中に位置づけられる。理性と非理性の対立はもはや歴史的なものと根源的なものの間で展開するのではなく、権力関係の中で抵抗が引き起こす部分的、散発的でかつ全体化不可能なさまざまな闘争の中で繰り広げられる。

このような抵抗の内在性は、フーコーが一九七八年に検討した、キリスト教に特有の統治の形態である司牧権力における「操行」とそれに抵抗するさまざまな闘争の形式を指す「反操行」との関係により明確に現れている。[47]フーコーは、キリスト教に特有の人々の統治の形式を司牧権力と呼ぶ。司牧権力のルーツはキリスト教以前のエジプト、ヘブライなどの地域における政治的統治のあり方に見出されるとフーコーは述べる。そこでは統治者は人々の群れを導く羊飼いの役目を果たし、人々の魂を教導することが目的とされる。この権力の特徴としてフーコーは三つを挙げている。第一に、「羊飼いの権力は［…］移動する羊の群れに対して行使される」[48]。つまり、権力の行使は領土に対してではなく人々の運動と多様性に対して行われる。第二に、この権力が目指すのは群れの成員すべての幸福であり、その意味においてそれは慈悲深い権力である。第三に、司牧権力は、すべての信者の救済を目的としつつも、各人によって異なる権力行使を行うという意味で、個別化する権力である。この個別化には絶え間ない監視が付き従う。

東方起源の司牧権力は、政治思想や政治的制度を通じて広がったのではなく、ピタゴラス派のような哲学的、宗教的、教育的な小共同体によって、特に「良心の教導のある種の形態」において拡散したとフーコーは考える。[49]キリスト教における司牧権力は、それまでに存在したこのような権力のあり方に、新たな要素を加えることによって形成された。フーコーは三つの新たな要素の存在を指摘している。第一に、司牧権力はキリスト教の思想によって理論的に豊かなものとなった。たとえば、ナジアンゾスのグレゴリオスによって、司牧は、かつては哲学を意味した用語である「知の中の知」と表現されるようになり、その理論的内容が強化された。[50]第二に、教会という制度的な支えを得た。第三に、キリスト教は人々を導くための新たな技法を生み出す場となった。司牧者と信徒の関係がこうして形成される。

司牧者は信徒各人の救済のために、各人の行動の細部を知り、その行動と状況に合わせた対応を取らなければならない。その意味において、司牧者の仕事は普遍的で万人に適用可能な法を定めることではなく、医師が病人に対して行うように、各人の魂の病を治癒すべく、傾聴し、観察することである。ただし、司牧者と信徒の関係は、医師と患者の関係とは異なり、その生涯にわたって続く。司牧者は信徒を日常的に観察し、信徒の魂の状態に応じて真理を教示することにより、その日常の行動と良心を教導しなければならない。しかも、司牧者は真理を信徒に課すだけではなく、信徒の良心の中に隠された真理も見つけださねばならない。「人は良心の吟味によって、自分自身についてのある種の真理の言説を刻一刻と作り出していく[51]」。古代においては、良心の教導は、自身が望む時にのみ行われ、それは「自己の統御のための一条件」であった。[52]キリスト教における教導は、義務的であり永続的である。このような教導の技法は、キリスト教の司牧権力によって生み出されたものである。この教導は、ナジアンゾスのグレゴリオスによって「魂のエコノミー」と呼ばれたが、フーコーはエコノミーという語の曖昧さを避けるために、操行という語をあてる。魂の操行は二重の意味を持つ。一方でそれは他者を導くための活動それ自体であり、他方では、それによって「操行の影響のもとで自己を導く」ようなやり方である。[53]人は操行の客体であり、操行によって操られる従属した主体でもある。フーコーはこの操行の概念から、統治の諸技術の歴史を描き出そうとする。

しかし、フーコーは司牧権力の拡大と変容の歴史的過程を記述するだけでは満足しない。この問題は司牧権力の異なる側面からも検討される。すなわち、操行に対する闘争、抵抗、不服従である。フーコーはそれらの抵抗を「操行への反乱」「反操行」と呼ぶ。これらの闘争が求めるのは、「異なるやり方で導かれたい」という、司牧とは異なる操行の可能性を求めるものであった。このような反操行の例の最大のものとしてフーコーが挙げるのはルターによる反乱である。(54) 反操行は司牧権力への抵抗でありながら、ブルジョワジーと封建制の争いや都市経済と田園経済の対立、女性の社会的地位や文化的差異にまつわる対立などの多様な対立関係と結びつきつつ展開された。

また、フーコーは司牧権力の操行と反操行の運動の同時性を指摘する。反操行は操行の後に生じたものではなく、両者は権力関係の中の二つの機能としてともに存在し、「直接的で創設的な相関」を持っている。(55) さらにフーコーは、こうした反操行の反乱は「司牧権力の並外れた強化」という機能を持っているということを強調する。(56) 封建制に対する革命は封建制を転覆させるに至ったが、反操行の反乱は、司牧権力の反応を引き起こすことによって、司牧権力の破壊ではなく強化の契機となる。司牧権力に対する抵抗は権力関係に内在的であり、関係全体を転覆する可能性を持たない。しかも、宗教改革に対する反宗教改革の運動に見られるように、司牧権力は抵抗への対抗策を取ることによって抵抗を無化し、同化する。

とはいえ、反操行による操行への対抗の困難さは、決して抵抗全体の不可能性を意味しない。フーコーも指摘しているように、反乱の場を宗教的領域に限定しなければ、イギリス革命やフランス革命が象徴するような大規模な抵抗の形式が存在しえた。また、こうした抵抗の形式は、政治的、社会的闘争においてのみ展開されたのではない。司牧権力への抵抗は、哲学的問いを提起するものでもあった。フーコーは一九七八年の講演「批判とは何か」においてその射程を分析している。(57) この講演で、フーコーは西洋における批判的態度の歴史を、統治の技術との関連で描き出そうとしている。一六世紀ヨーロッパにおいて、司牧権力が作り出した統治の技術が、キリスト教という宗教的、制度的領域を離れ、統治の技術が社会全体に拡散していったとフーコーは指摘する。(58)

この統治の技術の拡散と発展に対応する形で、統治から逃れることを模索する問いの形態が生まれる。それこそが「批判的態度」であり、それは「このような形で統治されないでいるための技術」として、道徳的かつ政治的領域に関わるものである。[59] フーコーは聖書批判、自然法、科学という三つの例を挙げている。聖書についての批判的態度は、教会による教導権を疑い、聖書へと立ち返り、その真理を知ろうとする運動として現れる。自然法は、統治によって課された法を拒否する根拠として現れる。科学は、権威が主張する真理の確実性を疑う方法と態度として現れる。統治の技術の社会への拡大が、「真理であることを主張する権力のメカニズムによって、個人を服従させる社会的な実践という運動」であるとするならば、批判はこのような運動に対して「みずからの意識によって不服従を求める技術」であるとフーコーは言う。[60]

フーコーは、カントをこの批判的態度の歴史の中に位置づける。一七八四年の「啓蒙とは何か」において、カントは啓蒙を、人間が未成年状態から脱却することの類比によって特徴づけている。[61] 未成年状態が権威への従属と、勇気の欠如によって理性を自律的に使用することができない状態であるとすれば、啓蒙とは、人間が権威の呪縛から脱し、勇気を持って理性を使用すること、すなわち知ることに他ならない。カントの定義する啓蒙の過程は、統治の拡大という状況に対して、いかに抵抗するべきかを示すものであった。カントの批判は、このような文脈の中で理解される。未成年状態を脱し、理性を自律的に使用するためには、それに先立ってある作業が必要となる。すなわち、理性が知りうることの限界について吟味することである。カントの批判は、啓蒙が可能であるための条件を明らかにし、その限界をも示すものである。啓蒙という形での権力に対する抵抗は、理性と知識の批判によって基礎づけられ、はじめて可能となる。言い換えるなら、カントが批判というプロジェクトを遂行したということは、啓蒙の可能性を準備したということであり、そこでは抵抗が統治の強化へとつながるという循環は断ち切られている。

そうした統治の循環の切断としての抵抗が、おそらく歴史上もっとも鮮やかな形で現れたのがフランス革命であろう。革命は、「このような形で統治されない技術」のもっとも極端な形として現れる。抵抗が共同体へと同化されることへの拒否であるとするならば、革命は共同体それ自体を今とは異なるものにするための理念であり、そのような出来事である。そうであるならば、革命とは抵抗の究極の形であり、共同体の内部における抵抗は新たな共同体を夢想するものなのであろうか。しかしフーコーにとっては、革命はそうしたユートピアではない。彼にとっての革命は、ある時は望ましいものであり、またある時は抵抗の可能性を破壊するものでもあった。この革命に対するフーコーの両義的な態度を次に見ていくこととしたい。

4 革命の希望と挫折――啓蒙の問いへ

フーコーの思想の主要な問題は啓蒙であり、革命ではない。『狂気の歴史』や『監獄の誕生』においても、フーコーは理性の進歩という啓蒙のモットーが、排除と強制という「暗部」を伴うものであることを明らかにしようとしていた。フランス革命がフーコーの歴史記述の中で重要視されなかったのは、彼の目的がむしろ、革命という政治史上の一大事件によって隠されたさまざまな歴史的過程を明らかにすることであったからであろう。たとえばフランス革命を挟んで起こっていた近代の精神医学の形成史や監獄システムの発展の過程に、革命自体によって決定的な断絶が生じたわけではなかった。

とはいえ、フーコーの思想に革命への言及が存在しないわけではない。七〇年代半ばまでのフーコーにとっては、革命は一つの運動のモデルでもあった。一九七六年の寺山修司との対談で、フーコーは、スターリニズムと共産革命によってもはや大衆には望まれなくなった革命に対する「願望率」を取り戻すことが知識人の責務であると述べている(62)。その目的は、フランス革命が生み出した、将来の革命の約束が持つ価値を復権させることである。しかし、フーコーにとって革命は政治的事件として起こるものではない。それは「新たな人間関係、つまり新たな知、新たな快楽と性的生活」の発明によって行われる。こうしてフーコーは「革命的」実践の領域を移行させているが、にもかかわらずこの時期の彼にとって革命は肯定的な意味を持っている。また、『知への意志』においても、権力関係のネットワークの中に存在する「抵抗点の戦略的コード化」を、革命が生起するための条件として挙げている。[63]

　これに対して、翌年に刊行されたあるテクストは、フーコーの革命への価値づけに生じた変化を明らかにしている。[64] フランス革命は、哲学、経済学、歴史学、人間科学のような一九世紀における知の諸領域を、アンシャン・レジームと断絶する形で構成するものであったと彼は言う。彼のそれまでの著作で扱われた問題は、革命という事件とは異なる時間性を持った知と実践の諸領域であった。しかし、ここでのフーコーは、彼の対象でもあった知の領域が、フランス革命という事件、そして革命の問いを通じて構成されたものであると指摘している。この変化は、フーコーの思想全体における革命の位置の変化を表しているというよりも、一つの問題系の浮上を示している。それは、「現在」の問題である。六〇年代に、既にフーコーは自分の仕事は「現在の診断」であると述べているが、それはあくまで思想史的な問題関心を通じての関わりであった。[65] 八〇年代のフーコーにおいては、現在と啓蒙をめぐる問いは中心的なテーマとなっていた。彼が出発点としたのは、カントの「啓蒙とは何か」という問いであった。カントは過去との差異としての現在の問いを、はじめて哲学的考察の対象にしたとフーコーは考える。そこで問題となるのは、われわれの存在がいかなる歴史的過程の結果であるのかを知ることであり、フーコーはそれを「われわれ自身の歴史的存在論」と名づけている。[66]

　しかし、このような啓蒙と現在を結びつける問いは、まず革命と現在の関係を問うものとしてフーコーの思想に現れた。フーコーはフランス革命が一九世紀の知にもたらした衝撃を、以下の一連の問いを生み出したものとして特徴づけている。

フランス革命は、［イギリス革命とは］まったく異なるタイプの問題を提起した。それはその結果によるというよりも出来事それ自体によってである。今何が起こったのか？ この革命とは何なのか？ これは革命なのか？ それは再び起こりうるのか、起こるべきなのか？ もしそれが不完全であるなら、完成させるべきか？ もしそれが完成しているなら、どのような異なる歴史が今始まっているのか？ 革命を行うために、あるいは

避けるために、これから何をすべきなのか？[67]

ここで革命は現在に関する諸考察を生み出したものとして記述されている。後にフーコーが啓蒙と結び付けて語ることになる現在に関する哲学的問いは、まず革命と関係づけられた形で現れた。先に見たように、啓蒙は、未成年状態からの脱却としてカントによって示された。それは一つの歴史的な過程であるものの、その達成は一つの出来事によってなされるものではない。これに対して、革命の問題系においては、現在は革命という劇的な出来事の結果として理解され、そして来たるべき革命を準備する時代として位置づけられる。知の領域も革命の影響から逃れることはできない。ゆえに、「革命とは何か」という問いがこの時期のフーコーにとっては重要な問いであった。それは過去の歴史的事件であるだけでなく、現在と未来をも拘束するものである。いわば、統治への抵抗のもっとも急進的な形としての革命は、歴史性そのものに対する変革である。

とはいえ、この時期のフーコーは、もはや革命の価値の再興が知識人の責務であるとは考えていない。むしろ彼は、フランス革命により誕生した革命概念の終わりが近いことを予見している。フーコーは、初期キリスト教思想と近代思想との近縁性に着目する。前者が現在の問題をキリストの再臨との関係で問うとすれば、後者はキリストの位置を革命によって置き換えたものに他ならないと指摘する。[68]このような目的論的歴史観の批判は、フーコーの思想においていくつかのバリエーションとともに現れる。たとえば、精神医学における狂気概念を知の到達点として過去の経験を理解しようとしたり、監禁という刑罰の形をもっとも人間的な刑罰の形式であるとして、そこに至るまでの野蛮な刑罰の消滅の歴史を描いたりする、といった歴史観がそうした批判の対象であった。

一九七八年に勃発したイラン革命は、フーコーのこうした革命への懐疑を現在の状況へと直接結びつけた。一月に、ホメイニーを侮辱した政府系日刊紙への抗議デモを発端として始まったイラン革命は、まさに同時代の「革命」であった。イタリアの出版社からの依頼を受け、フーコーは同年九月と一一月の二度にわたりイランに赴き、数篇のルポルタージュをイタリアの日刊紙『コッリエッレ・デラ・セーラ』ならびにフランスの複数のメディアに発表した。フーコーの視点は一貫して反政府側に立つものであり、王政を「植民地体制と同一の形式を持」つ「腐敗体制」として糾弾し、蜂起した人々への共感を示している。[69] さらに、王政に対抗する統治の形式として掲げられた「イスラームの統治」についても、以下のように肯定的に言及している。「イスラームの統治」とは、「聖職者が教導や枠づけの役割を果たすような政治体制」のことではない。[70] それは二つの方向性を持つ運動である。第一に、それは「イスラーム社会の伝統的な諸構造に、政治的生における恒常的な役割を与えようとする運動」であり、イスラーム社会の伝統的な互助的共同体を基盤とした政治的創造を目指すものである。[71] 第二の運動は、「政治的生に霊的次元を導き入れることを可能にするような運動」である。[72] すなわち、政治的生と霊的生の対立関係を解消し、政治的生が霊性をはぐくむ土壌となることを目指す運動である。イスラーム的なものが政治的構造の中に組み込まれる前者と、イスラーム的なものによって政治的なものが変容する後者は、相補的に「イスラームの統治」を定義しているとフーコーは考える。とはいえフーコーはこうした統治のあり方に全面的に賛同しているわけではなく、これを「理想」として考えることに対しては困惑を表明している。しかし、その一方で、この「政治的な意志」が、「現在の諸問題への応答として、分かちがたく社会的でありかつ宗教的である諸構造を政治化」し、「政治において霊的な次元を開こうとする努力」を行っていることに感銘を受けている。[73]

このような反体制派への「共感」は、フランスで論争を巻き起こした。特に、ホメイニー帰国後のイランにおける、反体制派の逮捕、処刑、弾圧によって、「革命」の帰趨が明らかになってくると、フーコーは激しい批判にさらされた。[74] その意味においては、フーコーの一連のテクストは政治的な「失敗」と考えられるのかもしれない。しかし、イランでの経験は、フーコーが目的論批判の文脈で行っていた「革命」の終わりを、現実の中で再確認するものでもあった。

フーコーは繰り返し、イラン革命が「革命」の定義にあてはまらないことを強調している。革命が革命として認められるのは、二つの力動を標定しうる場合であると彼は言う。第一のものは「その社会における矛盾の力動、階級闘争の力動」であり、第二のものは「前衛、階級、党あるいは政治的イデオロギーの存在という政治的力動」である。[75] イラン革命においてはこの二つの力動の双方とも存在せず、その意味においてそれは革命ではないとフーコーは述べる。では、イランの出来事は一体何なのか。別のテクストにおいて、それは「蜂起」であると彼は述べている。すなわち、「立ち上がり、再び立ち上がるやり方」であり、「世界全体の秩序の重み」を取り除こうとする「素手の人々の蜂起」である。[76] そこに存在しているのは、革命的な目標でもなければ運動体でもなく、現状に対する異議申し立てとしての蜂起である。ここに、「批判とは何か」における「このように統治されないためにはどのようにすべきか」という問いとの関連を見出すことは間違いではないだろう。イラン訪問四か月前に行われたこの講演では、批判的態度が、今の統治の形態とは異なる統治の形態を模索する努力として理解されていた。蜂起という形式で現れたイランの出来事は、フーコーにとってはまさに革命という概念によっては理解しえない抵抗のあり方であった。とはいえ、フーコーはイランの蜂起を理想的であると考えているのではない。それは「反抗の最も近代的で、もっとも狂った形式」であり、その限りにおいて、危険性をはらむものでもある。[77]

イランの出来事についての一連の経験は、革命と対立する概念としての反抗の諸形態についての考察を深める機会ともなった。イスラーム共和国の樹立が決してユートピアの到来を意味しないことが明らかになっていた一九七九年五月に、フーコーは『ルモンド』紙に「蜂起することは無駄なのか？」という文章を寄せ、革命と蜂起について以下のように述べている。

> この二世紀、革命は歴史の上に張り出し、われわれの時間についての知覚を組織し、希望に極性を与えてきた。革命が作り上げた並外れた努力が目指したのは、蜂起を合理的で統御可能な歴史の内部へと定着させることであった。革命は蜂起に正当性を与え、その良い形式と悪い形式をふるいにかけ、その展開の諸法則を定義した。革命は蜂起に前提条件、目的、完成へと至るやり方を与えてきた。[78]

ここでは革命と蜂起が明確に区別されている。本来、蜂起は革命という歴史的過程の外部に存在するものであるにもかかわらず、革命は蜂起に時間性と目的という志向性、そして歴史的出来事としての地位を与えようとする。個々の蜂起は革命という全体的な過程の成就に寄与する一要素にすぎない。しかし、蜂起はそうした全体性、歴史性とは相いれないとフーコーは考える。「一人の人間、集団、少数派あるいは民衆全体が『私はもう服従しない』と言い、不正であると思われる権力を前にして自身の命を危険にさらす、そのような運動」が蜂起であるならば、それは歴史には還元不可能であるとフーコーは言う(79)。

イランの出来事を「革命」として理解するのならば、蜂起の独自性を革命の目的論的時間性に従属させてしまうことになる。イランに赴いたフーコーにとっては、革命という過程の進展を観察し、その行方を予測することよりも、蜂起という行為それ自体がいかなるものであるかを見ることの方がはるかに重要であった。同時に、イスラーム共和国の樹立という結果に終わった「革命」を経験したことは、フーコーの思想において現在の問題が革命と切り離されて考察されるようになったことと無関係ではないだろう。革命の概念は現在をその目的と結びつけることでしか思考しえない。それに対して未成年状態からの脱出として啓蒙の問いは、現在を考えるという試みにいかなる目的も与えることがない。イラン革命についての一連のフーコーのテクストは、おそらく革命の目的論と現在の問題が決定的に切り離された契機として理解することができるだろう。

このように、革命の問題は、フーコーの思想の変化を明らかにしている。彼にとって革命は主要なテーマでは決してなかったものの、七〇年代半ばまでは、彼は革命をある種望ましいものとして理解していた。しかし、こうした革命への希望はその後姿を消す。それは革命概念が不可分のものとして持つ目的論に対する批判を通じてであったが、にもかかわらず、現在を思考するための根源的な出来事としての革命概念への言及は依然としてなされていた。フーコーが革命の呪縛あるいは誘惑から完全に離脱するのは、おそらくイランでの経験を通じてであった。そこでフーコーは改めて「蜂起」という、目的論的過程へと回収されえない反抗の形態に注目した。間違いなく、革命は共同体の激しい変動であり、新たな共同体の始まりでもある。しかし、フーコーにとって、抵抗とは革命によってその理想形が成就されるものではなかった。むしろ、抵抗とは、一回性、個別性、局所性を持ち、蜂起のように全体的な過程や普遍的な理念に結びつかないものであった。その意味で、蜂起は歴史の網の目の中に存在すると同時にその中に位置を持たない。「現在とは何か」という問いは、このような蜂起の独自性を位置づける作業でもある。なぜなら、それは現在と過去の違いを問うことであり、現在が過去に対していかなる意味で断絶しているのかを問うことであるからである。蜂起は現在の特権性を、いかなる目的にも結び付けない形で明らかにする。そこで問われるのは革命と現在の関係ではなく、啓蒙と現在の関係である。

このように、共同体における抵抗は、局所的でありながら歴史性を無化するような強度を持つものとして現れる。抵抗のこのような形式は、必然的に忘却と隣り合わせである。そのような消え去った声、名もなき人々の声を聴くことは、フーコーにとっては歴史的‐哲学的考察の対象であると同時に、政治的な価値を持つものでもあった。最後に、この声の問題について、政治的な次元を視野に入れつつ見ていくこととしたい。

声なき主体と主体なき声の共同体——おわりにかえて

共同体の問題と同じく、フーコーは声の問題について直接的に論じてはいない。とはいえ、共同体の歴史的諸形態と諸条件に関するフーコーの思索の伏流として、声の問題を位置づけることは可能であろう。ここまでの議論を振り返りつつ、最後にこの点について検討したい。

『狂気の歴史』においてフーコーは、ヨーロッパ近代社会が非理性という理性の「他者」を排除することによって成立したことを明らかにした。理性は非理性を境界の外へと押しやると同時に、その一部を狂気として合理的認識の対象として構成した。フーコーの目的は理性によって課された非理性の「沈黙の歴史」を描き出すことであると同時に、非理性がいかなる仕方で理性との境界をくぐり抜け、共同体へと侵入しているかを示すことであった。ルネサンスにおける狂気（＝非理性）はそれ自身の「声」を持っていた。(80) ディドロのテクストにフーコーが見出した非理性の声は、非存在として理性の暴力によって追放される非理性による理性への挑戦であった。その後、非理性は声を奪われ、声なき他者として沈黙する。しかし現代において非理性はそれ自身の声を取り戻す。「世界の分断、時間の終わり、動物性に貪り食われる人間」といった主題において現れたルネサンスにおける狂気とは異なり、現代の非理性は、「叙情的炸裂」として、芸術の中にその姿を現す。[81] 理性の共同体は、排除された他者を再び共同体の中に導き入れる。

このように絶対的な外在性において扱われた他者の問題は、七〇年代後半のフーコーによって、共同体に内在的な問題として思考される。国家と市民社会という共同体の二つの形式の自然性、普遍性を疑い、そこに「統治」という問題系を見出したフーコーは、統治が抵抗と共時的であることもまた強調した。そして抵抗する人々の声は、多くの場合権力関係の中でかき消され、その痕跡を残すことはない。そうした「従属知」、すなわち「敗者」の声に光を当てることをフーコーは目指した。この作業はその現在的文脈においては、受刑者たちの声を社会へと広げる運動に結実し、歴史的文脈においては、封印状をめぐる庶民のしたたかな戦術を世に出す試みとなった。

「反操行」の問題もまた、抵抗する人々の声とその歴史への注目であった。操行に対する抵抗は、司牧権力の強化という結果に終わったとフーコーは指摘した。しかし、司牧権力の社会全体への拡大にともない、抵抗の運動もまた多様性を獲得することとなった。「このような形で統治されないでいるための技術」としての抵抗は、政治、社会、思想の諸領域において展開され、フランス革命のような社会の大変動を引き起こすこととなった。

とはいえ、フーコーは革命を抵抗の到達点として考えない。それはフランス革命に対する彼の評価においても明らかであり、特にイラン革命をめぐる彼の発言は、革命という歴史的・目的論的過程が、蜂起の一回性、独自性を消し去ってしまうことへの警戒感を示している。そこには、革命の大義によって蜂起する人々の声がかき消されてしまうことへの危惧が表明されている。

フーコーの思想は、このような声なき主体、声を奪われた人々の声を聴くという作業を、多様な形式において試みていた。それらの声は共同体の外部から侵入する声であったり、共同体の内部の抵抗の声であったり、あるいは今とは異なる共同体を夢想する闘争の声であったりもする。それらの声が位置する場所、時代もさまざまであり、そこに一貫性を見出すことは困難であるかもしれない。とはいえ、こうした声の痕跡、あるいは今まさに発せられつつも届かない声への注目こそが、「他者とともにあること」という問いの歴史性と現在性をフーコーの思想に浮かび上がらせていると言えるだろう。

最後に、こうした「声なき主体」への注目と表裏をなすものとして、フーコーには「主体なき声」の問題系が存在することを指摘しておこう。六〇年代のフーコーにとって、声の問題は文学的言語についての考察の中で展開されていた。『レーモン・ルーセル』において、フーコーはルーセルの作品群に見られる言語の自己充足性について語っている。言語は事物とのつながりからも、語る主体からも切り離され、「それ自身についてのみ語る言語」となる[82]。事物を指示するという機能を失った言語は、それ自身の空間の内部において、際限なく新たな言葉を生み出し続ける。そこに語る主体の位置はなく、言語は主体なき声として増殖し続ける。また、フーコーはジュール・ヴェルヌの作品にも複数の「身体なき声」によって語られる物語という仕掛けを見出している[83]。声は主体やその物質性とは切り離され、語る行為それ自体を純粋に現前させるものとして現れる。

こうした主体なき声のモチーフは、フーコーの思想が政治的なものをめぐってより明確に展開され始める七〇年代に入っても異なる形で存続している。逆説的ではあるが、封印状をめぐる史料への注目は、声なき主体への共感であると同時に、主体なき声の分析でもあった。史料に残された断片的な声は、かつて存在した主体を復元するためにはあまりにも不十分であり、かつその声は真実を述べてはいない。受刑者たちの声もまた、匿名の質問票によって集められ、まとめられ、伝えられていくことによって、主体の存在とは切り離され、社会の中で拡散していく声となる。このような主体なき声は、イラン革命においてカセットテープに録音された説教が重要な役割を果たしたという事実からも想起されるだろう[84]。複製され、いたるところで再生される演説の声は、それがある主体の発言であるとはいえ、あらゆる状況、環境において聴かれ、解釈され、さまざまな行動によって「成就」される。このような主体なき声は、決して閉じた空間を循環する言語ではなく、共同体における生のあり方の変革へと結びつくような力を秘めた声である。

そして、主体なき声は生者の声に限られるものではない。フーコーはコレージュ・ド・フランスでの開講講演を「私が話し始めるずっと前から名を持たぬ一つの声が私に先んじていたことに気づいていたらよかったのに」と述べつつ始めている。(85) そこでは、語ることの不安とともに、彼のかたわらで話し続ける匿名の声の存在が暗示されている。講演の最後で明らかにされるのは、この声が講座の前任者でもある師ジャン・イポリットの声であるということである。死者とともにあること、死者の声からありうべき思考を模索すること、そこに現れるのは、死者と生者が共にある思索と知の共同体であり、それは歴史的な構成物でありながら、ある空間の中に死者の声を響かせ、生者との対話を成立させる。

フーコーにおける共同体の問いは、非理性、国家、抵抗、革命といったさまざまな対象の中に、分散した形で現れている。フーコーは共同体の問題それ自体に答えることはなかったが、彼の思想は、ネグリ、アガンベン、エスポジトなどイタリアの思想家たちによる共同体に関する哲学的思考を触発することとなった。(86) その意味では、フーコーの思想は共同体の思想の可能性の歴史的条件を明らかにするものであり、それは事物の自然性に対する哲学的懐疑によって行われたと言うことができるだろう。共同体と歴史の関係を、偶然的なものにおいて思考したこと、そこから共同体の内部におけるわれわれの自由と変容の可能性を追求したこと、それこそが共同体の思想におけるフーコーの貢献であろう。

註

（1）本稿のフーコーのテクストの翻訳は筆者によるものである。なお、邦訳があるものについては参照し、引用箇所の邦訳での該当ページを示した。フーコーの著作の引用に際しては、著者名を省略した。
（2）「一九七八年五月二十日の会合」（一九七八年）栗原仁訳『ミシェル・フーコー思考集成Ⅷ』（以下『思考集成』と略記）筑摩書房、二〇〇一年、一六三頁。
（3）『生政治の誕生』慎改康之訳、筑摩書房、二〇〇八年、五頁。
（4）ポール・ヴェーヌ「歴史を変えるフーコー」『差異の目録』大津真作訳、一九八三年、六三—一六三頁。
（5）「ニーチェ、系譜学、歴史」（一九七一年）伊藤晃訳『思考集成Ⅳ』一九九九年、一八—一九頁。
（6）『狂気の歴史』田村俶訳、新潮社、一九七五年、六五—六七頁。
（7）たとえば初版の序文では非理性にあたる概念には大文字の Folie が用いられ、狂気には小文字の folie が使用されている。
（8）「『狂気の歴史』初版への序」石田英敬訳『思考集成Ⅰ』一九九八年、一九五頁。
（9）Matthieu Potte-Bonneville, *Michel Foucault, l'inquiétude de l'histoire*, Paris, PUF (coll. Quadrige), 2004.
（10）『狂気の歴史』三八頁。
（11）同四九頁。
（12）同七三—七四頁。
（13）同一八一頁。
（14）同一五〇頁。
（15）同第三部第五章。
（16）同三六八頁。
（17）『安全・領土・人口』高桑和巳訳、筑摩書房、二〇〇七年、一三三頁。
（18）同一三三頁。
（19）『生政治の誕生』九四頁。
（20）『安全・領土・人口』一三二頁。

（21）同一三二頁。
（22）同三四〇頁。
（23）同一一五頁。
（24）同一一九頁。
（25）同一二三頁。
（26）『生政治の誕生』三三八頁。
（27）同三四七頁。
（28）同三六五頁。
（29）同三七〇頁。
（30）同三七一頁。
（31）『性の歴史Ｉ　知への意志』渡辺守章訳、新潮社、一九八六年、一二三頁。
（32）『監獄の誕生』田村俶訳、新潮社、一九七七年、三一頁。
（33）ＧＩＰの活動については以下の著作を参照のこと。*Le Groupe d'information sur les prisons : archives d'une lutte 1970-1972*, éds., par Philippe Artières, Laurent Quéro et Michelle Zancarini-Fournel, Paris, Éditions de l'IMEC (coll. Pièces d'Archives), 2003.
Anne Guérin, *Prisonniers en révolte. Quotidien carcéral, mutineries et politique pénitentiaire en France (1970-1980)*, Marseille, Agone, 2013, pp. 89-104.
（34）「監獄について」（一九七一年）大西雅一郎訳『思考集成Ⅳ』六五頁。
（35）「ミシェル・フーコー——哲学者の回答」（一九七五年）中澤信一訳『思考集成Ｖ』二〇〇〇年、四六二頁。
（36）フーコー「知識人の政治的機能」（一九七六年）石岡良治訳『思考集成Ⅵ』二〇〇〇年、一四五―一四六頁。
（37）同一四六頁。
（38）『社会は防衛しなければならない』石田英敬、小野正嗣訳、筑摩書房、二〇〇七年、一〇頁。
（39）同一〇頁。
（40）「ニーチェ、系譜学、歴史」『思考集成Ⅳ』二一頁。

(41)『社会は防衛しなければならない』一一頁。
(42)「拷問、それは理性なのです」(一九七七年)久保田淳訳『思考集成Ⅵ』五四五頁。
(43)「汚辱に塗れた人々の生」(一九七七年)丹生谷貴志訳『思考集成Ⅵ』三一四―三三七頁。
(44)同三三〇頁。
(45)同三一九頁。
(46)同三二〇頁。
(47)この点については、箱田徹『フーコーの闘争――〈統治する主体〉の誕生』慶應義塾大学出版会、二〇一三年を参照のこと。
(48)『安全・領土・人口』一五四頁。
(49)同一八二頁。
(50)同一八六頁。
(51)同二二五―二二六頁。
(52)同二二五頁。
(53)同二三九頁。
(54)同二四二頁。
(55)同二四二頁。
(56)同一八五頁。
(57)「批判とは何か――批判と啓蒙」中山元訳『わたしは花火師です』筑摩書房、二〇〇八年、七〇―一四〇頁。
(58)同七三―七五頁。
(59)同七七頁。
(60)同八一頁。
(61)カント「啓蒙とは何か」『永遠平和のために/啓蒙とは何か　他3編』中山元訳、光文社、二〇〇六年、一〇頁。
(62)「犯罪としての知識」(一九七六年)『思考集成Ⅵ』一〇七頁。
(63)『知への意志』一二四頁。

(64)「事実の大いなる怒り」（一九七七年）西永良成訳『思考集成Ⅵ』三七七―三八四頁。
(65)「フーコー教授、あなたは何者ですか」（一九六七年）慎改康之訳『思考集成Ⅱ』四八一頁。
(66)「啓蒙とは何か」（一九八四年）石田英敬訳『思考集成Ⅹ』一九頁。
(67)「事実の大いなる怒り」『思考集成Ⅵ』三八〇―三八一頁。
(68)「性の王権に抗して」（一九七七年）慎改康之訳『思考集成Ⅵ』三五八頁。
(69)「シャーは百年遅れている」（一九七八年）高桑和巳訳『思考集成Ⅶ』三一〇頁。
(70)「イラン人たちは何を考えているのか？」（一九七八年）高桑和巳訳『思考集成Ⅶ』三二二頁。
(71)同三二三頁。
(72)同三二四頁。
(73)同三二四頁。
(74)ディディエ・エリボン『ミシェル・フーコー伝』田村俶訳、新潮社、一九九一年、三九五―三九八頁。
(75)「精神のない世界の精神」（一九七九年）高桑和巳訳『思考集成Ⅷ』二六頁。
(76)「反抗の神話的指導者」（一九七八年）高桑和巳訳『思考集成Ⅶ』三五九頁。
(77)同三五九頁。
(78)「蜂起は無駄なのか？」（一九七九年）高桑和巳訳『思考集成Ⅷ』九五頁。
(79)同九四頁。
(80)『狂気の歴史』六五頁。
(81)同五四〇頁。
(82)『レーモン・ルーセル』豊崎光一訳、法政大学出版局、一九七五年、二三三頁。
(83)「物語の背後にあるもの」（一九六六年）竹内信夫訳『思考集成Ⅱ』三一九頁。
(84)「イランの革命はカセット・テープ上を走っている」（一九七八年）高桑和巳訳『思考集成Ⅶ』三五〇―三五五頁。
(85)フーコー『言説の領界』慎改康之訳、河出書房新社、二〇一四年、七頁。
(86)アントニオ・ネグリ、マイケル・ハート『マルチチュード』幾島幸子訳、水島一憲、市田良彦監修、日本放送協会出版、二〇〇五年。

ジョルジョ・アガンベン『ホモ・サケル――主権権力と剝き出しの生』高桑和巳訳、以文社、二〇〇三年。

ロベルト・エスポジト『近代政治の脱構築――共同体・免疫・生政治』岡田温司訳、講談社、二〇〇九年。

藤田尚志

にぎわう孤独

ドゥルーズと共同体の問題

本論文とそれに続く続編は、ドゥルーズの共同体論をできる限り正確に把握し（理論編）、現代日本におけるその展開可能性を探ろうとする（実践編）[1]。この目的を達成するためにまず、ドゥルーズのみならずフランス現代思想一般において共同体論が登場してきた二つの文脈を可能な限り意識化することから始めよう。

1 フランス現代思想における共同体論の文脈

A 『収容所群島』の衝撃 —— フランス現代思想と全体主義の問題

フランス現代思想というものを、例えばバタイユやサルトルあたりから考えるとすれば、共同体の問いは、戦前のナチズムやファシズムの台頭、戦中のレジスタンス、戦後のスターリニズム、アルジェリア戦争をはじめとする植民地主義の問題を通して、絶えず思想家たちの関心を占めてきたと言える。バタイユのアセファルについての議論や、サルトルの『弁証法的理性批判』における溶融集団に関する議論などを思い出してみればいい。だが、フーコー・ドゥルーズ・デリダを中心世代とする狭義のフランス現代思想に関して言えば、共同体の問いに対する彼らの関心が具体的な形を取り始めたのは、ジャン＝リュック・ナンシーの『無為の共同体』に結実する諸論考が出始めた一九八〇年代前半ではないだろうか（単行本は八六年刊行だが、論文初出は八三年）。

直接的な契機として彼らの世代の共同体論に最も大きな衝撃を与えた事件は二つある。一つは、言うまでもなく六八年五月革命である。これについては多くの分析があるので、それらに委ねることにしたい。もう一つの要因に関しては、十分に強調されたとは到底言いがたい。ソルジェニーツィンの『収容所群島』がフランス社会に与えた衝撃である。一九五八年から一九六七年にかけて書き継がれた本書は、統制の厳しい当時のソ連では出版できず、第一巻が一九七三年に、第二巻がその翌年にフランスで出版され、人権を侵犯する由々しき問題として大きな反響を巻き起こし、多くのフランス知識人たちが衝撃を受けた。この事件を一つの大きな契機として、「革命」や「対抗文化」を口にしていれば革新勢力たりうると楽観的に信じることがもはや許されなくなったからであり、共産主義の理論的可能性を真剣に考えようとするなら、あるいはファシズムの現実的な危険性を分析する際にさえ——もちろん全体主義とファシズムは同じものではない（*MP* 108-109）——、「全体主義」の問題と真正面から向き合わねばならないということが不可逆的な形で明確になったからである。[2] ナンシーやデリダ、そして本稿の主人公であるドゥルーズといった思想家たちがなぜ、「共同性なき共同体」に関する議論をする際に、「共同体の全体性とは、有機的全体ではない」として、「有機的全体性」概念への警戒感を露わにするのか、今や明らかであろう。[3] この二つの出来事への関心の間に著しい不均衡があるのは、もちろんごく自然なことである。フランス全土、全国民を巻き込んだ大事件と、いくら大きいとはいえ、一冊の本が巻き起こした反響とは比べるべくもない。だが、問題を事件の表面的な規模で判断してはなるまい。共産主義と同時に全体主義やファシズムを視野のうちに捉えるのでなければ、フランス現代思想の共同体論の全体像を捉えることはできない。このトピックを締めくくるにあたって、全体主義概念の変遷を簡にして要を得た仕方で描いてみせたエンツォ・トラヴェルソの著書の結論部の一節を引いておこう。

全体主義は二十世紀のイメージを要約しており、その忘却は、倫理的次元においても政治的次元においても責任ある態度とは言えない。この意味で、「全体主義」という言葉は［…］、関連する数多くの言葉の見直しを迫るものだ。平等、自由、共同体、民主主義、共産主義といった言葉の意味は、もはや一世紀前と同じではありえない。それらの言葉が前提とする現実を、イデオロギー上の闘争ではなく生身の社会体において、転覆させ破壊した全体主義システムの経験を抜きにして、その意味を定義することはできない。［…］法によって守られ保証されることなく、純粋な解放行為——革命的行為——に還元された自由は、危険なものだ。原理主義や国家主義への横滑りを前にして無防備な共同体は、信頼に足るものではない。[4]

たしかに、可視的で実在的な唯一のビッグ・ブラザーはもういない。だが、多数多様なリトル・ピープルの実像を正確に捉えようと思うなら、やはり全体主義に関する議論を踏まえておく必要があるのではないか。これがフランス現代思想の共同体論について考える際におさえておきたい第一の文脈である。

B 政治神学的なもの、宗教的なものの回帰、そして共同体論

一九八〇年代にナンシーらが「共同体」を再び取り上げたとき、「政治神学的なもの」「宗教的なもの」「世俗化」の問いも同時に哲学的な議論の地平に姿を現した。これが強調しておくべき第二の文脈である。マルクス主義的な問題設定の有効性が崩れ去りつつあるかに思われたそのとき（やがてそれは冷戦終結、ベルリンの壁崩壊につながってゆく）、「共同体的なるもの」「共に - あること」の本質が問い直され、政治的なものと宗教的なものの結節点が——religion が「集める」を意味するラテン語の relegere に由来するという説の真偽は措くとしても——再び問題として焦点化されたのである。〈共に - ある〉を問い直すことは、〈信〉を問い直すことでもあるのだ。共同体的なものと政治的なもの、そして宗教的なもののこの錯綜した関係を考えるにあたって、ジャン = クロード・モノーが示唆した「世俗化」（*Säkularisierung*, sécularisation）と「世界の脱魔術化」（*Entzauberung der Welt*, désenchantement du monde）の区別、およびジャン = フランソワ・クルティーヌが、カール・シュミットにおける「政治神学」（théologie politique）概念の変遷をたどる際に提案した、ハードなテーゼとソフトなテーゼの区別を織り交ぜて、次のような三類型化を提唱したい[5]。近代的思考の特徴を徹底的な意味の喪失に見出そうとする考えを「世界の脱魔術化」、近代的思考と宗教（キリスト教）はたしかに構造的な親近性ないし類縁性を持っているとする考えを「脱宗教的世俗化」、近代的思考とは宗教的（キリスト教的）本質の成就であるとする考えを「宗教的世俗化」と呼ぶことにしよう。至極乱暴にまとめてしまえば、これら三つの傾向は、ナンシー（宗教的世俗化）、デリダ（脱宗教的世俗化）、ドゥルーズ（世界の脱魔術化）にそれぞれ典型的な形で見出される。前二者の共同体論については本論集の他の論文に譲るとして、ここでは、彼らの共同体論のうちに「宗教的なもの」に関する思考が作動しており、論の特異性は「宗教

的なもの」に対する距離どりと連関していることを確認しておきたい。ドゥルーズ的共同体論の特徴は、これらの論との対比によってさらに際立つように思われる。

(1) 宗教的世俗化――ナンシーの「キリスト教の脱構築」

ナンシーの「キリスト教の脱構築」という哲学的プロジェクトが「公理」として打ち出している諸テーゼは、宗教的世俗化の典型である。「キリスト教への準拠に対して現代世界が方向転換し逸脱するさまを見て取っているつもりの分析はすべて、現代世界がそれ自身キリスト教の生成変化であることを忘却ないし否認しているのです」。ただし、ここでナンシーに公正であるために急いで言い添えておけば、彼の言うキリスト教は、「神の死」の経験を本質的契機としている。この点はデリダもドゥルーズも同じであり、その意味でやはり彼らは「世俗化の時代」あるいは「ライシテ」以後の思想家である。そのうえで、ナンシーの思想的なオリジナリティを探すとすれば、それは飽くなき「世界の意味」の探求であると言える。デリダは、「意味をはじめとして、世界や創造、共同体や自由といった、我々の間で厄介であると同時に疲弊していると思われ、そう断じられてもきた巨大な概念的亡霊たち」に真正面から取り組むナンシーの著作群に対して皮肉交じりに讃嘆の意を示しているが、文字通り危険を承知でナンシーは「意味」概念の刷新を目指している。固定し自己完結したものと絶えず捉えられてきた「意味」概念を、ヘーゲルやニーチェ、ハイデガーの読解を通じて、「無限の開け」として、さらには「分有」(partage) として捉え直すことで、「近代――未完のプロジェクト」(ハーバマス)を規定するものとしてあまりに自明視されてきた「脱魔術化」や「解放」といった諸概念を再検討に付そうとするのである。「政治には統合されない次元、政治をはみ出す次元を、それでも政治が引き受ける」とナンシーが言う場合、問題となるのは、「共にあること (être-avec) の存在論あるいは倫理の次元」であると同時に、「意味および意味の受苦＝情熱 (passion) という絶対的＝分離的 (absolu) な超過へと分節される次元」、したがって「聖なる＝分離された」(sacré) という語によって指し示される次元なのだ[6]。

⑵ 脱宗教的世俗化――デリダの「世界ラテン化」　デリダは「信と知」（原論文一九九六年）において、キリスト教の限りない退却（しかしそれは単なる消滅ではない）、資本主義の全世界的な進展（グローバリゼーション）、そして科学技術の際限のない発展（テレコミュニケーション）の間に密接な連関を見て取っている。資本主義の根幹にある「信用」をはじめとして、デリダがこれら複合的な諸現象の本質と考えるのは、「他者を担保にした証言による信用」であり、「他者への信憑が、現前‐不在の神聖化や、他者の法としての法の聖潔化に結び付けられる」というあり方である。一方で、デリダは、「世俗化」や「脱魔術化」が「宗教的なものの資源」として示されうること、「したがって、脱魔術化の世紀、還俗の時期、世俗性の時代などについての保証つきの言説ほど、危険で、保持しがたく、いずれにおいても軽率なことはないように思える」ということに深く自覚的である。他方で、このように、「信」を現代世界の根幹に見出す態度は、デリダにおいて「宗教的なもの」を社会的紐帯に還元せず、また社会的紐帯も単なる凝集力に還元しないという姿勢と表裏一体のものである。「社会関係」を構成するもの――したがって共同体的なるもの――は信仰において中断でもあるのだ。

> 「社会関係」と「社会の関係分離」のあいだに、対立――根本的対立――はない。ある種の中断的関係分離は、「社会関係」の条件であり、あらゆる「共同体」の呼吸である。そこには、お互いの条件となる結び目すらなく、あるのはむしろあらゆる結び目のほつれ、切断、中断に開かれた可能性である。そこにおいて、共同体（socius）ないし他者への関係が、証言による経験――したがってある種の信――の秘密として、開かれるであろう。信仰が、まったくの他者への呼びかけ《アドレス》や関係のエーテル〔媒体〕であるのは、絶対的無‐関係ないし絶対的中断の経験そのものにおいてである。[7]

以上、共同体的なものの思考に取り組む際に、ナンシーは「意味の受苦＝情熱（passion）という絶対的＝分離的（absolu）な超過」、したがって「聖なる＝分離された」（sacré）という語によって指し示される次元という形で、デリダは「絶対的無‐関係ないし絶対的中断の経験」としての「信」という形で、それぞれ「宗教的なもの」に接近しようとしていたことを覚えておこう。ドゥルーズもまた、よく似た（と同時にまったく異なる）アプローチをとることになる。繰り返すが〈共に‐ある〉を問い直すことは、〈信〉を問い直すことでもある。今や私たちがなぜ、共産主義の可能性を思考する際には、全体主義の危険性を同時に思考することが必要不可欠であると執拗に強調していたのか、そして共同体の本質が問い直される際に、政治的なものと宗教的なものの結節点が再び問題として焦点化されるのか、その理由が理解されたであろう。

2　ドゥルーズの共同体論

以上の二点を念頭に置いて、ドゥルーズの共同体論にとりかかることにする。真っ先に気づかれるのは、同時代の他のフランス現代思想家たちが〈共に‐ある〉の思想を展開しているなかで、ドゥルーズはむしろ「共同体」について積極的には語っていないという事実である。ドゥルーズには共同体論は存在しないのか？ まず、この辺りの事情から説きおこしていくことにしよう。

ドゥルーズの政治哲学とその特異性　『アンチ・オイディプス』において、「革命の未来と同じものでない、そして必ずしも活動家としての経験を積まない革命家への生成がある」（*D* 10）と語り、革命の「主体」を革命家でなく、欲望機械であるとしたドゥルーズの政治哲学は、アーレントやレオ・シュトラウスといったいわゆる政治哲学者と同列に論じることは到底不可能な、異様な政治哲学である。ドゥルーズの「政治哲学」が特異なのは、どこかしら「政治」、さらには「政治的なもの」すらも超え出ていこうとしているからであり、生命哲学の観点から政治を扱おうとしているからである。[8] この生の政治哲学としての特異性を明確にするためには、とりわけアクチュアリティの誘惑に屈してはならない。つまり、ドゥルーズを現働的に政治化し、アクチュアルなものと直接的に接合しようとするネグリ的な傾向に対して慎重であらねばならない。「哲学は時代に対する怒りから切り離せないということはたしかだ。しかし、もう一方で哲学が静謐の感をもたらすということも、やはり見落としてはならない点である。哲学は力をもたない。力をもつのは宗教や国家、資本主義や科学や法、そして世論やテレビであって、哲学は決して力をもたない」(*PP* 7)。ドゥルーズの生気論的な政治哲学は、アクチュアリティを喧伝される「生-政治」から反時代的な距離をとり、静謐であるだけにいっそう獰猛な相貌を示す。ドゥルーズと言えば、連続性・欲望の流れなどのイメージから「マルチチュードの哲学者」と考えられがちだ。だが、私の考えでは、ドゥルーズは「孤独」「分離」「切断」の哲学者である。そして、この点こそが、ドゥルーズの共同体論を理解するうえで決定的な鍵となる。孤独・分離・切断を徹底するドゥルーズにもし共同体論のようなものがあるとすれば、それはどのようなものでありうるか。これが私たちの出発点となる問いである。そして〈共にある〉(*Mitsein*, être-avec)について考えようとするこの問いは、具体的には「誰が、何が〈共にある〉のか?」、「〈共にある〉というときの〈ある〉とはどういうことか?」、そして「なぜ、何がそのような事態を可能にしているのか?」という三つの問いとして展開される。以下では、ドゥルーズの政治哲学における共同体論を理解する上で重要な論点を構成するように思われる諸点を、主体・出来事・力能というこの三つの観点から取り上げる。

A　独身機械——ドゥルーズにおける政治的主体

水晶球の中で——幻視者・見者・不能者

ドゥルーズの著書には「隔離」「切断」「断絶」「孤独」「閉鎖・閉じ込め・閉じこもり」といった語がひしめいている。単にひしめいているというだけでなく、それらは各局面で決定的な役割を果たしている。[9] 例えば、前期ドゥルーズの代表作『差異と反復』は、デカルト的コギトのような、完成され完全に構成された実体的主体としての自我が「個体性」(individualité)という特徴をもつのではなく、「個体化」(individuation)のファクター」が織りなすさまざまな運動が自我のシステムを形成し育むとするが(*DR* 下 228)、「個体化の差異は、まず、その個体化の場の中で考察されなければならない——後から現れる差異としてではなく、いわば卵の中で考察されなければならない。［…］世界は一個の卵である」（*DR* 下 217-218）。この「個体化」概念を説明する際にドゥルーズが用いる「水晶球」のイメージは、見事に彼の哲学の紋章《エンブレム》となっている。

> 個体化は決して異化＝分化を前提にしてはいず、かえって異化＝分化を生じさせるのである。質と延長、形相と質料、種と部分、それらは決して最初のものではない。それらは、まるで水晶＝結晶（cristaux）の中に閉じ込められているように、個体の中に閉じ込められている。だから、個体化の諸差異の、つまり強度の諸差異の流動する深さの中で、まさしく世界全体が、あたかも水晶球（boule de cristal）を覗き込んだときのように読みとられるのである。（*DR* 下 210-211）

意識ないし魂の次元で言えば、魂の観照、行動の放棄であり、潜在性としての出来事の次元で言えば、出来事の反‐実現、現働化の放棄であり、外部性の次元で言えば、外部からの完全な有機性の放逐、全体性の完全な放棄にドゥルーズ哲学の特徴があるが、水晶球のイメージは見事にそれを表現している。後期ドゥルーズの代表作のひとつに数えられる『シネマ』においても、「感覚運動的な絆（行動イメージ）からの断絶、より深くは人間の世界（壮大な有機的構成）からの断絶」（*IT* 242）によって規定される現代映画は「時間イメージ」ないし「結晶イメージ」と規定され、水晶のイメージを用いてこう述べられていた。

> 結晶の中には、時間の絶え間ない創設、時系列的でない時間［…］が見える。それは世界を抱擁する非有機的な〈生〉の力である。幻視者、見者とは、水晶の中を見る者のことであり、そして彼が見るのは、二重化、分裂としての時間のほとばしりなのだ。（*IT* 112）

真に現代的な映画は、「見者の映画であり、もはや行動者の映画ではない」（*IT* 176）。ただし、幻視者、見者はそのような眼力を無償で手に入れるのではない。「感覚運動上の断絶は人間を見者にするのだが、この見者は、世界における耐えがたい何かに打ちのめされ、思考における思考不可能な何かに直面するのだ」（*IT* 237）。見者であり、不能者でもあるドゥルーズ的主体は、このほとんど耐えがたい生を生ききる。

独身機械　さて、以上でおおまかなイメージをつかんでもらったところで、政治的次元でドゥルーズは主体をどう考えているのかという点に具体的に迫っていくことにしよう。『差異と反復』において既に、「受動的で、部分的で、幼生で、観照しかつ縮約する自我」「無意識《エス》には、局所的な自我がひしめきあって（peuple）いる」（*DR* 上265）として予告されてはいたものの、彼の政治哲学における主体の位置づけは、やはりガタリとの共同作業を待って露わになってくる。ドゥルーズの恐らく最も政治的な著作である『アンチ・オイディプス』（一九七二年）は、決して人がイメージするような、開かれたものへと向かうという意味での解放の書、抵抗の書ではない。「むしろ、器官なき身体の上にあって逃走し、その中に身を隠して、そこに閉じこもっていることの方がよいのだ。ささやかな喜びとは、プロセスとしての分裂症化であって、臨床実体としての分裂者ではない」（*AŒ* 上217）。ここでもまたドゥルーズにとって重要なのは、いわば〈閉じたものの力〉なのだ。この『アンチ・オイディプス』や『カフカ——マイナー文学のために』（一九七五年）は、政治的主体を「独身機械」（machine célibataire）と名付けた。『カフカ』第七章の末尾にはこうある。

家族も夫婦関係（conjugalité）もないこの独身者は、それだけいっそう社会的であり、危険な社会的存在（social-dangereux）、裏切り者の社会的存在（social-traître）であって、彼ひとりで集団的である［…］。ここに独身者の秘密がある。すなわち、内包的＝強度的な量の生産が彼の秘密である［…］。この生産を、彼は社会体、社会領域それ自体の中で直接行なう。それはただひとつの同じプロセスである。最高度の欲望とは、孤独を欲望すると同時に、あらゆる欲望機械に連結されることを欲望する。それは孤独であり独身であるために、また逃走の線を引くことにより、この機械だけで一つの共同体に関わるので、それだけいっそう社会的で集団的な機械である。［…］すなわち、社会体における強度量の生産、［…］独身の行為者によって誘われる多価的で集団的な結合——〔独身機械には〕これ以外の定義はない。（*K* 146）

この一節から読み取るべきポイントを手短に二つ指摘しておこう。一つ目は、「独身の行為者によって誘われる多価的で集団的な結合」について。重要なのは、「独身から帰結する集団」という順序であり、独身は独身のまま、独身性を徹底する中で、集団的となり、共同体に関わるということである。二つ目は、孤独の力は決して共同体抜きにはうまく機能しないということである。ドゥルーズは、『千のプラトー』（一九八〇年）が「反体系的」でありながら、結局のところやはり一つの体系ではないのかと問われて、こう答えている。「善きものと悪しきものを見分け、そして生き生きしたものとそうではないものを見定めることは、体系の力があってはじめて可能になる。絶対に善であるようなものは存在しない。どんなものでも体系を慎重に用いることによって決定づけられるからです。『千のプラトー』で私たちが言おうとしているのは、善きものを盲信してはならないということです。例えば、条理分割と拘束を打ち破るためには「平滑空間」だけでは不十分だし、有機組織化を打ち破るためには「器官なき身体」だけでは不十分なのです」（*PP* 71）。孤独の力ないし遊牧民《ノマド》と共同体の関係についても同じことが言える。共同体の問いがドゥルーズに存在しないと考えるのが誤りであるのはそのためだ。これらの基本的な点を踏まえたうえで、さらに独身機械の特徴を以下に三つ指摘していこう。

(1) **残余性・沙漠性**　「主体は、欲望機械の傍に残余として生み出されると言っても、または、主体それ自身はこの第三の生産的機械〔独身機械〕と一体であり、この機械がもたらす残余としての和解と一体であると言っても、同じことである」（*AŒ* 上 43）。要するに、大局的には「自我」が機能しているように見えるが、実際には「空虚な、ひび割れた自我」の見かけの統合性・能動性・メジャー性を支えているのは、独身機械の断片性・受動性・マイナー性なのである（DR上212）。共著者フェリックス・ガタリについての言葉はそのような意味で理解されねばならない。「常に同じフェリックスなのだが、その固有名は起こっている何かを指し示していたのであって、ひとつの主体を指し示していたのではない。フェリックスはあるグループの、諸々の徒党の一員でありながらも、一人きりの人であり、それらすべてのグループと彼のすべての友人、彼のすべての生成変化でにぎわう砂漠（désert peuplé）だったのである」（D 34）。

⑵ **物質性・苦行性**　「器官なき身体は一つの卵である」が、システムを形成するのは独身機械ではなく、独身機械を通じて行われる強度量の生産である。「最高度に体験される独身状態の悲惨と栄光、つまり生と死との間に宙づりになった叫び声、形象も形式もはぎとられた純粋で生々しい強度の状態」（AŒ上44）。『差異と反復』における卵としての個体化が、ここでは「分裂者が物質に最も近づく（すなわち物質の強力な強度の生きている中心に最も近づく）ことになる経験」として、分裂分析の出発点を形成する。もう少し分かりやすい表現を引こう。「私たち一人一人のうちには、苦行（ascèse）のようなものがあり、その一部は私たち自身の方に向けられている。私たちは砂漠である、ただしその砂漠には諸々の部族、動物相、植物相が群生している。そしてそれらすべての群れ（peuplades）、群衆は、私たちにとって苦行そのものである砂漠を妨げない」（D 26）。

⑶ **生なき生を生きる**　「もっと悪いことには、自分をなくしてしまいたいという自殺の欲求がある。しかし、このような墜落によってさえ彼は強度の生産をするのである。彼は脱領土化した者だ。彼の旅はひとつの逃走線である。しかし逃走は世界から逃れること、塔、幻覚または印象の中へ隠れることではない。彼は世界を捉え、芸術的で連続した線上に世界を逃走させる」（K 145-146）。先に『シネマ』のところで言及した「奇妙な石化」（世界における耐えがたい何かに打ちのめされて硬直する事態）に対して、ドゥルーズがアルトーと共に提示する「微妙な出口」も同種のものである。それは、「別の世界を信じることではなく、人間と世界の絆、愛、あるいは生を信じるこ

と、不可能なことを信じ、それでも思考されることしかできない思考不可能なものを信じるようにして、それらを信じること」、あるいは「生を信じるために、思考と生の同一性を見出すために、この不能性を役立てること」であった（*IT* 237-238）。だが、愛するためには、見者は見者のままではいられないのではないか。行動者に、革命家に、あるいは宗教者にならなければならないのではないか。そのような批判に対してドゥルーズは、すべての楽天的な希望を断たれた現代のわれわれに残された希望は、このような不毛さの中に探し求められるしかないのだと、乾いた哄笑とも悲痛な叫びともつかない応答を返すだろう。革命家や神秘家が〈生を超えた生〉を生きることを願うのではなく、孤独と隔離の中で見者が〈生なき生〉を生きることを信じる。「砂漠、自己自身についての実験、それが私たちの唯一のアイデンティティであり、私たちに住まうすべての組み合わせにとって唯一のチャンスである」（*D* 26）[10]。

B　欠けている民衆——ドゥルーズにおける政治的出来事

にぎわう孤独　以上で、ドゥルーズ哲学において〈共に‐ある〉者とはどのような存在であるのかについて瞥見した。次に、その場合の〈共に‐ある〉とはいかなる事態であるのかについて見ていく。まずはまた、分かりやすいところから始めよう。ドゥルーズによれば、哲学は議論（discussions）を嫌悪している（*QPh* 53）。「私は反論されるたびに、こう言いたくてたまらなくなる。『なるほど、そうですね、別の事柄に移りましょう』。反論が何かをもたらしたことなど一度もない」（*D* 9）。これは単なる個人的嗜好ではない。討論（débats）が哲学にとって耐えがたいものであるのは、哲学者たちが他人とは必然的に異なる「より孤独な他の道」（d'autres voies plus solitaires）を歩まざるを得ないからだ。「最小限言えることは、対話者たちはそれぞれ決して同じ事柄を語らないので、議論は仕事を進めないだろうということだ。[…] 創造行為に対しては、コミュニケーションが到来するのは、いつだって早すぎるか遅すぎるかのどちらかであり、対話は、常に余計なものである。[…] ひとは決して同じ平面の上にはいないのだ」（*QPh* 53-54）。したがって、ドゥルーズにおいて、哲学者相互の関係はきわめて孤独なものである、ちょうど芸術家と同じように。科学者は、他の科学者の理論や実験に手を加えることをためらわず、共同作業に従事するが、芸術家は基本的に他人の作品に手を加えたりせず、ひとりで作業する。哲学者はどうか。ドゥルーズは、哲学者の創り出す地平は時に交差することがあっても、芸術家同様、各々が孤独に自らの道を究めていくほかないと考える。だが、この「孤独」は決して、単に不毛な、悲惨な、非生産的なものではない。

人は働くとき、絶対的な孤独の中にあらざるをえない。［…］ただ、それは極度ににぎわう孤独（solitude extrêmement peuplée）である。夢や幻想や計画によってではなく、出会いによってにぎわっているのだ。出会いとは、おそらく生成や婚姻（noces）と同じものだ〔「婚姻」については本稿の最後に戻ってくることになる〕。絶対的な孤独の底からこそ、どのような出会いも可能になる。人々と出会う（時にそれと知らずに、一度も会ったことすらなく）だけでなく、さまざまな運動や観念、出来事や事物とも出会う。（*D* 17-18）

ドゥルーズの言う「絶対的な孤独」「極度ににぎわう孤独」は、哲学的思考にとって、むしろさまざまな出会いを可能にする、創造性の条件ですらあるのだ。自分と他人の間にのみ出会いがあるのではない。自分自身の中にも、いや、自分自身の中にこそ、出会いがある。どうして自分自身と新たに出会えない者が、他者との真に創造的な出会いの機会に恵まれることなどあろうか？　ただし、自己との真の出会いは、先に「私自身に向けられた苦行」「自己自身についての実験」と呼ばれていたものを潜り抜けた者にしか訪れない。

みずからの名において何かを述べるというのは、とても不思議なことなんだ。なぜなら、自分は一個の自我だ、人格だ、主体だ、そう思い込んだところで、決してみずからの名において語ることにはならないからだ。ひとりの個人が真の固有名を獲得するのは、けわしい脱人格化の修練を終えて、個人を突き抜けるさまざまな多様体と、個人をくまなく横断する強度群に向けて自分を開いたときに限られるからだ。（*PP* 18-19）

これと同じこと、残余性・砂漠性に似た何かが、今度は逆のほうから、友愛や友情について言える。通常、友といえば、「コミュニケートしあい、一緒に思い出を暖めあう二人」を思い浮かべるが、ドゥルーズにとって友とは、「反対に、思考を引き裂き、思考をそれ自身において分割しうるような健忘症あるいは失語症を通過する」存在である（*QPh* 126；cf. *DR* 上 387-388）。友愛は、思考を展開するに際して多少なりとも好意的な外的状況といったものではなく、「非常に具体的でありながらも、思考に内在する一条件」である。友と語り、友と一緒に思い出すことが思考を活性化するのではなく、反対に、「友と共にわれわれは記憶喪失、失語症のような、あらゆる思考にとって必要な試練を乗り越えていく」。友でさえも不信（méfiance）の目で見なくてはならない、そんな瞬間がある。そしてそのような瞬間こそ、「友情と共に本質的な仕方で、思考の中に「苦しみ」（détresse）を注ぎ込む」（*DRF* 204）のであり、それこそが、古代のギリシア人的な思考と、私たちの近代的な思考をわけ隔てる決定的な点なのである。[11]

兄弟社会あるいは友たちの社会は試練を経てしまったので、彼らが互いに見つめ合ったり、それぞれ自分自身を見つめたりするときは、もはや、或る「疲労」（fatigue）、おそらくは或る不信（méfiance）を抑えることができない――しかも、そうした疲労や不信は、思考の無限運動へと生成して、友愛を除去することなく、その友愛に近代的な色合いをつけ、ギリシア人たちの単純な「対抗関係」に取って代わっているのである。わたしたちはもはやギリシア人ではなく、友愛はもはや同じものではない。（*QPh* 184）

ドゥルーズはある伝記的回想の中で、『差異と反復』には自分でもけっこう好きな部分がある。例えば、疲労（fatigue）とか観想（contemplation）について書いたところがそうだ。これが見かけとは裏腹に、生々しい実体験のままだから好きなんだ」（*PP* 19）と述べていたが、〈疲労と観想〉が並んでいたのは決して偶然ではない（cf. *DR* 上 215）。疲労とは、思考に苦しみを注ぎ込むと同時に思考を起動し駆動させるものを指し、観想とは、絶対的なにぎわう孤独の底でたゆたう思考の謂いなのだとすれば。これは先に見た物質性・苦行性である。
このようなドゥルーズ的「共に－ある」の最良の例は、よく知られた雀蜂と蘭の例であろう。雀蜂同士、蘭同士が出会うのではない。「雀蜂は蘭の生殖器官の一部へと生成し、それと同時に蘭が雀蜂のために性器へと生成する。これが唯一の同じ生成であり、生成の唯一のブロックであり、相互にまったく何の関係もない二つの存在の非平行的な進化である」（*D* 11）。雀蜂も蘭も孤独でありながら、共同体なき共同性を生きている。これを形式的なレベルで記述すれば次のようになる。

この出会いは、二つの項が相互に何の関係もないために共通（commun）でないのだが、しかし両者の間にあり、それ自身の方向をもった唯一の生成である。これこそ二重の捕獲であり、雀蜂〈と〉蘭に他ならない。たとえ二つの項が相互に交換し合い、混合し合うに違いないとしても、それは一方の中にあるような何かでさえない。それは両者の間に、両者の外にあり、別の方向に流れる何かなのである。［…］相互的な何かをつくり出すのではなく、非対称的なブロックを、非平行的な進化を、婚姻を［ここでもまた「婚姻」が登場していることに注意しておこう］、常に「外」と「間」をつくり出すのは、そうしたものなのである。（*D* 18）

出会わずに出会う。出会うと思っていなかったところで出会う。出会い損ねることで出会う……。[12] 誰かと〈外〉と〈間〉で出会うとはどういうことか。それは相互的に、平行的に、同じ次元にとどまりつつ、正面衝突のように出会うということではなく、非対称的に、非平行的に、異なる次元への移行途中に、すれちがいざまに出会うことだ。この方向の延長線上でさらに、「誰かを愛するとは、いったいどんなことを意味するだろう？」とドゥルーズは自問する。答えはこうだ。「その人に固有の群れを、つまりその人が自分の中に閉じ込めている、おそらくまったく別の性質を備えたさまざまな多様体を探すこと。それらを自己の多様体と合体させること。それらを自己の多様体に入り込ませ、それらに入り込むこと」（*MP* 上 84）。ドゥルーズは妻ファニーとの関係について、こう述べている。

「二つのランプが合図しあうのと同じように、私たちの掛け合いはどんどん交錯し合っていったものだ。［…］愛する誰かとの出会いとは率直に言って何なのか。それは誰かとの出会いなのか、あるいは、あなたたちに群生して（peupler）くる諸々の考えや諸々の運動との出会いなのか。そして、それらのことをどのように分離すればよいのか」（*D* 24-25）。これこそ、ドゥルーズが「生成変化」と呼び、先にわれわれが「生なき生を生きる」と表現した、出会いなき出会いにほかならない。

「民衆が欠けている…」　ドゥルーズは、一九六八年以前は「民衆」（peuple）という語をほとんど用いていない。この「民衆」という言葉を文字通り〃ポップ〃な形容詞形に縮めた「ポップ」（pop）という語を肯定的に頻用し始めたのが七〇年代である。例えば、ヒューム哲学は「ある種の民衆的で科学的な哲学、ポップ哲学である」（*ID* 下 56）といった具合に、「ポップ哲学」（pop'philosophie）という表現を多用した。その後、晩年になるにつれて、「民衆」という語を多用するようになる。例えば次のような一節には、「民衆」という語が異常なほど多用される。「芸術が名付け、しかしまた哲学と科学もそう名付けるような、『来たるべき民衆』の影が、カオスから引き出される。民衆－大衆、民衆－世界、民衆－脳、民衆－カオス」（*QPh* 367）。この濫用をどう理解すべきだろうか。さらに後期ドゥルーズは、至る所で「民衆はもはや存在しない。あるいはまだ存在しない……民衆が欠けている」といった表現を用いる（例えば、*IT* 300）。ドゥルーズはこれらの表現で、一体何を言おうとしていたのだろうか。

「ポップ」ないし「民衆」とは、「ポピュラー」ないし「メジャー」ということではない。むしろ正反対である。「西洋の民主主義的なポピュラーな哲学観からすれば、哲学の目論見は、ローティ家の夕食の快適なもしくは攻撃的な会話を提供することである」とドゥルーズが書く場合、あるいは「あらゆるオピニオンは既に政治的である」と書く場合、「民主主義的」も「ポピュラー」も「オピニオン」も決して肯定的な意味では用いられていない（*QPh* 244-245）。「民衆」とはむしろ、そういったアクチュアルでポピュラーでメジャーなものからは限りなく引き退いてゆくもの、絶対的に切り離されたもの、つまり潜在的《ヴァーチャル》で反時代的《イナクチュエル》でマイナーなものとして考えられている。哲学が呼び求めるのは、極端に言えば「或る虐げられた、雑種の、劣った、アナーキーな、ノマド的な、どうしようもなくマイナーな人種」（*QPh* 188）なのだ。アクチュアルなものにはむしろ徹底して抵抗することが、まだ見ぬ民衆を呼び求めることにつながるとさえ、ドゥルーズは言う。「わたしたちには現在に対する抵抗が欠けている。概念創造は、それ自身において、未来の形式に助けを求める。概念創造は、ひとつの新たな大地と、まだ存在していない民衆を呼び求めるのだ」（*QPh* 186）。この「欠けている民衆」という概念を最も詳細に規定しているのが、『シネマ』第二巻である『時間イメージ』（一九八五年）であり、とりわけそこで展開される現代的な政治映画の分析であることは、ドゥルーズの美学的＝感性的方向性をよく物語っているだろう。ギヨーム・シベルタン＝ブランも、「マイノリティに関するドゥルーズの二つの偉大なテクストがいずれも、まさに芸術実践に関するテクストであることは、いかなる点から見てもどうでもいいことではない」と述べている。[13]

　現代的な政治映画の特徴は、「奇妙なことに、民衆を現前させるのではなく、反対にいかに民衆が欠けているもの、現存しないものであるかを示す」（*IT* 299）ことにある。古典的な政治映画に登場する民衆は、たとえ抑圧されていても、とにかく現存しているか（エイゼンシュテイン）、既に現働化しつつある潜在的実在を獲得しているか（プドフキン）、あるいは、未来の中に異なる民衆を導き入れるか（ヴェルトフとドヴジェンコ）であった。しかしながら、古典的政治映画が抱いていたこのような「信」（croyance）——後でこの語に戻ってくることになる——は不可逆的に損なわれてしまった（*IT* 300）。現代的な政治映画は、真に現代的なあらゆる映画同様、イメージや音の有機的な連鎖を断ち切り、「現働的なものは運動的な連鎖から切断され［…］、潜在的なものは現働化から解き放たれる」（*IT* 177）。行動の有機的回路が断ち切られ、結晶に閉じ込められた見者の非有機的な観照の世界が現出する。だとすれば、「民衆が欠けている」という政治的事態は、現働化ではなくドゥルーズが純粋潜在性の「反‐実現」と呼ぶ反時代的な出来事に対応する。「欠けている民衆」は「絶対的な孤独」のうちにいる。だが、決して誤解しないようにしよう。この孤独こそが〈共に‐ある〉の核心なのだ。「来たるべき民衆」や「欠けている民衆」という表現の中の「民衆」（peuple）という語は、非人間主義的な「にぎわう孤独」（solitude peuplée）における奇妙な「にぎわい」（peuplement）と関連付けて考えられるべきものである。「奇妙な」と言ったのは、もちろん「にぎわい」と「孤独」が撞着語法的に結合させられているからだが、特異な政治主体を目の当たりにした後では、ドゥルーズにとっての政治的出来事における「孤独＝にぎわい＝民衆」の定義に驚くこともあるまい。「マイノリティにはモデルがない。生成変化であるわけですからね。［…］マイノリティの力能は、あくまでも彼ら自身がなしえた創造から生まれます［…］。民衆は常に創造的なマイノリティであり続けるのです」（*PP* 348）。真の創造にモデルのあろうはずもなく、生成変化は常に孤独であり、と同時に、出会いに満ちている。「創造〈と〉民衆の両方が必要なのです」（*PP* 354-355）。

C　仮構作用 ―― ドゥルーズにおける政治的力能

民衆を呼び求める

ここまで、幻視者・見者・不能者そして独身機械といったドゥルーズ的政治主体のありようを見、次いでその主体が直面する出来事としての「にぎわう孤独」と「欠けている民衆」を見てきた。ここからは独身機械が「欠けている民衆」のために用いる力能とは一体いかなるものであるのかを見ていこう。まず確認しておくべき点は、たしかに創造〈と〉民衆の両方が必要なのではあるが、芸術家であれ、哲学者であれ、欠けている民衆を創造することはできず、呼び求めることしかできないということである[14]。

> 芸術家や哲学者はたしかに、ひとつの民衆を創造することはできないのであって、彼らにできることは、全力でひとつの民衆を呼び求めることだけであり、それはいくつかのおぞましい受苦のなかでしか創造されえないのである。〔来たるべき〕ひとつの民衆は、それ以上には芸術あるいは哲学に関わることができないのだ。しかし、もろもろの哲学書と芸術作品はやはり、或る民衆の到来を予感させる受苦の、想像を絶した総量を含んでいる。それらには、抵抗するという共通点がある――死に対して、隷属に対して、耐えがたいものに対して、恥辱に対して、現在に対して抵抗するという共通点があるのだ。（*QPh* 189-190）

ここで民衆と創造をつなぐものとして哲学が姿を現している。この逆説的で創造的な思考が生じてくるのは絶対的孤独からだが、この孤独は「欠けている民衆」なしでは存在しえないような孤独である。「〈反思考〉は絶対的孤独を証言しているにしても、それは、砂漠自体がそうであるように、きわめて多くの民衆によって住まわれる孤独（solitude extrêmement peuplée）であり、来たるべき民衆とすでにつながりをもち、その民衆を待望しかつ呼んでいる孤独、たとえまだその民衆が欠けているにしても、その民衆なしでは存在しえないような孤独であるからだ……」（*MP* 下 63）。

仮構作用　では、哲学者や芸術家はどのようにして、いかなる力能によって、欠けている民衆を呼び求める創造を行なうのか？「仮構作用」（fabulation）ないし「仮構機能」（fonction fabulatrice）によって、というのがドゥルーズの答えである。この概念自体は、彼が多くの点で決定的な影響を受けているベルクソンが創り出したものだ。ここでドゥルーズによる「仮構作用」概念の利用に至る経緯を、ベルクソン最後の大著『道徳と宗教の二源泉』（以下『二源泉』）受容の文脈に限定して手短にまとめておこう。前期のモノグラフィー群に属する『ベルクソンの哲学』（一九六六年）は、『二源泉』にほんの数頁しか割いていなかったが、そのわずかな紙数のなかで、「創造的情動」に注目し、それとの関連で「仮構作用」にも着目していた。「ベルクソンは、彼にとって仮構作用の側面が芸術において は劣って見えることを隠していない。小説は特に仮構作用であり、これに対して音楽は情動であり、創造であるということになろうか」（*B* 129）。『アンチ・オイディプス』（一九七二年）は、動的宗教（religion dynamique）の体現者たる〈神秘家〉に似て非なるものとしてベルクソンによって切り捨てられていた〈精神病者〉を「分裂分析」という形で積極的に取り上げ直した。後期ドゥルーズはそれ以後、『時間イメージ』（一九八五年）や『哲学とは何か』（一九九一年）で、ベルクソンが『二源泉』において静的宗教（religion statique）を分析する際に用いた「仮構作用」ないし「仮構機能」という概念を、ニーチェ的な「偽なるものの力」（puissance du faux）と結びつける形で創造的に再利用する。あたかもベルクソンの「開かれたもの＝哲学的直観・神秘家」と「閉じたもの＝仮構作用・精神病者」を完全に顛倒しつつ徹底活用しようとするかのようだ。どういうことか。ちょうど先に見た古代ギリシア人の友愛と対抗関係の純粋無垢な棲み分け、友愛の対抗関係に対する完全な優位がもはや単純に成立し得なくなったのと同様、かつてのベルクソン的楽観主義がもちえた〝開かれた〟哲学的直観への信頼と、閉じたものに対する絶対的な優位性は今や完全に崩れ去った。残された道は、〈閉じたもの〉の底を穿つことで、しかし徐々に開くといった形ではなく、徹底して閉じることで、なんとか開かれようとすることだったのだ。ドゥルーズが「仮構作用」に希望を託そうとする理由はここに求められる。

誰か「のために」書くということ　一九八五年以後、「民衆」と組み合わせる形で、再度「仮構作用」が姿を現す。[15]「民衆が生まれるときは、当然ながら民衆独自の手段が用いられるわけですが、それでも民衆の創生がどことなく芸術に似てくることもあれば［…］、芸術が、それまで芸術に欠けていたものに似てくることもあるのです。ユートピアというのは適切な概念ではありません。むしろ民衆と芸術の双方に共通した『仮構作用』があるのだと考えるべきでしょう。仮構作用というベルクソンの概念を取りあげて、これに政治的な意味を持たせなければならないのです」（*PP* 349 ; cf. *PP* 252, *QPh* 243）。では、どのように政治的な意味を持たせようとするのか。例えば、『批評と臨床』の巻頭を飾るエッセイ「文学と生」では、次のように言われていた。

> 仮構作用のない文学はないが、ベルクソンが見て取ることのできたように、仮構作用、仮構機能というのは、自己を想像することや投影することに存するのではない。それはむしろ、あのようなヴィジョンにまで到達するものなのであり、あのような生成変化あるいは力にまでみずからを高めるものなのである。［…］一つの民衆を創り出すこと（inventer un peuple）が仮構作用の役目なのだ。［…］文学の最終的な目標――錯乱の中から［…］あのような民衆の創出（invention d'un peuple）を、つまりは生の可能性を解き放つこと。欠

―けているあの民衆のために書くこと……。（*CC* 15-16）

ここでの文学者ならびに哲学者の使命は、欠けている民衆「のために」（pour）書くことであるが、「〜のために」とは「〜の代わりに」（à la place de...）や「〜の意図において」（à l'intention de...）を意味するのではない。そうではなく、「〜の前で、〜に直面して」（devant）を意味する（*QPh* 188）。この点はきわめて重要である。誰かのために書くとは、誰かを思いやって、誰かの代弁者として書くことではない。なぜならその場合、その誰かはエクリチュールの中で固定的に自己同一性を保つよう強制されてしまっているからである。そうではなく、その誰かが別の何ものかに生成し、今いる地点、今そうである自らの存在から解き放たれるために書くのだ。

ひとは、動物が他のものに生成するように、自らも生成する。一匹のネズミの断末魔、あるいは一頭の子牛の屠殺が、思考のなかに現前したままであるのは、憐憫の情からではない。その現前は、人間と動物のあいだの交換ゾーンとしてあるのであって、そのゾーンにおいてこそ、互いに何かが相手の中に移行するのである。それは、哲学と非哲学との構成的関係である。生成は常に二重であり、この二重の生成こそが、来たるべき民衆と新たな大地を構成するのである。（*QPh* 189）

抵抗としての創造　哲学は欠けている民衆を呼び求め、生成変化を引き起こすような創造によって、その民衆を〝創出〟する。だが、これは厳密な意味での政治といかなる関係を持つのであろうか。言い換えれば、このほとんど芸術的・美学的ともいうべき創造によって、政治的抵抗はいかにして可能だろうか。「芸術家は民衆に呼びかけるしかない。芸術家はその企ての最も深いところで民衆を必要としているのです。芸術とはすなわち抵抗のことです。死に抵抗し、束縛にも、汚名にも、恥辱にも抵抗するのです」（*PP* 348-349）とはどういうことだろうか。独身機械がひたすら自らの局所性・観照性・マイナー性において強度＝内包量を生産しているとき、分裂分析の主体は何を目指すのか。ドゥルーズ＝ガタリは、『アンチ・オイディプス』のほぼ終わり近くでこう述べている。「ところが、すべては同時に生起する。というのも、同時に、プロセスは開放されるのだ、欲望的生産のプロセスは、分子的な逃走線に従い、既に逃走線は分裂分析の機械技術的な課題を明示している。［…］分裂分析の課題とは、［…］要するに、欲望機械と、欲望の抑制との作用の全体を発見することである。プロセスを完成すること、それを停止することでも、それを空転させることでも、それに目標を与えることでもなく。［…］新しい大地は前にも後にも存在しない」（*AŒ* 下 308-309）。「欲望の流れと欲望の抑制の作用の全体を発見すること」とは、プロセスを停止させるのでも、空転させるのでも、逆に目標を与えるのですらない以上、ほとんどスピノザ的主体として「笑わず、嘆かず、呪詛もせず、ただ理解すること」に近い何事かである。では、ドゥルーズには抵抗の契機はないのであろうか？ すべては諦念と共に認識されるだけで終わるのであろうか？ そうではない。ドゥルーズにおいて「創造行為」とは必ずや「抵抗」と結びついた形で発現する何かなのである。ドゥルーズの科学の取り扱いにも美学化が見られたように（『哲学とは何か』を想起せよ）、ここには或る種の「政治的なものの美学化」があると言うべきだろうか。いや、シベルタン＝ブランと共に、より正確にこう言うべきなのだ。

問題は、政治的諸問題の「美学化」（esthétisation）への口実としてマイノリティを捉えるのではなく、逆に、或る種のマイナー政治がそれに応じて定義されるような、そんな問題含みの審級をマイノリティとして捉えることなのである。このマイナー政治は、諸集団のアイデンティティの諸様態を分析し、そこに〔車のハンドル的な、あるいは戯れとしての〕「遊び」を、つまり脱自己同一化と新たなアイデンティティ形成のための距離を導入するために、芸術の諸力と諸手段に助けを求める。ここから、マイノリティ映画のドゥルーズ的分析によって「創造的仮構作用」の観念に与えられた地位の重要性が由来する。[16]

ドゥルーズの美学的著作、とりわけ「マイナー文学」や「政治的映画」に関する考察は、彼の反時代的な政治哲学にとって欠くべからざる重要な一部を形成している。ドゥルーズによれば、「反時代的なもの」は、「決して政治的・歴史的エレメントに還元されません。［…］しかしある民衆が自らの解放のために闘うとき、つねに詩的行為と歴史的出来事ないしは政治的活動の一致が見られます」（*ID* 上 274-275）。ドゥルーズがこのように言うのは、「何らかの美学主義、何らかの政治の放棄を含意すると言わなければならないのでしょうか？」という問いへの答えとしてであることを心に留めておこう。「ポップ哲学」もまた、政治的たらんとする。例えば、次のような一節では、内在平面、無限運動、絶対的俯瞰といった内在哲学の諸特性が、資本主義に対する闘いの中で「今ここに存在する現実的なものと連結」（*QPh* 173）され、潜在的なものの現働化が奨励されているようにも見える。「哲学は、［…］新たな民衆に訴えかけるために、資本をそれ自身に反抗させるのである。［…］その都度ユートピアを携えてこそ、哲学は政治的なものに生成し、おのれの時代に対する批判をこのうえなく激しく遂行する。［…］ユートピアという言葉は、従って、哲学あるいは概念と、現前している環境との接続を、すなわち政治哲学を意味している」（*QPh* 171-172）。だが、「政治哲学」がそういうものであるとして、ドゥルーズ自身の政治的思考は、決してアクチュアルな介入の方向へ進んではいない。

潜在性への退隠は抵抗の潰走を意味しない。出来事の反＝実現は創造の消滅を意味しない。ドゥルーズが『差異と反復』を一つの「サイエンス・フィクション」と見なしたのと厳密に同じ意味で、彼の政治哲学を「政治フィクション」（politique-fiction）とでも呼んでみたい。これは、ドゥルーズが「抵抗」の主要な契機として仮構機能を用いることに由来する。ドゥルーズは「政治的実践」には関わらないのだろうか？ バディウは、「ドゥルーズ的政治には、現代資本主義の鋭利な分析という、ガタリの寄与が決定的な〈歴史哲学〉の側面と、「管理から逃れる」「世界を信じる」「出来事を引き起こす」という三つの格率を結びつける、より純粋にドゥルーズ的な〈倫理〉の側面があると言う[17]。そのとおりだが、重要なのはさらにその先で、奇妙に改変されたこのエチカがドゥルーズ的な〈生の政治哲学〉において創造と民衆を結びつけるその仕方を問うことであり、それこそ本稿がここまで試みてきたことにほかならない。恐らくは、政治的な仮構機能（これは冗語的表現である）によって、集団的な言表行為のアレンジメントを通じて、「呼びかけ」と「信頼」という形で、やはりドゥルーズは政治的実践につながることを望んでいたのだ。それがたとえほとんど不可能な呼びかけ、ほとんど不可能な信頼であるとしても。われわれはドゥルーズのこのような悲痛な心情の吐露とは対照的な、[18]楽天的でネグリ的な読解はどれほど興味深くあろうとも、決して本質的にドゥルーズ的でないと考える。生成変化は常に孤独であり、と同時に、出会いに満ちている。誰であれ、大なり小なりマイノリティへの生成変化に巻き込まれている以上、世界を信じる決意さえできていれば、未知の旅路をたどることができる。民衆とはその〈信〉の別名なのだ。「世界の存在を信じることが、実は私たちに一番欠けていることなのです。世界の存在を信じるとは、小さなものでもいいから、とにかく管理の手を逃れる〈出来事〉を引き起こすことです。創造〈と〉民衆の両方が必要なのです」（*PP* 354-355）。

世界の脱魔術化――ドゥルーズにおける「世界への信仰」　ここで最後に「宗教的なもの」の問いへ戻ってくることになる。通常、ドゥルーズほど「宗教的なもの」の問題系から遠いと見なされている思想家はいない。[19]だが、その彼にしてもやはり「信じること」と決して無関係ではない。ドゥルーズの場合、問題となるのは、「意味の形成」としての「世俗化」ではなく、「意味の喪失」としての「世界の脱魔術化」である。『哲学とは何か』（一九九一年）で、彼はこう述べている。

> わたしたちは、パスカルあるいはキェルケゴールに、以下の点を見てとった――すなわち、信仰はおそらく、この現世への信仰になるときにのみ、そして投影される代わりに連結されるときにのみ、真の概念に生成するということをである。キリスト教思想はおそらく、おのれの無神論によってのみ、すなわちキリスト教思想が他のすべての宗教にもまして分泌する無神論によってのみ、概念を産出するだろうということだ。哲学者にとっては、無神論は問題ではないし、神の死も問題ではない。むしろ、概念における無神論の域に達して、その後でようやく、諸問題が始まるのだ。かくも多くの哲学者たちがいまだに神の死を悲劇として

受けとめているのは、驚くべきことである。無神論はドラマではなく、哲学者の晴朗な境地であり、哲学の成果である。宗教から引き出されるべき無神論が、つねに存在するのである。（*QPh* 159）

ドゥルーズは、ナンシーやデリダと違って、現代世界を理解するうえでキリスト教が「問題」になるとは考えていない。だが、その彼にとっても、信仰が「この現世への信仰」になることは、近代的な意味での哲学が開始するための必要最低限の、しかし絶対的な条件なのである。ここには「世界の意味」の断念と、その果てになお残るかすかな希求がある。『時間イメージ』の中ではこう言われてもいた。

引き裂かれるのは、人間と世界の絆である。ならば、この絆こそが信（croyance）の対象とならなければならない。それは信仰（foi）においてしか取り戻すことのできない不可能なものである。信はもはや別の世界、あるいは変化した世界に向けられるのではない。［…］世界への信頼を取り戻すこと、それこそが現代映画の力である［…］。キリスト教徒であれ、無神論者であれ、普遍化した分裂症において、我々はこの世界を信じる理由を必要とする。これはまさに信仰の転換なのだ。（*IT* 240）

来世や彼岸といった神学的な世界（「別の世界」）を信じるのでも、全体主義や共産主義が約束した薔薇色の明日やユートピアといったイデオロギー的世界（「変化した世界」）を信じるのでもなく、分裂症が普遍化し一般化した状況において――『アンチ・オイディプス』と『千のプラトー』という二冊の大著には「資本主義と分裂症」という総題を付されていたことを想起しておこう――、ただこの世界を信頼すること。「この世界を信じる」ことが「信仰の転換」にほかならないとされるとき、私たちは否応なく「宗教的なもの」の問題圏に戻っていくと同時に、「民衆」や「共に－あること」といった概念自体の根本的な再検討を余儀なくされる。

孤独の共同体

まとめよう。われわれは、主体・出来事・力能の三つの側面から、ドゥルーズの政治哲学における共同体のありかたを探究した。政治的主体としての水晶球を覗き込む見者ないし独身機械は、受動的に欲望機械の連接的奔流の傍らに局所的自我として佇み、物質性の感性的受苦に耐え、生なき生を生きる。政治的出来事としての「欠けている民衆」は「にぎわう孤独」同様、生成変化のただなかで出会いなき出会いを生じさせる、現在への抵抗として、しかし単なる未来のユートピアとしてではなく、あくまでも現働化から切り離された純粋潜在性の反‐実現として提示される。独身機械が政治的な領野において行使する力能としての「仮構作用」は、来たるべき民衆「のために＝に直面して」芸術的創造の中で錯乱すること、すなわち管理から逃れ、世界を信じ、出来事を引き起こすこと、それも純粋潜在性と絶対的孤独のうちでそうすることを唯一可能な希望と見なす。

この節を締めくくるにあたって、もう一度強調しておこう。ドゥルーズの政治哲学は「マルチチュード」にではなく、或る特異な「孤独＝ソリチュード」に基づく。ドゥルーズについてはしばしば、「出会い」や「生成のブロック」――あまりにも有名な「雀蜂〈と〉蘭」の非平衡的な進化――は語られてきたが、それらが「絶対的な孤独の底からこそ」可能になることについては、あまり注意が払われてこなかったように思われる。言い換えれば、ドゥルーズにおける或る特異な分離ないし閉鎖――ベルクソンの「閉じたもの」と同一視することができるのは或る厳密な限定を付した上でのことである――の重要性が見落とされてきたのではないか、ということである。要するに、閉じたものと開かれたものがあるというよりは、開かれるために閉じる、繋ぐために切断する、結合するために分離するという一連の動きがあるのであり、この「理性の順序」はドゥルーズの最初期から晩年までの思考を貫くものである。ドゥルーズにおいては一貫して、「内破 implosion」の論理が働いている。フィッツジェラルドによる「切断」(coupure) と「亀裂」(fêlure) と「断絶」(rupture) の区別を紹介した後、ドゥルーズはこう結論づけていた。「彼は知っているのだ、愛することによって、愛することによってさえ、そして愛するために、人は自己に自足しなければならず、愛と自我を捨て去らねばならないということを……」(*D* 214)。

3　結婚の脱構築のために

最後に、続く実践編に向かってのトランジションを施しておきたい。私たちは、実践編で、結婚の問題を取り上げる。なぜ結婚なのか。それは、結婚をしない生き方も含めて、結婚をめぐる諸問題は、単に「愛」「恋愛」にも、単に「性」「セクシュアリティ」にも、また単に「家族」「家庭」にも還元されない、それらの諸要素が体験・制度・形而上学のレベルで複雑に絡み合った事象であり、反時代的哲学が共同体を現時点で思考する際に取り組むべき喫緊の課題と思われるからである。「結婚しない生き方も含めて」という点を強調しておこう。「結婚の哲学」を展開するということは、「結婚をしない生き方」を考慮に入れていないわけでも、ましてや否定しているわけでもない。宗教哲学が必ずしも信仰を前提にするわけではなく、無神論を考慮に入れられないわけでもないのと同じである。

現代の結婚観は大きな流れで言うと、契約主義的、所有主義的であるのみならず、個人主義的な方向に向かっている。昔であれば「家のための結婚」ということが、今では「個人のための結婚」ということになっている。もちろん今後もその傾向は強まりこそすれ、弱まることはないだろうが、個人がフォーカスされることとの問題点もあるのではないか。まさにこの点について、ドゥルーズを参照したいのである。ガタリとの共著『アンチ・オイディプス』は家族を批判し、結婚を批判した本として読まれているが、結婚の脱構築として読むこともできるし、そう読んだ方が生産的だと私は考えている。ごく基本的なこの点を勘違いしているドゥルーズ読解も多いようなので、ここでドゥルーズ自身の言葉を引用しておこう。

結婚しているだけでオイディプスができると考えているとしたら、それはどうもいただけないね。[…]自己と戦うことなくして、オイディプスとの戦いはありえないんだ。自己と戦えば必ず、自己に抵抗する実験をおこない、愛を感じたり、欲望を覚えたりする能力が身につくことにもなる[…]。非オイディプス型の愛というのは、そうやすやすと経験できることではないんだ。独身をとおしたり、子どもをつくらなかったり、ホモになったり、グループに加わったりするだけではオイディプスを回避することにはならない。[…]集団性のオイディプスとか、オイディプス型の同性愛者、オイディプス化した女性解放運動家とか、いろいろあるわけだからね。(*PP* 27)

ドゥルーズはゴダールのよく知られた言葉、「正しいイメージなどない、ただイメージがあるだけだ」(pas une image juste, juste une image)を自らの哲学に応用し、「正しい観念などない、ただ諸々の観念があるだけだ」(pas d'idées justes, juste des idées)と断言した後、こう続けている。「ただ諸々の観念があるだけ、これが出会いであり、これが生成であり、盗みであり、婚姻(noces)であり、諸々の孤独のあの『あいだ』(cet «entre-deux» des solitudes)なのである」(*D* 22; cf. *IT* 290)。したがって、ドゥルーズとともに、ドゥルーズ哲学を用いて、結婚について考えようとすることは決してドゥルーズの意図に反することではない。むしろ、ドゥルーズの書いた言葉を逐条反復するよりは、彼が大きく展開することのなかった「婚姻であって、カップル(couples)でも夫婦関係(conjugalité)でもない」(*ibid.*)や「婚姻は常に反自然的である。婚姻とはカップルの反対だ」(*D* 11)といった言葉に徹底的にこだわってみるほうがいい。あるいは、先にも引用した「誰かを愛するとは、いったいどんなことを意味するだろう?」という自らの問いに、「その人に固有の群れを、つまりその人が自分の中に閉じ込めている、おそらくまったく別の性質を備えたさまざまな多様体を探すこと。それらを自己の多様体と合体させること。それらを自己の多様体に入り込ませ、それらに入り込むこと」(*MP* 上 84)と答え、この挙措を「天上的な婚礼」(célestes épousailles)と呼ぶドゥルーズから出発して、どのような理論的可能性が思い描けるだろうかと自問するほうがいい。あるいはまた、彼が「思うに、敬愛する作家の中には、純粋な思考の条件をめぐって具体的なカテゴリーや状況を導入する様々なやり方があります」と述べ、キェルケゴールにおける婚約者と婚約式、クロソウスキーにおける(そして別の仕方でサルトルにおける)カップル、プルーストにおける嫉妬深い愛を例に挙げていることを思い出してみてもいいだろう（DRF下204）。ドゥルーズとともに、時にはドゥルーズに抗して、〈哲学と結婚〉を思考すること。

ガタリとの共著『アンチ・オイディプス』の中で、今の私たちの愛や性、家族についての考え方は往々にしてオイディプス的だ、と述べている。《パパ－ママ－私》というオイディプス的な三角関係の中で（例えば「父」への反抗によって子供は大人になるといった弁証法的で実体論的な形で）すべてが考えられているけれども、実は私たちはそういうふうに考えていない。むしろ、私たちは無意識の中では、精神分析が言うところの「部分対象」にこだわっている。私たちの欲望というのは人間の微細な特異点に向かっていくものであって、私たちは〈部分対象の論理〉を追究した方がいい、というのが『アンチ・オイディプス』の主張である。(20)

それは、しかしながら、家族の破壊とか無秩序を求めるということではない。植物の例で恋愛を考えてみよう、とドゥルーズ＝ガタリは言う。植物には雄しべと雌しべがある。人はすべて、植物と同じように二つの性を持っている。この二つの性は互いにコミュニケーションは行わない。男性と女性は、自分の中で雄とか雌の部分が統計学的に優位にある人間ということを意味するにすぎない。それだけなのだ。だから人は、統計学的ないし巨視的には異性愛だが、微視的には「横断性愛」と考えていい（例えば、AŒ上88-90, 下149-152）。植物は雄しべと雌しべを持って複数的で複雑な〃性関係〃を結んでいるからといって自己破壊的なわけでも無秩序なわけでもはない。

最近ではNHKなどでもよくLGBTの話が取り上げられるようになり、「性はグラデーションである」という考え方は、少しずつだが、広く浸透しつつある。自分は男性で女性が好きだと思っているけれども、何割かは男性が好きだという部分があるかもしれない。逆もまたしかり。自分の中で〈男が好き〉か〈女が好き〉かは、「1か0か」や「100%か0%か」ではなくて、グラデーションになっているということが認められつつあるように思う。そうすると、ここで言われている「n個の性」とか「植物的恋愛観」という、一見SF的に見られるものも、現代にあってはそう突飛なものとも受け止められないのではないか。

そのような考え方に接続しうる現代日本の文学者として、平野啓一郎がいる。平野は、個人（individual）ではなく、分人（dividual）という単位で考えようと提案している。人間は個人として、一つの主体として一つの意思を持って生きていると考えられているけれども、実は複数の意思を持って、複数の側面を持って生きているのではないか。小学校の友達と会っているときの自分と、大学の友達と会っているときの自分はたしかに違っているが、どちらかの自分が嘘だということではない。どちらの自分もたしかに「本当」なのだ。ところが三人で会おうとなったときに、何かむずがゆい気持ちになる。嘘をついているわけではないのだけれども、すごく違和感がある。これは何だろう。そこに注目して平野は、「人間は常にいろんなモードを生きている。それは別に、嘘をついているとか、隠しているとか、本当の自分ではないとかいう話ではない」と言う。だから、「〝本当の自分〟は一つではない。複数いる」ということなのだ。この観点を平野は恋愛の問題、夫婦の問題に当てはめる。

人間は分人の集合体であり、重要なのは、その構成比率だと繰り返し書いてきた。その際に、恋をしている分人、誰かと愛し合っている分人を複数抱えている、ということは容易にあり得る。不倫や浮気が決して無くならないのは、その何よりの証拠だ。文学はまさしく、個人であるはずの主人公が、恋愛をする複数の分人を抱えてしまっていることによる矛盾と葛藤を、飽きもせずに延々と書いてきた。［…］この場合、重要なのは、他の人に恋をするのは、必ずしも、今のパートナーを愛していないからではない、ということである。［…］夫婦や恋人の間で嫉妬の対象になるのは、何も新しい恋の相手ばかりではない。家族や友人に対して嫉妬を抱くこともあるし、人間ではなく、仕事や趣味の場合もある。［…］「わたしと仕事、どっちが大事なの？」という詰問は、文字通りに取ると、比較しようのないものを比べている、バカげた発想のように思われる。しかし、「どっちの分人が大事なの？」となると、話は違う。(21)

実はこの「分人」という観点は、ドゥルーズの有名な小論「追伸——管理社会に関するノート」に端を発する概念である。法や制度は、周囲から独立し、自立・自律した人間のただ一つの「個人性」(individuality) にその有責性の基礎を置いているが、これは抽象的に想定された法的虚構である。それに対して、人間の真の生きた核は、周りと絶えず反響し合い、相互に影響し合う「人格性」(personality)である。「ペルソナ」が元々「仮面」を意味したということはよく知られているが、それが「声を取りまとめて響きをいっそう力強く明るくほとばしり出させるという性質を備えた仮面」、すなわちper-sono、「貫いて響く」(sounding through)から来ていることはあまり知られていない。このことを考慮に入れれば、「存在」(existence)とは実は「響存」(echo-sistence)とでも呼ぶべきものであり、[22]「人格性」とは「分人性」(dividuality)に他ならない。今はまだ法制度は「個人性」を元に構想されているが、いつかは「分人性＝人格性」を元に構想し直されなければならない時期が来るのではないだろうか。いずれにしても、愛・性・家族そして結婚の諸問題を考える時に、[22]「個人」の観点からでは解けなかった難問も、「分人＝人格」の観点から考えることで光明が見えてくるかもしれない。次の実践編では、この点を探究していくつもりである。

註

ドゥルーズ（＝ガタリ）の著作は以下の略号と邦訳頁数で参照箇所を指示した。訳文は適宜修正した場合がある。

AŒ : *L'Anti-Œdipe* (1972, avec Félix Guattari), éd. Minuit.『アンチ・オイディプス』上・下巻、宇野邦一訳、河出文庫、二〇〇六年。

B : *Le Bergsonisme* (1966), PUF.『ベルクソンの哲学』宇波彰訳、法政大学出版局、一九七四年。

CC : *Critique et clinique* (1993), éd. Minuit.『批評と臨床』守中高明・谷昌親訳、河出文庫、二〇一〇年。

D : *Dialogues* (1977, 1996, avec Claire Parnet), éd. Flammarion.『ディアローグ——ドゥルーズの思想』江川隆男・増田靖彦訳、河出文庫、二〇一一年。

DR : *Différence et répétition* (1968), PUF.『差異と反復』上・下巻、財津理訳、河出文庫、二〇〇七年。

DRF : *Deux régimes de fous : Textes et entretiens 1975-1995* (2003), éd. Minuit.『無人島』上・下巻、前田英樹・小泉義之監修、河出書房新社、二〇〇三年。

FB : *Francis Bacon. Logique de la sensation* (1981), éd. Différence.『感覚の論理——画家フランシス・ベーコン論』山縣熙訳、法政大学出版局、二〇〇四年。

ID : *L'île déserte et autres textes : Textes et entretiens 1953-1974* (2002), éd. Minuit.『狂人の二つの体制』上・下巻、宇野邦一監修、河出書房新社、二〇〇四年。

IT : *Cinéma 2. L'Image-Temps* (1985), éd. Minuit.『シネマ2＊時間イメージ』宇野邦一ほか訳、法政大学出版局、二〇〇六年。

K : *Kafka : Pour une littérature mineure* (1975, avec Guattari), éd. Minuit.『カフカ——マイナー文学のために』宇波彰ほか訳、法政大学出版局、一九七八年。

MP : *Mille Plateaux* (1980, avec Guattari), éd. Minuit.『千のプラトー——資本主義と分裂症』上・中・下巻、豊崎光一ほか訳、河出文庫、二〇一〇年。

P : *Le Pli. Leibniz et le baroque* (1988), éd. Minuit.『襞——ライプニッツとバロック』宇野邦一訳、河出書房新社、一九九八年。

PP : *Pourparlers 1972-1990* (1990), éd. Minuit.『記号と事件——1972-1990年の対話』宮林寛訳、河出文庫、二〇〇七年。

QPh : *Qu'est-ce que la philosophie?* (1991, avec Guattari), éd. Minuit.『哲学とは何か』財津理訳、河出文庫、二〇一二年。

（1） 筆者は二〇〇八年以来、ドゥルーズを孤独・分離・切断の哲学者と捉え、ベルクソンとの対比において、その思考の実相を形而上学的・科学的・政治的次元で描写する試みを継続してきた（その書誌情報の詳細については、集大成的な論文「生命哲学の岐路——ベルクソンとドゥルーズにおける形而上学・科学・政治」、金森修編『エピステモロジー——20世紀のフランス科学思想史』所収、慶應義塾大学出版会、二〇一三年一月、三二三—四〇七頁を参照）。本章は、それらの研究において提示された解釈をふたたび取り上げ、共同体論において展開してみようとする。最終節に関しては、拙稿「結婚の形而上学とその脱構築——契約・所有・人格概念の再検討」（『応用倫理——理論と実践の架橋』vol. 8 別冊『結婚という制度 その内と外——法学・社会学・哲学からのアプローチ』、北海道大学大学院文学研究科 応用倫理研究教育センター、二〇一五年三月一五日、二四—四〇頁）と内容的に重複する部分がある。

（2） 『収容所群島』事件に注目した思想家として、ここでは、日本でまだ十分に（彼の思想的真価に見合うほどには）知られていないルフォールを挙げておこう。メルロ＝ポンティの弟子として『見えるものと見えないもの』を校訂刊行することから哲学的キャリアを出発させたクロード・ルフォールは、『収容所群島』刊行後まもない一九七五年に、『余分な人間——『収容所群島』をめぐる考察』を刊行し、全体主義システムの解明を徹底していった（Claude Lefort, *Un homme en trop. Essai sur l'archipel du goulag de Soljénitsyne*, Seuil, 1975. 宇京賴三訳『余分な人間——『収容所群島』をめぐる考察』未來社、一九九一年）。ルフォールは師の影響を受けてマルクス主義から出発し、やがて経済決定論に対して、政治的次元の根源性を主張するに至った政治哲学者である。政治哲学は、政治科学によって対象化されうる狭義の「政治」（*la* politique）を対象とするのではなく、そのような概念化からは必然的にこぼれおちてしまうほかない広義の「政治的なもの」（*le* politique）についての根底的な思考でなければならない。その後のすべてのフランス現代思想系の政治哲学者にとって最低限の共同綱領とも言うべきこのテーゼは、ルフォールによって本格的に定式化されたのであった（*Essai sur le politique : XIX*^{e}*-XX*^{e} *siècles*, Seuil, 1986）。このルフォールの影響下にキャリアを出発させたのが、やはり日本ではそれほど知られていないマルセル・ゴーシェである。ゴーシェについては、マルセル・ゴーシェ『民主主義の中の宗教』（伊達聖伸との共訳、トランスヴュー、二〇一〇年）所収の拙稿「訳者解説Ⅱ　フランス現代思想におけるゴーシェの位置」を参照のこと。フランスには、モンテスキューやトクヴィルに始まり、デュルケムやレイモン・アロンを経て、フュレ、カストリアディスやルフォール、ロザンヴァロンやゴーシェ、マナンといった思想家へと至る「フランス・リベラリスム」の水脈とでもいうべきものが存在する。左派（狭義のフランス現代思想）でも右派（フェリーやルノー）でもない、この第三の潮流に属する思想家たちが位置するのは、相対峙する両軍の間に横たわる非占領地帯《ノーマンズランド》のように、右か左かと簡単に片づけられない灰色の領域である。私は常々、日本のフランス現代思想の受容はきわめて一面的であると感じているので、この潮流の重要性を強調しておきたい。先に本文で述べた、二つの出来事への関心の不均衡と、もう一つの不均衡——フランス現代思想への極左的かつきわめて抽象的でほとんど政治的に無力な関心と、こういった思想家への端的な無関心の間の不均衡——は、密接に連関しているように思えてならない。

（3）たとえば、ジャン＝リュック・ナンシー『無為の共同体』西谷修・安原伸一朗訳、以文社、二〇〇一年、一四五頁。

（4）エンツォ・トラヴェルソ『全体主義』柱本元彦訳、平凡社新書、二〇一〇年、一九〇頁。フランス現代思想と全体主義分析のありうべき関係については、松葉祥一『哲学的なものと政治的なもの——開かれた現象学のために』（青土社、二〇一〇年）に対する書評を参照のこと（『フランス哲学・思想研究』第一六号、二〇一一年、一五二—一五七頁）。

（5）この二つの区別の詳細に関しては、Jean-Claude Monod, *Sécularisation et laïcité* (PUF, coll. «Philosophies», 2007) および拙稿「ライシテの彼岸と此岸——フランス現代思想における宗教の問題」（『日仏社会学会年報』第二〇号、二〇一〇年一二月、一—二一頁）を参照のこと。ちなみに、レヴィナス、アンリ、マリオンらが一九六〇年代以降にたどった思想傾向の軌跡に関して、ドミニク・ジャニコーが指摘したいわゆる「フランス現象学の神学的転回」(Dominique Janicaud, *Le tournant théologique de la phénoménologie française*, Éditions de l'éclat, 1991) も、おそらくはより広い（私たちが指し示そうと努めているような）意味での「宗教的なもの」との関係において捉え直されるべきなのであろう。

（6）ナンシー『脱閉域——キリスト教の脱構築1』大西雅一郎訳、現代企画室、二〇〇九年、引用はすべて一六頁。

（7）デリダ「信仰と知——たんなる理性の限界内における『宗教』の二源泉」（松葉祥一・榊原達哉訳）、『批評空間』II—12（一九九七年）、一七六頁。

（8）論集『ドゥルーズと政治』の編者たちは、ドゥルーズの「政治化」はガタリとの出会い以後だという「ドゥルーズ研究の陳腐な決まり文句（truism）」は正しくないという（Ian Buchanan and Nicholas Thoburn (eds.), *Deleuze and Politics*, Edinburgh University Press, 2008, p. 1）。なるほどそのとおりだが、ドゥルーズの政治哲学の理解にとってより重要なのは、彼の次のような告白の意味を考え抜くことではないか。「私にとって興味深かったのは、集団による創造でした。私がヒュームに見出したのは、制度と法をめぐるきわめて創造的な考え方です。はじめのうちは、私も政治より法に興味を寄せていたのです」(*PP* 339-340)。

(9) 枚挙にいとまがないが、本文で挙げたもの以外にも幾つか例を挙げておこう。

(1)「無人島の原因と理由」(一九五三年) 分離と再創造 —— 植民

このドゥルーズの処女論文は、「分離」(séparation) と「再創造」(recréation) という語に溢れている。無人島へと向かい、島の上でなされる人間の運動は、人間以前の島の運動を再び取り上げ、いわば延長する。そうして人間たちが島を「にぎわす」(peuplent) かと思いきや、「人間たちが十分に、つまり絶対的に分離され、十分に、つまり絶対的に創造的でありさえすれば、島はなお無人であり、なおいっそう無人になる」(*ID* 上 15)。そこで問題となるのは、絶対的に分離され、絶対的に創造的であるほど、島を産み出した飛躍をやり直し、延長することになる、まるで「卵」のような——「島は一個の卵に似ている。海の卵」(*ID* 上 17) ——、実に奇妙な運動である。では、無人島に住み着く人間とはいかなる人間なのだろうか。「島にやって来る人間たちは、現実に島に居着き、そこで住民を増やす (peuplent)。[…] だが、並の人間ではない。絶対的に分離され (absolument séparés)、絶対的に創造的な (absolument créateurs) 人間、要するに人間の理念、原型、ほとんど神の如き人間 [...] である (*ID* 上 16)。ここでおさえておくべきポイントは、分離され、創造的で、非民族学的な「植民、増殖」(peuplement) の奇妙に空虚な動的イメージである。

(2)『フランシス・ベーコン —— 感覚の論理』(一九八一年) 閉鎖と形象の逃走 —— 証人

現代絵画を代表する画家に関するモノグラフィーは、この画家の絵に特徴的な登場人物たちの居場所を限定する役目を果たしている「円形、トラック」に注意を喚起することから始まる。そこでは、「われわれはまだ隔離 (isolation) という単純な段階にとどまっている」(*FB* 5)。構造と形象の間を走るこの第一の「隔離・歪曲・消散の力」に始まり、形象相互の間で生じる第二の「絡み合いの力」を経て、形象間の関係自体に働く第三の「分離 (séparation) と区分 (division) の力」に至るまで ——「分離と区分の力は、前述の隔離の力とは非常に異なった仕方で形体を捉える」(*FB* 79) ——、ドゥルーズは、ベーコンの絵画に示された感覚の論理を一歩一歩辿る。手短に二つ指摘しておこう。一つ目は、この感覚の論理が最初から最後まで隔離や分離、区分といった閉鎖の操作によって貫かれているということ。そして二つ目は、「形象が切り離されたまま留まらねばならず、したがって共鳴しない」第三段階において、「証人」(témoin) の機能が必要とされること。「証人」は形象に属しており、「見物人」(spectateurs) とは何ら関係がない。「形象の極度の孤独 (extrême solitude des Figures）、身体の極度の閉鎖性（extrême enfermement des corps）が見物人をすべて排除する。形象が形象となるには、そこへと閉じこもる（s'enferme）とともに、それによって閉じ込められることにもなるあの動きを介するしかない。［…］身体はまさしく努力する、あるいはまさしく期待して待っている、逃れ出ることを」（*FB* 15-16）。そしてそのような孤独と逃走の記憶の中で、見物人を消し去った後になおも残る、奇妙な「証人」が傍らに佇んでいる。「証人は、観察者や覗き魔的見物人を意味するのではない」（六六頁）。この「証人」もまた――水晶球を覗き込む幻視者・見者・不能者同様――、ドゥルーズ的政治哲学を形成する重要な一要素となる。

（3）『襞――ライプニッツとバロック』（一九八八年）囲いと襞――対世界的存在

宇宙を象徴するバロックの館の二つの階――窓がなく暗い上の階（「襞によって変化をつけた布を張りめぐらせた閉じた個室」としての「魂の襞」）と、窓のある下の階（「いくらかの小さい開口部のある共同の部屋」としての「物質の折り目」）――について、「新しい調和を可能にするもの、それは何よりもまず二つの階の区別（distinction）である。この区別が緊張を解決し、分裂（scission）を配置するのである。上の階は自らを閉鎖しており（se ferme）、外部なき純粋な内部、無重力状態の閉じた内部（intériorité close）で、自発的な襞で覆われている」（p.52）。にもかかわらずハイデガーは「ライプニッツの表明した囲い（clôture）と閉鎖（fermeture）の条件を、つまり一つの〈世界内存在〉である代わりに、〈対世界的存在〉であるという限定を見過ごしている」（*P* 47）。

（10）この最深地点を表現していると思われるのが、『襞』の次の一節である。「魂は、その作用によってではなく、その現前によって生の原理なのだ。力とは現前であって作用ではない。それぞれの魂はそれに所属する身体と不可分であり、投影によって身体に現前する。［…］所属していることは、われわれを奇妙なほど中間的な、あるいはむしろ独自な帯域に導き入れる。［…］襞は魂と身体の間を通るのだが、すでに身体の側の、無機的なものと有機的なものの間を通り、魂の側の、モナドの〈様々な種〉の間を通るのである。これは極度に曲がりくねった襞であり、ジグザグであり、位置決定できない原初の結びつき（liaison primitive）なのである」（*P* 206）。紙幅の関係上、ここでこの「原初の結びつき」を与える襞について考察を展開することはできないが、ここに「絶対的孤独」がそのまま「共同性」を与えるという謎に対する答えがあることは疑いえないように思われる。

（11）不信を現代の民主主義の基盤において考えようとする点では、次の著作が参考になる。Cf. Pierre Rosanvallon, *La contre-démocratie. La politique à l'âge de la défiance*, Seuil, 2006.

（12）「出会い損ねて出会う」に関しては、拙論「耳の約束——ニーチェ『われわれの教養施設の将来について』における制度の問題」（西山雄二編『人文学と制度』未來社、二〇一三年、三〇六—三四〇頁）を参照のこと。

（13）Guillaume Sibertin-Blanc, *Politique et État chez Deleuze et Guattari. Essai sur le matérialisme historico-machinique*, PUF, coll. « Actuel Marx Confrontation », 2013, p. 236.（書肆心水近刊）

（14）Pierre-Luc Chénier, « Création et peuple : topologie du peuple manquant », in Dalie Giroux et al. (dir.), *Contr'hommage pour Gilles Deleuze*, Québec : Presses de l'Université Laval, 2009, p. 109.

（15）Philippe Mengue, "People and Fabulation", in Ian Buchanan et Nicholas Thoburn (eds.), *Deleuze and Politics*, Edinburgh University Press, 2008, p. 224.

（16）Sibertin-Blanc, *op. cit.*, p. 237.

（17）Alain Badiou, « Existe-t-il quelque chose comme une politique deleuzienne? », in *Cités*, no. 40 : « Deleuze politique », PUF, 2009, pp. 15-20.

（18）ネグリはドゥルーズにインタビューした際、「六八年以後、あなたの現状認識は含みのあるものに変わった」「ややもすれば悲痛な声が聞こえてくる」と率直に自分の印象を語っている（*PP* 341, 343）。

（19）例外的な取り組みとして、Mary Bryden (ed.), *Deleuze and Religion*, Routledge, 2000 がある。

（20）平野啓一郎『私とは何か——「個人」から「分人」へ』講談社現代新書、二〇一二年、一四〇—一四三頁。

（21）『アンチ・オイディプス』のより詳細な読解に関しては、拙稿「分人主義的結婚は可能か？ ドゥルーズ＝ガタリの『アンチ・オイディプス』を読み直す」、玉川大学人文科学研究センター年報『Humanitas』第七号、二〇一六年三月、一二九—一四四頁。

（22）本稿に通じる反時代的探究として、藤田尚志・宮野真生子編『愛・性・家族の哲学』全三巻（ナカニシヤ出版、二〇一六年）参照のこと。

著者紹介（五十音順）

岩野 卓司（いわの・たくじ） 1959年生まれ。明治大学教授。東京大学大学院人文科学研究科仏語仏文学博士課程満期修了、パリ第4大学大学院哲学研究科博士課程修了。博士（哲学）。専攻、思想史。主著、『ジョルジュ・バタイユ——神秘経験をめぐる思想の限界と新たな可能性』（2010年、水声社）、『贈与の哲学——ジャン＝リュック・マリオンの思想』（2014年、明治大学出版会）。訳書、J.デリダ『そのたびごとにただ一つ、世界の終焉』（共訳、2006年、岩波書店）、D.オリエ『ジョルジュ・バタイユの反建築——コンコルド広場占拠』、（共訳、2015年、水声社）等。

合田 正人（ごうだ・まさと） 1957年生まれ。明治大学教授。東京都立大学大学院博士課程中途退学。専攻、思想史。主著、『思想史の名脇役たち』（2015年、河出書房新社）、『幸福の文法』（2013年、河出書房新社）、『レヴィナスを読む』（2011年、ちくま学芸文庫）。訳書、E.レヴィナス『存在の彼方へ』（1999年、講談社学術文庫）等。

坂本 尚志（さかもと・たかし） 1976年生まれ。京都薬科大学准教授。京都大学大学院文学研究科現代文化学専攻二十世紀学専修博士課程研究指導認定退学、ボルドー第3大学大学院哲学研究科博士課程修了。博士（哲学）。専攻、20世紀フランス思想史。主要論文、「「他者の統治」から「自己の統治」へ——1980年代初頭におけるミシェル・フーコーの思想の変容」（2013年、『関西フランス語フランス文学』19号）、「哲学の外へ——パレーシアの歴史を書くフーコー」（2014年、『フランス語フランス文学研究』104号）等。

澤田 直（さわだ・なお） 1959年生まれ。立教大学教授。パリ第1大学大学院哲学研究科博士課程修了。博士（哲学）。専攻、思想史、フランス語圏文学。主著、『〈呼びかけ〉の経験——サルトルのモラル論』（2002年、人文書院）、『新・サルトル講義』（2002年、平凡社）、『ジャン＝リュック・ナンシー』（2013年、白水社）。訳書、J.-P. サルトル『言葉』（2006年、人文書院）、『自由への道』（共訳、2009-11年、岩波文庫）、J.-L.ナンシー『自由の経験』（2000年、未來社）、F.ペソア『新編 不穏の書、断章』（2013年、平凡社）等。

藤田尚志（ふじた・ひさし） 1973年生まれ。九州産業大学准教授。東京大学大学院人文社会系研究科欧米系文化研究専攻博士課程満期修了、リール第3大学大学院哲学研究科博士課程修了。博士（哲学）。専攻、フランス近現代思想。主著、『愛・性・家族の哲学』全3巻（宮野真生子共編著、2016年、ナカニシヤ出版）、『『物質と記憶』を解剖する——ベルクソンと現代知覚理論・時間論・心の哲学』（仮題、平井靖史・安孫子信共編著、2016年秋刊行予定、書肆心水）、『反「大学改革」論』（共著、2016年、ナカニシヤ出版）等。

増田 一夫（ますだ・かずお） 1954年生まれ。東京大学大学院教授。東京大学大学院人文科学研究科仏語仏文学博士課程単位取得退学。専攻、フランス思想、フランス地域文化研究。主著、『カール・シュミットと現代』（共著、2005年、沖積舎）。論文、「デリダ 初めに——存在論的差異と存在者的隠喩」（2015年、『現代思想』43-2）。訳書、J.デリダ『マルクスの亡霊たち』（2007年、藤原書店）等。

湯浅 博雄（ゆあさ・ひろお） 1947年生まれ。獨協大学特任教授。東京大学名誉教授。東京大学大学院人文科学研究科仏語仏文学博士課程単位取得、パリ第3大学大学院仏文学研究科博士課程修了。博士（文学）。専攻、仏文学・思想。主著、『バタイユ——消尽』（2006年、講談社学術文庫）、『応答する呼びかけ』（2009年、未來社）、『翻訳のポイエーシス』（2012 年、同）。訳書、G.バタイユ『宗教の理論』（2002年、ちくま学芸文庫）等。

著　者（五十音順）

岩野卓司
合田正人
坂本尚志
澤田　直
藤田尚志
増田一夫
湯浅博雄

共にあることの哲学

フランス現代思想が問う〈共同体の危険と希望〉1　理論編

刊　行　2016年4月
編　者　岩 野 卓 司
刊行者　清 藤　洋
刊行所　書 肆 心 水

135-0016 東京都江東区東陽 6-2-27-1308
www.shoshi-shinsui.com
電話 03-6677-0101

ISBN978-4-906917-53-2 C0010

境　域　ジャック・デリダ著　若森栄樹訳　A5上製　五一二頁　本体四九〇〇円+税

私についてこなかった男　モーリス・ブランショ著　谷口博史訳　四六上製　三二〇頁　本体三二〇〇円+税

アミナダブ　モーリス・ブランショ著　清水徹訳　A5上製　三三六頁　本体四二〇〇円+税

カフカからカフカへ　モーリス・ブランショ著　山邑久仁子訳　四六上製　三二〇頁　本体三六〇〇円+税

言語と文学　モーリス・ブランショ／ジャン・ポーラン／内田樹著　野村英夫・山邑久仁子訳　四六上製　四一六頁　本体三八〇〇円+税

百フランのための殺人犯　ジャン・ポーラン著　安原伸一朗訳　A5上製　一六〇頁　本体二五〇〇円+税

ひとつの町のかたち　ジュリアン・グラック著　永井敦子訳　四六上製　二八八頁　本体三三〇〇円+税

他者のトポロジー　人文諸学と他者論の現在　岩野卓司編　A5上製　三五二頁　本体六三〇〇円+税

リオタール哲学の地平　リビドー的身体から情動-文へ　本間邦雄著　A5上製　三五二頁　本体三二〇〇円+税

文語訳 ツァラトゥストラかく語りき（新装版）　ニイチェ著　生田長江訳　A5上製　四八〇頁　本体五五〇〇円+税

宮廷人と異端者　ライプニッツとスピノザ、そして近代における神　マシュー・スチュアート著　桜井直文・朝倉友海訳　四六上製　四六四頁　本体三八〇〇円+税